KB236570

이 책을
나에게 건강 DNA를 물려주신
부모님께 바칩니다.

발과 마음과 혼으로 달린다

2012년 6월 20일 초판 인쇄
2012년 6월 25일 초판 발행

지은이 | 허정회
펴낸이 | 이찬규
펴낸곳 | 북코리아
등록번호 | 제03-01240호
주소 | 462-807 경기도 성남시 중원구 상대원동 146-8
      우림2차 A동 1007호
전화 | 02) 704-7840
팩스 | 02) 704-7848
이메일 | sunhaksa@korea.com
홈페이지 | www.bookorea.co.kr
ISBN | 978-89-6324-186-9(03690)

값 12,000원

어느 평범한 달림이의 마라톤 일지

발과 마음과 혼으로 달린다

허정회

북코리아

　평소 우리나라 운동선수들은 왜 외국인들에 비해 글을 안 쓸까라는 생각을 많이 하고 있다. 그들은 축구면 축구, 등산이면 등산, 달리기면 달리기에 대해 나름대로 깊이 있는 글을 쓴다. 나 또한 오랫동안 등산을 해오고 있으면서도 그에 대한 글이 별로 없다. 그러던 것이 달리기를 시작하면서부터는 뭐 좀 기록으로 남겨야겠다는 생각으로 완주 후기를 하나 둘 쓰다 보니 달리기와 인연을 맺은 지 10년, 마라톤 완주 70여 회 만에 어언 책 한 권의 분량이 되었다.

　투르 드 프랑스(Tour de France)는 인간이 만들어 낸 가장 힘든 경기 중의 하나이다. 알프스와 피레네산맥을 오르내리면서 3,685km에 달하는 프랑스 전역을 20여 일에 걸쳐 일주하는 도로사이클대회이다. 이 지옥의 레이스에서 무려 7연패를 한 미국의 랜스 암스트롱(Lance Armstrong)이 『이것은 자전거 이야기가 아닙니다(It's not about the bike)』라는 책을 펴낸 바 있다. 자전거 타는 기술에 관한 것이 아니라, 암에 걸린 저자가 삶과 죽음의 경계를 넘나들면서도 절망하지 않고 암을 극복하는 투병기이다. 또, 자신의 이름을 딴 재단을 설립하여 전 세계적으로 암으로 고생하는 사람들을 돕고자 하는 꿈을 실현시키기 위해 쓴 책이다.

　이 책 또한 달리기를 소재로 하였지만 달리기 기법에 관한 글이 아니다. '누구나 달릴 수 있다'는 자신감을 북돋아 주고, 달리기를 통해 몸의 건강과 마음의 활력을 넘어 정신까지 건강하게 할 수 있음을 알게 해주는 한 평범함 러너의 마라톤 일지다. 초주검이 되도록 생고생하며 달려놓고 마치 아무 일도 없었던 양 계속 달리기만 한다는 것은 너무 허무해 보였다. 무언가 그 흔적을 남기고 싶었다. 이 글들은 나로 하여금 계속 달릴 수 있게 하는 원동력이 되어 주었다. 수도자들은 극도의 고행을 통해 득도(得道)한다고 한다. 마라토너들 역시 차마 인간으로서 참기 힘든 고통을 통해 나름대로의 깨달음을 얻는다. 나는 이 책에서 달리기에 대한 나의 생각, 가치관과 인생관을 녹이려 했다.

달리기를 잘 해 양팔을 처들고 1등으로 골인하는 장면을 유난히 많이 꿨던 어린 시절의 꿈을 마라톤 완주를 통해 이뤄낸 내 자신이 자랑스럽다. 그렇게 해보고 싶어 하던 마라톤을 오십 나이에 도전한 용기가 어디서 나왔는지 모르겠다. 사람이 죽을 때 꿈을 실현할 수 없었던 것, 취미에 시간을 할애하지 않았던 것, 하고 싶은 것을 하지 않았던 것 등에 대해 후회한다고 한다. 마라톤은 나에게 적어도 이 세 가지를 충족시켜 주었다. 비록 '이봉주'는 아니지만 발과 마음과 혼으로 달린 한 평범한 달림이의 삶의 이야기를 함께 나누고 싶다.

이 책이 세상의 빛을 볼 수 있게 도와 준 신일 OB마라톤클럽과 진달회 회원들에게 감사의 인사를 전하고 싶다. 또, 멋진 책으로 만들어 준 북코리아 이찬규 사장을 비롯한 직원들의 노고에 감사드린다.

2012년 6월   저자 허 정 회

머리말 _ 4

제1장 달렸노라

첫 경험, 절반의 마라톤 _ 13

달리고 또 달렸다 _ 20

코스모스와 함께 달리다 _ 27

마침내 이룬 마라톤의 꿈 _ 33

자신감으로 달린 오십 리 길 _ 41

가문의 영광, 잠실 종합경기장 트랙을 밟다 _ 45

흙길을 달리다 _ 54

진력(盡力), 그 한계와 아름다움 _ 56

가을비 맞으며 달리다 _ 62

"허 감독, 고맙네!" _ 66

꿈에 그리던 춘마, 드디어 달리다 _ 72

삶에 활력을 주는 마라톤이 좋다 _ 76

진달회 파이팅! _ 81

"달리기가 최고야! 앞으로도 계속 달릴 거야!" _ 87

런 페스티벌 30km, 아듀 2003! _ 90

차 례

제2장 느꼈노라

폭설 후 열린 시즌 개막전 _ 97

마침내 이루어 낸 서브-4의 꿈 _ 99

"난 존 켈리의 기록을 깰 거야" _ 106

언덕, 더위 그리고 매연과 벌인 한판 _ 110

청출어람이청어람(靑出於藍而靑於藍) _ 114

봄비 덕에 세운 개인 최고기록 _ 116

"팔꿈치에 힘을 주고 달려야 해!" _ 120

하프 완주로 딸과의 약속 지킨 박영숙 파이팅! _ 125

함께 달리면 더 즐거운 마라톤 _ 130

50km, 마라톤의 벽을 넘어서 _ 134

고통이 컸던 만큼 배운 것도 많았다 _ 141

산은 산이고 마라톤은 마라톤이다 _ 146

물거품 된 개인 최고기록 _ 149

다시는 오버페이스 하지 않으리 _ 152

춘마, 그리고 마라톤의 매력(魅力)과 마력(魔力) _ 158

자만(自慢)은 금물이다 _ 164

열심히 달린 한 해, 달릴수록 어려운 마라톤 _ 169

자신 있게 개인 최고기록에 도전하다 _ 174

하프 개인 최고기록을 세우다 _ 178

제3장 즐겼노라

도대체 마라톤이 무엇이기에 _ 185

'말아톤' 배형진 군과 함께 _ 188

꽃샘추위 속에 600년 고도(古都)를 달리다 _ 190

마라톤은 정직 그 자체다 _ 197

불청객, '쥐님'의 방문을 받다 _ 201

이론대로 안 된 워크 브레이크(walk brake) _ 206

진달회 샛별, 김장식 뜨다 _ 210

청계천 따라, 옛 추억 따라 … _ 213

직원들과 함께 즐겁게 달리다 _ 224

의지의 박영숙 여사, 마라토너로 거듭나다 _ 228

즐겁게 달린 마지막 7km _ 236

진달회, 단체상 타다 _ 241

마라톤은 정직하고, 요행은 없다 _ 245

"바로 이 맛에 서울마라톤에 나온다니까요" _ 252

두 마리 토끼를 한번에 잡다 _ 257

발과 마음과 혼으로 달린다

"마라톤은 진실된 삶의 성스러운 행위이다" _ 264

"마라톤은 연극이다" _ 267

마라톤에 한번 도전해보십시오 _ 270

되살아난 서브-4의 꿈 _ 273

개인 통산 50회 '행복 마라톤' _ 275

외롭고 힘들었지만 포기는 하지 않았다 _ 280

페이스메이커와 리더십 _ 283

"너희들이 마라톤의 참맛을 알아!" _ 288

7부 능선에 오르다 _ 292

맺음말 _ 297

연도별 대회참가 현황 _ 299

달렸노라

첫 경험, 절반의 마라톤

월드컵 개막이 며칠 남지 않은 2002년 5월 말이었다. 갑자기 귀가 멍멍하고 잘 들리지 않았다. 큰일 날 일이었다. 개인적인 건강도 문제지만 무엇보다도 월드컵 통역자원봉사를 하고 있었는데 청각에 이상이 있으면 그만한 낭패가 없기 때문이다. 알고 보니 수영이 문제였다. 의사 선생님께서 귓병이 완치될 때까지 당분간 수영을 하지 말라는 처방을 내렸다. 건강관리 차원에서 10년 가까이 해오던 수영을 중지하라고 하니 너무나 난감했다. 매일 아침 운동하던 사람이 아무 것도 안한 채 마냥 귓병이 나을 때까지 기다리고만 있을 수 없었다. 대안을 찾던 중 그나마 가장 손쉽게 접근할 수 있는 조깅을 택했다. 바로 집 앞에 있는 학교운동장에서 달리기로 했다.

귓병으로 달리기와 인연을 맺다

나는 평소 건강관리에 대해 얘기하는 것을 좋아한다. 그러다 보면 많은 사람들이 무슨 운동을 하는 것이 좋으냐고 물어 올 때가 있다. 그럴 때마다 나는 무슨 운동이든지 자기가 좋아하고 자기의 여건 상 쉽게 시작할 수 있는 것을 꾸준하게 하라고 권한다. 내가 그 동안 달리기를 즐겨하지 않았던 것은 솔직히 다른 운동에 비해 재미가 덜 하기 때문이다. 그러나 내가 수영을 일시 못하게 된 후 달리기를 택한 것은 집 앞에 학교운동장이 있어 바로 쉽게 시작할 수 있기 때문이었다. 이렇게 시작한 새벽 달리기는 벌써 석 달째를 지나고 있으며 이제는 나의 일과 중에서 빼 놓을 수 없는 중요한 것이 되었다.

그러나 맨 처음 일주일은 너무나 힘들었다. 새롭게 만나는 사람, 낯선 학교운동장과 같은 생소한 외적환경의 변화도 그랬지만 무엇보다 힘들었던 것은 물에서 운동하다가 뭍에서 하려니 사용하던 근육이 다른 데 따른 내적 신체적 변화에 내가 제대로 적응하지 못하는 것이었다. 그렇지만 꾹 참고 하루 30분씩 다람쥐 쳇바퀴 돌 듯 학교운동장을 돌고 또 돌았다. 그러면서 달리기 선배들로부터 귀동냥해 주워들은 요령대로 따라하니 예전보다 훨씬 힘이 덜 들게 되었고 한두 사람 알게 되면서 점차 달리기에 재미를 붙이게 되었다. 바로 여기서 알고 사귀게 된 진종근 회장의 도움으로 '절반의 마라톤'을 뛰게 된 것이었다.

출발점은 영동5교다. 강남에 있는 양재천을 따라 양재시민의 숲에서 잠실 방향으로 있는 여섯 개의 다리는 영동1교부터 6교까지 순서대로 이름이 붙여져 있다. 그 중 다섯 번째 다리가 영동5교다. 다시 말해 양재천과 은마아파트—대치역을 잇는 삼성로가 교차하는 지점이다. 여기서부터 출발해 탄천과 한강이 만나는 지점인 잠실야구장 근처에서 우회전하여 한강을 따라 세워져 있는 잠실대교—잠실철교—올림픽대교—천호대교—광진교를 지나 U-턴해 출발점인 영동5교로 돌아오는 21km 정도의 코스다.

만만치 않은 거리, 21km

아무리 연습이고 훈련이라고 하지만 처음 뛰어보는 장거리이니 만큼 무척 긴장된다. 그렇지 않아도 며칠 전 강남에서 덕소까지 차로 간 적이 있는데 꽤 멀어 보이는데도 거리를 재보니 불과 25km밖에 안 되었다. 또 강남에서 여의도까지의 거리가 대략 20km 된다는 것을 익히 알고 있는 터이기 때문에 오늘 내가 달릴 거리가 강남에서 덕소 또는 여의도까지의 거리라고 하니 달기기 전부터 기가 질린다. 그런데 옆에 동행한 진 회장은 여유만만하다. 그도 그럴만한 것이 그는 벌써 동아마라톤 풀코스를 완주한 경력이 있고, 50km도 뛰어 봤다고 하니 어찌 보면 당연지사다.

　두 사람은 약속했던 동네 버스정류장에서 만나 출발점인 영동5교에 도착했다. 오후 다섯 시가 약간 넘은 시간이건만 마지막 가는 여름 햇살은 여전히 따갑기만 하다. 영동5교 다리 밑에서 스트레칭으로 간단하게 준비운동을 마치고 출발했다. 강남에서 10년 가까이 살아오면서도 처음으로 양재천 변에 발을 내딛는 셈이다. 토요일 오후라 그런지 운동을 하고 있는 사람들이 꽤 많았다. 우리처럼 뛰는 사람 말고도 그냥 걷는 사람부터 자전거를 타거나 또 요즘 유행하고 있는 인라인스케이터들까지 하는 운동도 다양하다. 어느 정도 뛰니 낯익은 시설물이 보인다. 강남면허시험장이다. 업무시간이 지나서인지 시험용 차량은 서있고 시험장은 한산하기만 하다. 조금 더 가니 탄천과 한강이 만나는 지점에 이르렀고 바로 옆에는 야구장이 보였다. 아직 게임이 시작되지 않았는지 함성은 들리지 않는다.

　그 지점에서 오른쪽으로 방향을 트니 한강 고수부지가 나왔다. 사람들은 이제까지보다 훨씬 더 많았다. 운동하는 사람들 외에 가족단위로 놀러 온 사람들과 모형항공기 날리기와 같은 취미활동을 하는 사람에다 데이트를 하는 젊은 청춘 남녀들까지 가세했다. 한강 바람이 너무나 시원해 뛰는 우리들의 땀을 잘 식혀 준다. 옆에 함께 뛰고 있는 진 회장이 달리기에 대한 여러 가지를 얘기해 준다. 평소에 그의 오래 뛰는 실력에 대해 익히 알고 있는 터라 나는 오늘 뛰기 전부터 그와 처음부터 끝까지 보조만 맞추어 같이 뛰는 것을 목표로 하였다. 그의 숨소리는 아주 조용했다. 나중에 알고 보니 그는 단전호흡을 오랫동안 수행했다고 한다. 두 사람의 보폭도 잘 맞았다. 만사형통이었다. 한참을 뛰었다고 생각했는데 그가 여기가 출발지로부터 5km 되는 지점이란다. 다시 말해 10km를 뛰려고 하면 여기서 돌아가면 된다는 얘기다. 잠실 선착장 근처였다. 이제 겨우 5km 지점이라니 갈 길이 너무나 막막했다.

'느리게 산다는 것'의 의미

삼실대교 잠실철교가 눈앞에 보이기는 하지만 거기까지 나나르려면 아직 한참 남았다. 그동안 차 타고 씽씽 순식간에 지나가던 다리들이건만 내 두 다리로 뛰니 여간 먼 것이 아니다. 그래도 옆에 같이 뛰어주는 고마운 동지가 있고 그간 차를 타고 다니는 동안에는 보이지 않던 이것저것들을 가까이에서 보게 되니 운동을 하는 것 외에도 여러 가지 즐거움이 있다. 그래서 먼저 깨우친 사람들은 '느리게 산다는 것'에 많은 의미를 두었나 보다. 정말이지 하루하루를 너무나 정신없이 살아가고 있는 우리들에게 많은 것을 가르쳐주는 산 교육장이 아닌가 싶다. 이 생각 저 생각하면서 뛰다보니 멀리만 있어 보이던 다리 하나 하나를 머리 위에 두고 지나간다. 그럴 때마다 비록 빠르지는 않지만 진도가 나가고 있음에 큰 희열을 느낀다.

이제 가까이 올림픽대교와 멀리 천호대교가 보이기 시작한다. 옆에서 부지런히 뛰고 있는 진 회장은 오늘따라 컨디션이 별로 안 좋은 것 같다. 집에서 나오기 전에 간단한 식사를 한 것이 잘못된 모양이라고 한다. 가끔가다 통증도 있는 것 같다. 나중에 알게 된 사실이지만 만약 혼자 뛰었더라면 중간에서 그냥 돌아 왔을 것이라고 한다. 몸 상태가 안 좋음에도 불구하고 나와 끝까지 동행해 준 그가 고맙다. 바로 눈앞으로 올림픽대교 교각 중앙 한복판 꼭대기에 덩그러니 놓여 있는 조형물이 보인다. 올림픽 성화를 상징화한 것으로 작년 5월 어느 일기 불순한 날 이를 설치하던 헬기가 주탑과 부딪혀 아까운 생명이 희생되었던 사고가 떠오른다.

　언뜻 시계를 보니 한 50여 분 뛰어 온 것 같다. 요즘 매일 새벽 한 시간 이상 뛰다 보니 그것이 효험을 보고 있는지 별로 힘든지 모르겠다. 이제 눈앞에는 천호대교만 보인다. 이제까지의 다리 간격보다 좀 더 멀리 떨어져 있다는 생각만 들뿐 10분 정도만 지나면 도착할 것 같다. 진 회장이 천호대교를 지나면 현재 확장공사 중인 광진교가 나오고 거기에서 멀지 않은 곳에 매점이 있는데 그곳이 바로 반환점이란다. 무엇보다도 그곳 매점에서 시원한 물 한 잔을 할 수 있다는 생각을 하니 다리가 절로 가벼워진다. 마주 달려오는 사람들과 손으로 인사를 나눈다. 무언가 뜻을 같이 하는 사람들끼리는 서로 통하는 감정이 있는 모양이다. 나도 뛰고 있기는 하지만 '저 사람들은 무엇 때문에 사서 저 고생을 하고 있을까' 라고 혼자 생각해 본다.

　어느덧 천호대교와 광진교를 지나왔다. 오른쪽 올림픽대로 변에 여느 아파트와는 달리 특징 있게 지어져 있어 눈여겨봐 오던 아파트가 보였다. '아! 여기까지 왔구나.' 평소 상당히 먼 곳이라고 생각했던 곳인데 내 두 다리로 왔다니 잘 믿어지지 않았다. 진 회장이 바로 여기가 반환점이라고 한다. 매점이 있었고 주변 쉼터에 이미 도착해 있는 또 다른 무리의 달림이들이 물을 마시며 쉬고 있었다. 자세히 보니 모두 젊은 사람들이었다. 저렇게 젊어서부터 건강에 관심을 가지고 운동을 하는 젊은이들이 너무나 기특했다. 시계를 보니 출발해서 65분 정도 걸렸다. 거의 예상했던 시간이었다. 우리들도 매점에서 1리터 짜리 물 한 병을 샀다. 둘이 그것을 마시는데 그리 오랜 시간이 안 걸렸다.

월드컵 자원봉사 유니폼을 입고

　　반환지점에서 잠시 숨을 고른 후 다시 출발지로 향했다. 저녁시간이 가까워 오니 처음 출발할 때보다도 훨씬 시원해졌다. 아까 급히 마셨던 물이 배 안에서 출렁거림을 느낀다. 일반적으로 한번 와 봤던 길은 초행 때보다 더 가깝게 느껴지기 마련이다. 그만큼 가야할 길을 알고 있는 것과 모르고 있는 것과는 많은 차이가 있기 때문이리라. 아닌게 아니라 체력적으로 피곤을 느낄 때인데도 돌아가는 발걸음이 그리 무겁지 않다. 한참을 뛰어 오는데 길가에서 친구들과 쉬고 있던 웬 남자가 "안녕하세요! … " 라며 인사를 하기에 그냥 손을 흔들어 답했다. 뛰면서 생각해 보니 그 인사가 "안녕하세요! 자봉하셨어요?"라는 것이었음을 나중에야 알아챘다. 내가 바로 월드컵 자원봉사 때 지급되었던 유니폼을 입고 뛰었으니 그때 자원봉사 했던 사람이라 그것을 알아보고 인사를 한 것이었다.

　　석양의 해는 어느덧 뉘엿뉘엿 지고 있었다. 여의도 고층빌딩 숲 사이로 오늘 하루 종일 대지를 달구던 시뻘건 해가 이제 그 쉼터를 찾는 듯 점점 가라앉고 있다. 벌써 잠실 선착장도 지나고 한강과 탄천이 만나는 하구에 다다랐다. 아까보다 더 많은 강태공들이 강에 낚싯대를 들이대고 세월을 낚고 있었다. 탄천을 지나 양재천으로 이어지는 다리에 이르니 진 회장의 속도가 급격히 떨어지기 시작한다. 아마도 아까부터 컨디션이 안 좋다고 하더니 그 때문인 것 같다. 내가 같이 보조를 맞추려고 하니 나는 나대로 더 힘들다. 그가 나보고 먼저 가라고 손짓을 한다. 끝까지 함께 뛰려고 했는데 아쉽다. 인생사가 다 그런 것 아닌가. 어디 자기 뜻대로 되는 일이 있는가. 그러한 가운데 서로 돕고 남들과 조화를 이루면서 살아가야 하는 것이 우리 인생이 아닌가.

발과 마음과 혼으로 달린다

점점 뒤처지는 그를 남겨두고 혼자 외롭게 달렸다. 함께 뛸 때보다도 훨씬 힘들다. 아까 시작할 때 금방 왔다고 생각되었던 강남면허시험장을 지나고 있어 갈 길이 얼마 남지 않았건만 왜 이리 진도가 안 나가는지 모르겠다. 갈 때의 속도와 같다고 하면 아직도 20분이나 더 뛰어야 한다. 이제 몸은 많이 지쳤다. 다리도 점점 무거워진다. 갈증이 심해 더 힘들다. 오직 빨리 도착해 생맥주 집에서 시원한 맥주 한 잔 마실 염원뿐이다. 주위는 이제 어둠이 깔리려고 한다. 양재천 변 가로등에 불이 하나 둘씩 들어오기 시작한다. 영동6교를 지나니 드디어 저 멀리 종착역인 영동5교가 희미하게 보인다. 다리 위로 보이는 어느 교회 첨탑에 있는 네온사인 십자가가 유난히 밝게 보인다. 이제 불과 몇백 m밖에 안 남았다. 이를 악물고 달렸다. 드디어 영동5교가 눈앞에 들어왔고 다리를 통과하는 순간 마치 이봉주 선수가 된 양 절로 두 손을 들고 골인했다. 갈 때와 똑같은 65분이 걸렸다.

오늘 하루 종일 이 순간을 얼마나 기다렸던가. 지친 몸을 추스르면서 진 회장이 도착하기만을 기다렸다. 약 3-4 분 정도 지나니 그가 시야에 들어왔다. 힘든 표정이었지만 환갑을 넘긴 나이 같지 않은 젊음이 넘쳐 흐른다. 그가 골인할 때 저절로 박수가 나왔다. 존경과 감사의 마음이 흠뻑 담겨져 있는 박수였다. 힘들어 하는 그와 함께 인근 생맥주 집으로 가 절반의 마라톤 완주를 자축했다.

'익숙한 것과의 결별'

우리는 살아가면서 변화를 두려워한다. 항상 하고 있는 일만 하려고 하고 매번 만나는 사람만을 만나려 한다. 그것이 편하기 때문이리라. 새로운 일과 새로운 사람과의 만남이 힘들고 불편한 것은 사실이지만 우리는 그러한 '익숙한 것과의 결별'을 통해 자기 발전을 이룰 수 있다고 생각한다. 오랫동안 익혀서 별로 힘 안들이고도 할 수 있는 수영을 접어 두고 내가 다시 달리기를 시작한 것도 바로 이러한 나의 지론 때문이다. 우리 모두 매사에 용기와 할 수 있다는 자신감을 갖고 새로운 일에 도전하자. 그리고 목표를 세워 그 뜻을 이룬 후 성취감을 만끽하자. 도전하는 자에게만 미래가 있다고 하지 않았던가.

(2002. 8. 25)

달리고 또 달렸다

2002년 9월 15일 일요일, 기다리던 제5회 강남하프마라톤대회 날이 밝았다. 난생 처음 내 고유의 등 번호를 달고 공식으로 하프마라톤에 출전하는 날이다. 전날부터 왠지 알게 모르게 온몸에 긴장감이 감돈다. 아침 여섯 시, 잠을 충분히 자느라고 평소보다 좀 늦게 일어났다. 여느 때 같으면 냉수 한 컵 마신 후 가벼운 마음으로 집을 나서 10km 새벽 달리기를 하면 됐건만 오늘은 달랐다. 아홉 시에 출발하기 때문에 무언가를 먹어야만 할 것 같은 강박감이 나를 짓눌렀다. 경험이 없었던 지라 보통 출근할 때처럼 밥 한 공기를 비우고 집을 나섰다.

아무래도 워밍업이 필요할 것 같아 대회 출발지점인 영동2교까지 천천히 달려갔다. 출발시각까지는 한 시간 정도 남아 있는데 벌써 많은 사람들이 모여 있었다. 강남뿐만 아니라 서울의 여러 지역과 경기도는 물론이고 멀리 지방에서 참가한 팀도 눈에 띄었다. 가족과 함께 온 사람, 직장에서 단체로 참가한 사람, 아니면 나처럼 혼자 출전한 사람들에 외국인들까지 참가자들의 면면이 아주 다양하다. 그런 중에서도 한 가지 공통점은 그들 모두의 얼굴이 한결같이 밝다는 것이다. 마치 어렸을 때 학교운동회에 참가한 듯한 표정들이다.

첫 하프마라톤 출전

주최 측인 강남마라톤클럽에서 나누어 주는 봉투에 등 번호, 기록계시용 칩(chip), 기능성 모자, 연양갱, 바나나 등 많은 것이 들어 있다. 우선 참가 번호 '2621'을 가슴에 붙이고 처음 보는 칩을 어디에 어떻게 달아야 할지 몰라 옆 사람에게 물어 보니 자세하게 가르쳐준다. 단체로 참가한 데에 끼어 준비운동을 하고 간단한 대회 관련 주의사항을 들은 후 출발지점에 자리를 잡았다. 이제는 칩이 있어 옛날과 달리 출발위치는 그리 중요하지 않다. 출발지점을 통과하는 순간부터 계시가 되기 때문이다. 여기서도 디지털시대의 위력과 함께 엄청난 과학기술의 발전을 실감한다.

9시, 출발신호와 함께 모두들 힘차게 달려나간다. 비교적 앞에 자리잡고 있던 나도 무리에 뒤섞여 뛰어나갔다. 나는 오늘 출전하면서 내심 1시간 50분 완주를 목표로 삼았다. 공식대회 첫 출전에 그만한 기록이면 충분하리라고 생각했다. 그러려면 km 당 5분 정도 뛰면 된다. 특히 반환점까지의 전반 레이스에서 오버페이스를 하지 말라는 요쉬카 피셔의 충고를 머리에 새기면서 달려나갔다. 그는 택시운전사에서 독일의 외무장관까지, 또 달리기를 통해 112kg 뚱보에서 75kg의 날씬한 신사로 변하였고 최근에는 『나는 달린다』라는 책을 통해 전 세계를 돌아다니면서 '달리기 전도사' 역할을 하는 사람이다.

오늘 코스는 내가 매일 아침 달리는 나의 홈그라운드다. 포이동 남부 적십자혈액원과 맞닿는 양재천 갓길에서 출발, 탄천과 한강이 만

나는 곳에서 우회전하여 잠실선착장―잠실대교―잠실철교―올림픽
대교를 반환점으로 돌아오는 코스다. 첫 출전을 홈그라운드에서 하게
된 것도 행운이다. 500여 명이 출전했다는 주최 측의 얘기다. 많은 사
람들이다. 나는 달리기를 하기 전까지 달리기동호회가 이처럼 활발하
게 움직이고 있는 줄 몰랐다. 이 얼마나 건전하고 생활체육으로 권장
할 만한 운동인가. 정말 달리기를 하게 되면서부터 모르는 것을 많이
배우고 느끼고 있다.

양재천 갓길이 좁아서인지 그룹을 지어서 달릴 것이라는 당초 나
의 예상은 보기 좋게 빗나갔다. 어느 정도 시간이 지나다 보니 거의
모두가 일렬종대로 달리고 있다. 몇몇 단체에서 기록보다는 참가에
목적을 두고 뛰고 있는 선수나 아니면 특별히 페이스메이커가 함께
뛰는 선수 외에는 각자 달리고 있다. 초반에 오버페이스를 하지 말라
는 말이 머리 깊숙이 입력되어 있기 때문에 나는 평소의 내 페이스를
유지하고 뛰었다. 그러다 보니 많은 선수들이 나를 추월해 간다. 그래
도 나는 거기에 개의치 않고 내 실력대로 달리고 또 달렸다.

시간을 재 보니 내가 목표로 하고 있는 km 당 5분대를 달리고 있
다. 그렇다면 오히려 평소 연습 때보다 약간 빠른 듯한데 왠지 모르게
속도가 안 나는 것 같다. 매일 아침 안 하던 식사를 해서 그런지 속이
약간 답답하고 트림이 나온다. 역시 안 먹고 오는 것인데 처음 해 보
는 터라 아무래도 잘못한 것 같다. 역시 경험은 우리 인생살이에서 가
장 훌륭한 선생님이다.

고마운 자원봉사자

탄천이 끝나는 부근에 있는 5km지점 급수대를 지난다. 강남마라

톤클럽 자원봉사자들이 뛰는 선수들을 격려한다. 정말 고마운 사람들이다. 이웃에 대한 사랑을 몸소 실천하는 분들이다. 많이 베풀면 베풀수록 더욱 풍족하게 되는 것을 깨달은 분들일 것이다. 이들이 없으면 어떻게 이런 대회를 치를 수 있겠는가. 여러 선수들 틈에 끼어 나도 물 한 컵을 집어 든다. 물이 있으면 그냥 지나치지 말라고 귀에 못이 박히도록 들었던 터라 별로 물 생각이 없었지만 나중을 위에 물 한 모금을 목에 축인다. 조금 시원해지면서 발걸음이 가벼워지는 것 같다.

여러 선수들과 앞서거니 뒤서거니 하면서 또 이 생각, 저 생각하면서 달리다 보니 어느덧 잠실 선착장을 훌쩍 지나와 버렸다. 3주 전 연습으로 하프를 달릴 때보다 거리는 같을 텐데 훨씬 가까워 보인다. 7km 이상을 달려 온 것 같다. 더부룩하던 배도 이제 소화가 많이 된 듯 하다. 시작할 때보다 컨디션이 많이 좋아졌다. 저 멀리 반환점인 올림픽대교도 보이기 시작한다.

잠실대교 정도 왔을까…? 나 혼자 열심히 달리고 있는데 빨간 상의를 입은 여자선수가 뒤에서 갑자기 나타났다. 언뜻 보니 160cm도 안 되는 키에 안경까지 끼고 있었다. 그러나 잘 다져진 체구에 뛰는 폼도 좋았고 페이스도 만만찮았다. 나는 속으로 혼자 달리기 힘든데 같이 가면 좋겠다고 생각하면서 먼저 인사를 건넸다. 환한 얼굴로 인사를 받아준다. 그녀와 보폭을 맞추며 한동안을 같이 달렸다. 오늘 레이스에서 가장 오랫동안 함께 달린 선수가 그녀다.

잠실철교를 지났을 무렵 벌써 선두주자가 반환점을 돌아 결승선을 향해 돌아가고 있다. 굉장한 속도다. 저절로 그에게 박수가 나왔다. 리더에 대한 존경심의 발로이리라. 정말 어디서나 리더는 외로운 존

재인가 보다. 그는 앞에 그를 인도하는 자전거 한 대를 앞세우고 혼자 힘차게 달려가고 있었다. 순간적으로 그의 얼굴에 내 모습이 오버랩 되어 나타난다. 언젠가 내가 이루고 싶은 꿈인 것이다. 반환점인 올림 픽대교까지의 거리를 목산 해 보니 1.5km는 족히 남았다. 조금 있으 니 2등 3등 선수가 지나간다. 선두와는 꽤 차이가 난다.

여자 고수와 동반주

나는 예의 그녀와 함께 열심히 달렸다. 솔직히 처음 그녀와 같이 달리기 시작했을 때 내가 어떻게 여자한테 질 수 있겠느냐는 마음이 었다. 하지만 이내 그녀가 나보다 몇 수 위의 고수라는 것을 알게 되 었다. 그녀는 여유만만했다. 힘들지도 않은 듯 마주쳐 지나가는 선수 들에게 힘내라는 말을 목청껏 높이 외치기를 수없이 해댔다. 그녀와 그렇게 시소를 벌이면서 레이스를 펼치는 동안 어느덧 반환점인 올림 픽대교에 이르렀다. 자원봉사자들이 선수들에게 물과 함께 손수건을 하나씩 쥐어 주었다. 다리 밑에서 반환점을 도는 동안 나는 그녀를 놓 쳐 버렸고 그 이후에는 그녀를 영영 잡을 수 없었다. 나중에 알고 보 니 그녀는 여자부 3등을 했다.

반환점까지의 기록은 55분이었다. 돌아갈 때 이 속도를 유지하면 오늘 목표인 1시간 50분은 무난히 달성될 것 같았다. 이제 지금까지 왔던 길을 그대로 되돌아만 가면 되는 것 아닌가. 마음 편하게 먹고 그냥 열심히 달리기로 다짐을 한다. 후반부에 들어서니 전반부에 오 버페이스를 한 선수들은 뒤처지기 시작한다. 반면 평소 부지런히 훈 련을 한 선수들은 더 힘이 솟는 듯 앞서서 치고 나간다.

반환점을 돌아 한참을 왔는데도 아직도 그곳을 향해 가는 선수들이 많다. 그들 중 대부분은 나보다 젊은 사람들이다. 하기야 600여 명의 신청자 명단에 나와 있는 나이를 보니 오십 넘은 사람은 사십여 명에 불과했다. 전체의 7% 밖에 안 된다. 오십 줄에도 젊은 사람들하고 어울릴 수 있다는 것, 이 얼마나 행복한 일인가. 어느 시인의 글대로 청춘이라는 것은 자기의 마음가짐에 달렸다는 말에 십분 공감한다. 나이가 젊어도 생각이 늙으면 노인이요, 나이가 들었어도 그 생각이 젊으면 청년이라고 하지 않았던가. 정말이지 요즘 세상에는 '젊은 노인'들이 너무나 많은 것 같다.

나하고의 대화

돌아오는 길은 훨씬 가까운 것 같다. 속도는 km 당 5분을 그대로 유지하고 있다. 조금 더 스피드를 내려해도 뜻대로 잘 안 된다. 아마도 내 실력을 충분히 발휘하고 있는 듯 하다. 긴 여정 중 나와의 대화를 계속하면서 달린다. 그저 묻기만 할 뿐 대답은 없다.

　- 너, 왜 이 고생하면서 뛰고 있니?
　- 너, 무얼 위해서 뛰니?
　- 너, 오늘 포기하면 안 돼! 알았지!

양재천으로 접어들어 대치교, 영동6교를 지나오는데 갑자기 뒤에서 금수산마라톤클럽 소속의 60대 '할아버지' 선수가 지나간다. 운동으로 깡마르고 시커멓게 그슬린 체구를 보니 일견에도 예사로운 선수가 아님에는 틀림없어 보였다. 나를 추월해 한참을 가는 것을 보고 참 대단한 분도 다 있다는 생각으로 열심히 그를 따라 갔으나 거리는 점점 벌어졌다. 그러더니 갑자기 길 한쪽으로 서서 스트레칭으로 몸을 푼다. 막판에 약간 오버페이스를 한 듯 하다. 그를 뒤로하고 열심히

제5회 강남하프마라톤 (2002. 9. 15)

결승선을 향해 달려가는데 또 누군가가 나를 앞서는데 보니 그 할아버지선수다. 나중에 안 사실이지만 그는 지난 9월 1일 열렸던 제천마라톤대회에서 노년부 1등을 했다고 한다.

영동5교도 지나 20km 지점이라고 쓴 팻말이 보인다. 그야말로 막판 스퍼트를 해야 할 곳까지 왔다. 평소에도 마지막 1km 정도를 남기고 그때까지 남아 있는 힘을 다 소진하고자 스피드 연습을 하곤 했다. 그러나 오늘은 달랐다. 이제까지 달려오느라고 힘을 다 써버렸는지 도저히 스피드를 낼 수가 없다. 다리가 생각대로 말은 안 들었지만 정말 젖 먹던 힘까지 다해 달렸다. 형형색색의 풍선으로 장식을 한 결승선이 시야에 들어온다. 결승선이 보이니 다시 힘이 나기 시작한다. 이제까지 들리지 않던 박수 소리도 들려온다. 누군가 길옆에서 힘을 더 내라고 격려한다. 결승선의 게시용 전광판이 눈에 들어왔다. 1시간 50분 몇 초를 나타내고 있었다. 50분대를 넘기면 안 된다는 생각에 30여 m를 남기고 그야말로 전력질주 했다. 1시간 50분 53초의 기록으로 결승점을 통과했다.

첫 하프마라톤 완주

여러 가지 이유로 기쁜 하루였다. 하프마라톤을 달리기로 한 자신과의 약속을 지켰다는 것이고, 둘째, 포기하지 않고 끝까지 달렸다는

발과 마음과 혼으로 달린다

것이며, 거기에 더하여 내가 목표로 했던 기록을 달성했다는 것이다.

그러나 오늘의 성과에 자족하지는 않을 것이다. 앞으로 오늘 하프마라톤 첫 공식대회에 출전하여 완주한 경험을 살려 계속 정진해 나가기로 나하고 굳게 약속한다. 오는 10월 3일 통일로에서 열리게 될 하프마라톤대회에서는 더욱 멋있는 레이스를 펼칠 것을 힘차게 다짐한다.

(2002. 9. 15)

코스모스와 함께 달리다

10월 3일 개천절, 두 번째 참가하는 하프마라톤 대회가 열리는 날이다. 한국사회체육육상중앙연합회(SAKA) 주최로 통일로를 따라 임진각까지 조국의 통일을 염원하는 마음으로 달리는 행사다. 공식대회에 처음 참가하는 것이 아님에도 불구하고 왠지 긴장되는 것은 학창시절에 큰 시험을 보기 전날의 마음과 같다고나 할까.

이번 대회를 앞두고 그간 많은 준비를 해왔다. 우선 이제까지 신던 조깅화를 가볍고 여러 가지 기능이 있는 마라톤화로 바꾸었다. 또 뿔테 안경도 금속테로 바꾸어 무게(?)를 줄였으며 정확한 계시를 위해 스톱워치도 장만했다. 하루 전날에는 대회 당일 아침 먹을 찰떡, 바나나, 카라멜, 카스텔라, 사탕 등을 준비했다. 이 중 가장 중요한 것은 거의 매일 새벽 양재천과 한강변을 왕복하는 약 12km의 구간을 열심히 달렸다는 것이다. 이렇게 나름대로 준비를 철저히 했다고 생각하니 긴장되는 마음 한 구석에는 자신감이 넘친다.

매일 12km 달리기 훈련

　주최 측이 준비한 전세버스를 타고 출발지인 파주시 봉일천 성호 아파트 주차장에 도착하니 이미 많은 선수들이 운집해 있었다. 족히 천여 명은 돼 보였다. 출발을 앞두고 워밍업을 하는 등 활기찬 분위기다. 먼저 주최 측이 나누어주는 물품들을 받아 타고 왔던 버스 안에서 달릴 재비를 한다. 배번을 러닝셔츠에 달고 러닝회에 부착할 게시용 칩도 이제는 혼자 달아 맬 줄도 알게 되었다. 나는 주최 측에서 준 러닝셔츠 대신 평소 입던 강남마라톤클럽의 것을 그대로 입고 달리기로 했다. 출발시간까지 얼마 남지는 않았지만 인근에 있는 자그마한 동네를 몇 바퀴 도니 몸이 약간 달아오른다. 잠시 후 출발하려는 듯 출발선 부근이 러너들의 젊은 열기로 가득 찼다.

　드디어 출발신호와 동시에 레이스가 시작됐다. 환호와 함께 박수를 치면서 출발했다. 오늘 나의 목표는 1시간 50분으로 완주하는 것이다. 내가 달리기를 시작한 지는 얼마 되지 않았지만 이를 좋아하게 된 것은 목표를 세우고 그것을 향해 노력하고 또 이루어 내는 데에 있다. 이 비록 자그마한 것이긴 하지만 살아가는데 목표가 있다는 것이 얼마나 삶을 활기차게 해주는가. 반대로 목표가 없고 꿈이 없는 삶, 정말 무미건조할 것 같다.

목표가 있는 삶

　우리는 통일로로 임진각을 향해 가는 두 개 차선 중 2차선과 갓길을 이용해 달리고 있다. 우리와 같은 방향으로 가족들과 함께 나들이 나선 자동차들이 조심스럽게 우리 곁을 지나간다. 우리의 안전을 위해 국경일임에도 불구하고 교통경찰들이 열심히 교통정리를 하고 있다. 항상 그들에게 고마움을 느끼며 살고 있다. 공직에도 여러 가지가 있지만 만약 경찰, 군인과 소방관이 없다면 우리의 귀중한 생명과 재산은 누가 지키고 또 어떻게 될 것인가. 그들이 보람과 자긍심을 느끼고 생활해야 할 텐데 그렇지 못한 현실이 너무 안타깝다.

나는 오늘 평소 내가 연습하던 페이스에 맞춰 달리기로 굳게 다짐했다. 특히 '여자'와 '할아버지' 선수를 조심하기로 했다. 여성이라고, 연세가 많다고 얕잡아보다가는 정말 큰 코 다치기 십상인 것을 지난번 대회에서 익히 경험하지 않았던가. 이 마라톤이라는 것이 일상에서 웬만큼 자기관리를 잘하지 않고서는 감히 나설 수 없는 길 아닌가. 그들의 진취성과 자기와의 경쟁에 도전하는 용기에 마음속 깊이 경의를 표한다.

이삼십 분 지나니 출발했을 때에는 좁게 생각되던 도로가 그렇게 좁지 않게 느껴진다. 이제 어느 정도 자기 실력대로 정리가 되어 거의 일렬종대로 달리고 있다. 첫 번째 만난 완만하지만 제법 긴 언덕을 오르는데 비가 흩뿌리기 시작한다. 오늘 흐리고 한때 약간의 비가 올 것이라는 일기예보가 있었단다. 잠시 모자를 안 가지고 온 것이 후회가 되긴 했지만 평소 등산할 때도 모자 쓰는 것이 습관이 되어 있지 않은 나에게는 오히려 거추장스러울 것 같아 그냥 두고 왔던 것이다. 비는 오는 둥 마는 둥 하더니 그냥 그쳐버렸다.

어느 정도 지났을까 갑자기 이제까지 달려 온 거리가 궁금해졌다. 이제나저제나 이번 대회용으로 준비한 이정표가 있을 것이라고 생각하고 그냥 달린다. 그러나 한참을 달려도 풀코스용만 준비되어 있고 하프용은 따로 없었다. 어찌 5km나 10km 코스도 아니고 하프마라톤을 개최한다고 하면서 거기에 맞는 이정표 하나 제대로 준비하지 않을 수 있는가. 결국 골인지점인 임진각까지 이정표는 보이지 않았고 오직 내 손목에 있는 스톱워치로 페이스를 맞춰가면서 달릴 수밖에 없었다.

가을의 꽃, 코스모스에 대한 단상(斷想)

통일로 양쪽으로 코스모스가 한창이다. 코스모스를 보고 있노라면 마치 수줍은 촌색시를 대하는 듯 하다. 장미나 튤립처럼 화려하지는 않지만 다소곳하면서도 청초하고 고아한 자태는 보는 이로 하여금 많은 것을 느끼게 한다. '소녀의 순정'이라는 꽃말과 그 이미지가 잘 어울린다. 가을의 대표적인 꽃은 코스모스와 국화라 할 수 있다. 이 중 코스모스는 신의 습작이고, 국화는 최후의 완성품이라는 말이 있다. 그렇다면 코스모스(cosmos)야 말로 영어단어 대로 '우주'를 의미하면서 모든 꽃의 시조(始祖)가 아닐까.

이 생각 저 생각하면서 또 앞사람 옆 사람하고의 거리와 간격도 적당히 유지해 가면서 무심코 달리고 있는데 갑자기 뒤에서 날씬하게 생긴 젊은 사람이 앞으로 치고 나간다. 발걸음이 가볍고 자세가 좋다. 그와 금방 거리가 벌어졌다. 그러나 이제 그런 것에는 신경을 안 쓰기로 했다. 대신 그동안의 연습과 실전을 통해 나와의 약속을 지키고 그것을 위한 나의 투지가 더 중요하다는 것을 알게 되었다. 그가 끝까지 잘 달리기를 바라면서 나는 나대로 계속 달린다.

달리기 본능을 상실해 가고 있는 인간

모든 동물에게는 달리기 본능이 있다고 한다. 초식동물은 자기가 먹고 싶은 풀을 찾아 이리저리 달리고, 육식동물은 또 초식동물을 잡아먹기 위해 최선을 다해 달린다고 한다. 그런데 유독 현대에 사는 인간만이 집안에 먹을 것으로 가득 차 있는 냉장고 때문에 굳이 먹거리를 구하기 위해 다른 동물들처럼 달릴 필요가 없게 되었고 이렇게 달리기를 할 필요가 없게 된 것이 성인병의 원인이라는 얘기다.

또 생명과는 별 관련이 없어 보이는 두 다리가 우리 신체의 절반 정도를 차지하고 있는 것으로 보아 우리 인간들은 태생적으로 걷고 달리게끔 되어 있었다는 것이다. 그런데 요즈음 우리 생활 패턴의 변화로 두 다리를 제대로 활용하고 있지 않아 점점 퇴화되고 그 기능을 상실해 간다는 것이다. 그래서 우리 현대인들은 이제 일부러 시간을 내서 달리기를 해야만 한다고 한다.

여우고개라는 표지판이 보인다. 경사는 그리 심하지 않지만 제법 길어 보인다. 허리를 이제까지보다 조금 더 숙이고 팔을 힘차게 저으니 그런대로 오를만하다. 힘에 부쳐 뒤로 처지는 사람들이 많아진다. 그만큼 내가 전진하고 있는 것이리라. 오늘은 왠지 나를 추월하는 사람보다 내가 앞서는 사람이 많다. 그동안 꾸준히 연습해 온 덕택일까.

대학 시절 에피소드

고개 하니까 생각나는 에피소드가 하나 있다. 1970년대 초 대학 다닐 때 일이다. 어느 일요일 봄날이었다. 일요일임에도 불구하고 별로 할 일이 없어 친구와 캠퍼스가 있던 수원에서 아산 현충사까지 자전거 하이킹을 하기로 했다. 수원 역전에서 자전거를 빌려서 그 길로 국도를 따라 아산까지 가는데 자전거를

현충사

SAKA 통일 마라톤-하프 (2002. 10. 3)

타고 가니까 평소에 차를 타고 다닐 때 느끼지 못했던 고개의 위력을 정말 실감했다. 웬 고개가 그렇게 많은지. 돌아오는 길에는 둘 다 지쳐서 그런지 갈 때 보다 더 많아 보였다. 하도 힘이 들어 어떤 때는 버스를 붙잡기도 하면서 다녀온 기억이 있다. 왕복 200km 정도 되는 거리라고 한다.

이제까지의 내 짧은 마라톤 경험으로 볼 때 레이스 도중에 가장 중요한 것 중의 하나가 바로 달리는 것에 '집중'하는 것이라고 생각한다. 그런데 출발한 후 시간이 지나 힘들수록 점점 집중력이 떨어진다. 이를 어떻게 극복하느냐가 레이스의 성공여부와 직결된다고 본다. 이 외에도 집중력을 떨어뜨리는 요인들은 많다. 같이 레이스를 벌이는 선수가 갑자기 말을 걸어 신경을 분산시키는 것이 대표적인 경우일 것이다. 그중 빼놓을 수 없는 것이 주변 풍광에 내 시선을 뺏기는 것이다. 정말 초가을 우리 들녘의 아름다움은 바라보는 이들의 마음을 다 앗아갈 정도다.

달리기, 정신집중이 중요

부지런히 달리다 보니 어느덧 임진각 인터체인지까지 왔다. 경기를 안내하는 자원봉사자 한 사람이 이제 700m 정도 남았다 한다. 갑자기 힘이 솟는 느낌이 들었다. 인터체인지 내리막길에는 마치 레이스 초반처럼 내달렸다. 그러나 그 오르막길에 이르자 다시 흩뿌리기

시작한 빗방울과 때마침 맞불어 오는 강한 바람 때문에 한 발자국 전
진하는 것도 무척 힘이 든다. 저 멀리서는 골인지점임을 알리는 기계
음과 사람들의 박수소리가 들려온다.

이제 정말 얼마 남지 않았다. 여기서 힘을 더 이상 아껴 무엇하랴.
그야말로 젖 먹던 힘까지 동원해 막판 직선주로를 달린다. 한두 사람
을 추월했다. 피니시 라인을 통과했다. 스톱워치는 1시간 50분을 나
타내고 있었다. 내가 목표로 한 바로 그 시간에 맞춰서 들어왔다.

(2002. 10. 3)

마침내 이룬 마라톤의 꿈

내게는 어렸을 때부터 즐겨 꾸던 꿈이 두 개 있었다. 물고기처럼
수영을 잘하는 것이 그 하나였고, 또 다른 하나는 마라톤에서 두 팔을
높이 치켜들고 1등으로 결승선을 통과하는 모습이었다. 둘 다 제대로
못했기 때문에 그렇게 되고 싶어서 꿈에 자주 나타난 것이었으리라.
그중 앞에 것은 마흔을 넘긴 나이에 집 근처 수영장에서 물에 뜨는 것
부터 배우기 시작하여 칠팔 년 동안 열심히 노력한 결과 이제는 제법
수영을 잘 한다는 소리를 들을 정도가 되었다. 그리고 오늘 비록 결승
선에 1등으로 들어오지는 못했지만 나 자신과의 경기에서 이긴 승자
의 모습으로 결승선을 마치 우승이라도 한 듯 두 팔을 높이 치켜들고
만면에 웃음을 가득 머금은 채 골인함으로써 나의 그 두 개의 꿈은 모
두 이루어진 셈이 되었다.

꿈을 이루기 원하는 사람은 먼저 꿈을 가져야 하고, 꿈꾸는 사람을 좋아해야 하고, 또 꿈을 이룬 사람들의 특성을 배워야 한다는 말이 있다. 이를 내가 마라톤이라는 꿈을 현실로 이룬 것에 대입해 보면 정말 딱 맞는 말인 것 같다. 나는 지금부터 10개월 전 마라톤 완주라는 어렸을 적 나의 꿈을 되살렸고, 달리는 사람들하고 어울리는 것을 좋아하게 되었고 또 여러 가지 방법으로 마라톤에 대하여 많은 것을 배우려고 무진 애를 썼다고 생각한다. 그리하여 오늘 내 생애 첫 공식 마라톤을 멋있게 완주하게 된 것이다.

수영과 달리기 꿈을 이루다

나는 오늘 여의도와 천호대교를 왕복하는 한강 둔치 변에서 펼쳐진 제6회 서울마라톤대회를 위해 나름대로 열심히 대비했다. 지난겨울 혹한에도 불구하고 양재천과 한강변에서 연습을 게을리 하지 않았고 한 달 전에는 연습 삼아 40여 km를 완주하였다. 또 마라톤은 강한 체력을 요구하는 육체적인 경기일 뿐만 아니라 고도의 정신력을 요하는 심리적인 게임이기에 심신 양면으로 몸 컨디션 조절에도 많은 신경을 썼다. 대회 하루 전 꼭 가야만 했던 산행을 포기했고 지난 한 달 불가피한 경우를 제외하고는 가급적 술자리도 피하는 등 그야말로 수도자의 길을 걸었다.

그러나 너무 긴장한 탓일까. 내일 달릴 준비물을 다 챙겨 놓고 잠자리에 누웠는데 도통 잠이 잘 안 온다. 한참을 이리저리 뒤척이다 잠이 들었는가 싶었는데 여섯 시 반에 맞춰 둔 자명종이 벌써 울린다. 엊저녁 준비해 놓은 인절미로 간단히 아침 요기를 한 후 집을 나섰다. 대회장까지 가는 지하철 안 풍경은 여느 일요일과 같이 한갓지고 여유가 있었지만 내 마음은 마라톤 공식대회 첫 출전에 대한 기대와 걱정이 뒤섞인 갖가지 상념으로 복잡하기만 하다.

여의나루역에 내리니 달리기 복장을 한 사람 일색이다. 대회장인 여의도 한강 둔치 쪽으로 나오니 이른 아침부터 운집한 선수들과 그 가족들로 넓은 광장이 거의 꽉 차 있다. 외국인들도 제법 눈에 많이 띈다. 아침 9시밖에 안 되었다. 출발시간까지는 거의 두 시간 가량이나 남았다. 이렇게 시간적인 여유를 두고 대회장에 도착하니 마음의 여유가 있어 좋았다. 출발을 앞두고 주로로 나가 천천히 달리면서 슬슬 몸을 풀어 워밍업을 했다.

출발 5분 전, 출발대에 섰다. 나는 마라톤 공식기록이 없어 제일 마지막 조인 F그룹에 속해 있었다. 11시 정각 출발 총성과 함께 A그룹부터 출발했다. 풀코스 참가선수만 약 3천 명이란다. 마라톤에 대해 문외한이었을 때에는 마라톤은 아주 유별난 사람만 하는 것으로 알고 있었는데 이렇게 많은 사람들이 마라톤을 즐기고 있으니 세상사는 모름지기 그 안에 들어가서 자세히 알고 볼 일이다. 별의별 특이한 복장과 차림을 한 선수도 많다. 자기가 믿고 있는 종교를 전도하거나 또는 정치성 짙은 구호가 적힌 표지를 달고 뛰겠다는 사람도 있다. 개성이 있어 좋았다. 선수들이 많아 선수가 출발한 지 약 3분 정도 지난 후에야 출발 선상에 있는 기록측정용 매트를 밟을 수 있었다. 드디어 우렁찬 함성과 함께 힘차게 출발한다. 나는 속으로 오늘의 목표인 4시간 안에 부상 없이 무사히 완주하게 해달라고 기원했다.

경칩을 며칠 앞둔 3월 초라 그런지 한강변의 날씨는 쌀쌀하다. 거기에 나는 몸을 가볍게 하고 달릴 때 덥지 말라고 아래 위 모두 짧게 입었고, 머리에는 땀이 흘러내리는 것을 막기 위해 머리띠를 둘렀다.

거우내 길게 입고 훈련을 하다가 이렇게 짧게 입고 달리니 몸이 새털처럼 가볍게 느껴진다. 몸 컨디션이 생각보다 괜찮은 것 같다. 그런데 하도 선수들이 많아 서로 부딪히는 바람에 도저히 속도를 낼 수 없다. 하기야 레이스 초반에는 무리하지 말라고 가르치고 있으니 그걸 명심하고 페이스를 조절해 가면서 달려나간다.

마라톤은 자신과의 외로운 싸움

한강철교─한강대교를 지나면서 복잡하던 무리는 어느 정도 정리되었다. 저 멀리 앞을 쳐다봐도 선두그룹은 어디에 가고 있는지 보이지 않는다. 순수 아마추어 대회라 하지만 선두그룹을 형성하고 있는 선수들은 2시간 30분대를 주파하는 고수들인지라 그들이 안 보이는 것은 어찌 보면 당연한 일이다. 또 그들의 행방에 대해 알 필요도 없는 것이다. 왜냐하면 나는 그들과 경쟁상대가 아니며 어차피 마라톤은 자기자신과의 외로운 싸움이라는 것을 그간의 달리기경험으로 익히 알고 있기 때문이다. 몸이 워밍업이 된데다가 그룹이 작아져서 그런지 속도가 제법 나는 것 같다.

오늘 대회가 펼쳐지고 있는 한강 둔치 달리기코스는 내가 주로 훈련하는 곳이다. 그간 여러 번 달려 보아 이곳 주로에 대해서는 속속들이 잘 알고 있다. 그래서인지 어느 정도 달리고 나니 긴장감이 없어지고 그저 많은 사람들과 함께 장거리지속주(LSD)를 하는 듯한 느낌이 든다. 다만 평소 LSD할 때와 다른 점이 있다면 많은 자원봉사자들이 각종 음료수와 간식을 준비해 놓고 우리들을 정성껏 대해 준다는 것이다. 항상 느끼고 있는 것이지만 특히 달리기할 때에는 그들의 지극 정성이 얼마나 고마운지 모른다. 대회운영과 관련하여 각자 맡은 분야에서 봉사하고 있는 그들이 없다면 마라톤대회는 존재하지 못할 것이다.

남궁만영 선수와의 인연

마라톤을 시작하도록 나의 마음을 움직이는 데 큰 역할을 한 사람을 소개하고 싶다. 바로 '100회마라톤클럽'에 속해 있는 남궁만영 선수다. 그는 한때 나와 같은 아파트단지에 살았다. 내가 매일 새벽 수영하러 갈 때면 그는 그 시간에 달리기를 하러 아파트를 나서는 길이라 나와 자주 마주치곤 했다. 마라톤으로 다져진 몸이라 정말 군살 하나 없이 잘 다듬어진 체격의 소유자다. 내가 그가 아마추어 마라톤계 고수라는 것을 알게 된 것은 그와 인사하고 나서도 한참 지나서였다. 그만큼 그는 겸손이 몸에 밴 사람이다. 그는 2시간 40분 초반대의 기록을 가지고 있다. 그런 그가 어느 날 갑자기 멀리 이사를 가버려 그의 행방에 대해 궁금해하고 있었는데 지난겨울 어느 날 달리기 훈련 중 잠실 선착장 근처에서 조우하게 되었다. 그날 나는 그로부터 그간 배우고 싶었던 달리기의 중요한 몇 가지 기본자세를 확실하게 익혔다. 나는 오늘 바로 그가 가르쳐 준 자세대로 달렸다.

벌써 한강에 걸쳐져 있는 많은 다리를 지나왔다. 잠실대교를 지나고 있는데 반대편에서 경찰 선도 오토바이의 헤드라이트가 비친다. 선두그룹이다. 선두선수는 그야말로 '바람의 아들' 같았다. 여기서 반환점인 광진교까지는 4km 정도 남았으니 그와의 차이는 무려 8km나 되었다. 앞으로 시간이 흐를수록 간격은 더 벌어질 것이라 생각하니 눈앞이 캄캄했다.

천호대교를 지나 반환점에 도착했다. 시계를 보니 1시간 54분을 가리키고 있었다. 평소의 하프 기록보다는 떨어지는 것이지만 오늘 4

시간 목표로 달리고 있는 만큼 이 정도면 목표 달성에 무난한 기록이라고 생각했다. 나는 오늘 출발할 때 '커닝페이퍼'를 준비했다. 다름 아닌 3시간 57분 완주를 기준으로 한 매 5km 단위의 예상 통과시간이 적혀 있는 쪽지다. 거기에는 20km 지점 통과시간이 1시간 52분 20초로 되어 있다. 따라서 반환점까지는 목표를 초과 달성한 셈이다. 반환점에는 많은 선수들이 모여 있었다. 그곳에는 음료수뿐만 아니라 김밥, 된장국, 바나나, 연양갱, 초코파이 등 간단히 요기를 할 수 있는 것들이 많이 준비되어 있었다. 나는 별로 시장기를 느끼지 않아 물과 초코파이만을 먹고 반환점을 돌았다. 이제까지 온 만큼만 돌아가면 된다고 생각하니 발걸음이 가벼웠다. 거기에 곳곳에서 응원부대가 쳐주는 박수에 저절로 힘이 솟는다.

서울마라톤클럽 박영석 회장님

오늘 대회를 주최한 서울마라톤클럽에 찬사를 보내지 않을 수 없다. 언론사처럼 큰 기관도 아닌 일개 마라톤동호인 모임이 이처럼 큰 대회를 물 흐르듯이 운영한다는 것은 분명 쉬운 일이 아닐진대 박영석 회장을 중심으로 수많은 진행요원들과 자원봉사자들이 일사불란하게 대회를 진행시키고 있다. 올해 73세라는 박 회장님은 일요일 장거리달리기 때면 으레 한강변 주로에서 음료수와 간식 등을 달림이들에게 제공해 주고 있어 많은 사람들로부터 존경을 받고 있는 분이다. 그분의 지론은 달리기는 온몸으로 하는 것이며, 이를 위해서는 잘 먹어야 된다는 것이다. 일리가 있는 말이다. 우리 사회가 나름대로 굴러가는 것은 박 회장님과 같은 선행을 하는 분이 곳곳에 있기 때문이라고 생각한다.

아직도 멀고 먼 골인점을 향해 열심히 달려가고 있다. 평소 자주 달리던 주로라 새로운 맛이 없어서인지 지루한 느낌마저 든다. 자원봉사자들이 힘내라고 열심히 박수를 쳐주지만 점점 힘이 빠진다. 잠실철교—잠실대교—잠실선착장을 지나 27km 지점인 한강과 탄천이 만나는 급수대 근처를 지날 때다. 오른쪽 종아리에 난데없이 평소에는 없었던 통증이 생기기 시작한다. 쥐가 난 것이다. 무릎이 아프고 발바닥에 물집이 생긴 적은 있어도 달리기를 하면서 쥐가 난 것은 처음이다. 또 30km도 못 미친 지점에서 고장이 나리라고는 전혀 예상치 못한 일이다. 좀 지나면 가라앉을 것이라 생각했지만 그럴 기미가 안 보인다. 자원봉사자들이 파스를 뿌려주면 약간 시원하다가도 얼마 안 가 다시 통증이 온다. 오른쪽 다리근육이 점점 굳어져 오는 것이 느껴진다. 평지는 그런대로 가겠는데 약간의 오르막이나 내리막에서는 더 힘을 못 쓸 정도가 되었지만 이를 악물고 달렸다. 난생 처음으로 마라톤에 도전하는 데 아무리 통증이 심해도 이대로 주저앉을 수는 없었다. 마라톤을 뛴다고 알린 내 주변 여러 사람들에게 면도 안 서고 특히 오늘따라 골인점에 나와 있을 우리 딸 준영에게는 더더욱 체통이 안 서는 일이 되기 때문이다. 이러한 정신력 때문인지 아니면 듬뿍듬뿍 뿌려댄 파스 덕분인지 몰라도 35km 지점부터는 그런대로 달릴 수 있었다.

27km, 쥐가 나다

　나는 왜 이런 힘든 달리기를 하고 있는 것일까. 건강을 위해서인가, 목표에 도전하고 이룬 성취감을 맛보기 위해서인가, 아니면 달리기 그 자체의 쾌감 때문인가. 모두 맞을 수 있다. 그렇지만 나는 오늘 달리면서 내가 달리는 이유를 또 하나 찾아냈다. 바로 인간애(人間愛)다. 동시대를 살아가는 똑같은 인간 간에 서로의 존재를 인정하고 서로 아끼며 돕고 살아가야 하는 숙명적인 존재임을 모든 사람들이 깨달을 때 진정 이 세상은 더 아름다워질 것이라고 확신한다. 레이스 도중에 만난 다정한 노부부, 외팔 달림이, 시각장애인, 외국인, 자원봉사자 등 모두 한결같이 더 없이 소중한 인격체로 각자 너무나 멋있게 또 열심히 살고 있음을 느꼈다.

63빌딩이 눈앞에 성큼 다가왔다. 어느덧 종착역에 거의 다 온 것이다. 자원봉사대는 힘내라고 응원하느라 목소리가 다 쉬었다. 정말 고마운 분들이다. 여의도에 들어서니 언제 다리가 아팠냐는 듯 힘이 불끈 솟는다. 저 멀리에는 결승선이 보이고 스피커를 통해 골인하는 선수들의 모습을 중계하고 있는 소리가 들린다. 오전 11시에 출발하여 오후 3시가 넘어 다시 돌아 왔으니 출발한 지 무려 4시간이 훨씬 지났다. 결승선을 앞두고 마지막 직선 주로가 나타났다. 그야말로 젖 먹던 힘을 다해 전력질주 했다. 여기서는 힘을 아낄 이유가 하나도 없기 때문이다. 그리고 아빠가 멋있게 골인하는 장면을 우리 준영이에게 빨리 보여 주고 싶었다. 그 동안 훈련할 때 연습했던 대로 두 팔을 높이 치켜들고 결승선을 통과했다. 4시간 20분 21초의 기록이다.

인생은 마라톤

당초 목표 했던 4시간 기록은 다리에 쥐가 나는 바람에 이루지 못했지만 첫 마라톤을 완주한 것에 만족한다. 오늘 이루지 못한 기록은 다음에 얼마든지 달성할 수 있지 않은가. 다리에 쥐가 난 것은 아마도 추운 날씨에 짧은 옷을 입고 달려 체온 저하로 인해 다리근육이 긴장된 데서 기인한 것으로 분석된다. 아무튼 오늘도 마라톤을 통해 좋은 경험을 하나 한 셈이다. 초반에 잘 달리는 것보다 처음부터 끝까지 힘을 골고루 안배해 자기 페이스대로 레이스를 펼치는 것이 중요한 것이다. 이것은 우리 인생에도 똑같이 적용될 수 있을 것 같다. 사람들은 곧잘 인생을 마라톤과 견준다. 긴 여정(旅程), 높낮이가 있는 코스, 이탈할 수 없는 주로(走路), 역전과 재역전의 연속, 달릴 때의 고통과 완주의 기쁨 등 마라톤에 인생의 희로애락(喜怒哀樂)이 다 담겨 있기 때문이리라.

(2003. 3. 2)

자신감으로 달린 오십 리 길

세 번째 도전하는 하프마라톤이다. 식목일임에도 불구하고 하늘은 맑고 양재천변의 공기는 더없이 청정하다. 항상 그러하듯이 대회장의 분위기는 많은 선수들과 그 가족들로 한껏 고조되어 있다. 그러나 건강미를 뽐내는 선수들의 얼굴 한편에는 긴장감이 감돈다. 아이, 어른을 막론하고 시험이나 시합을 앞두고 긴장하기는 다 마찬가지인 모양이다.

어느 때보다도 자신감을 가지고 경기에 임했다. 작년 5월 달리기를 시작한 이래 이제까지 나름대로 열심히 훈련했고 많지는 않지만 실전경험이 있는데다가 거의 매주 일요일이면 연습하는 양재천과 올림픽대교로 향하는 한강변코스에서 벌어지는 완전한 홈 경기이기 때문이다. 그래서 목표 또한 이제까지의 1시간 50분에서 5분 단축한 45분으로 잡았고 컨디션이 좋을 경우 내심 43분까지 욕심을 내보기로 하고 손등에 그것을 목표로 한 구간별 랩타임을 적었다. 날이 좋아 아래 위 짧은 마라톤 운동복을 입었고 머리띠와 장갑을 챙기는 것도 잊지 않았다.

성숙되어야 할 달리기 문화

열 아홉 여덟 … 둘 하나. 10시 정각, 선수들의 함성과 박수와 함께 출발총성이 울렸다. 출발지점 주로(走路)가 좁아 많은 선수들이 엉킨다. 주로 옆에는 '마라톤에도 지켜야 할 에티켓이 있다'라는 표지가 보인다. 그렇다. 정말 좋은 운동인 달리기를 하다보면 볼썽사납게 침을 뱉는 사람부터 옆 사람의 어깨를 툭 치고도 미안하다는 말 한마디 없는 사람, 추월하면서도 아무 인사도 없이 앞지르는 사람에 남자인 경우 심지어는 길옆에서 '실례'하는 사람까지 그야말로 10인 10색이다. 10년 전 형편 없었던 우리의 자동차문화가 지금 많이 좋아진 것과 마찬가지로 앞으로 10년 후에는 우리의 마라톤문화도 많이 성숙될 것이라고 믿는다.

그렇지 않아도 좁은 양재천 주로가 공휴일을 맞아 가족들끼리 산책 나온 사람들로 더욱 북적인다. 그래도 항상 보면 어떤 보이지 않는 손에 의해 질서가 잘 잡힌다. 출발한 지 얼마 안 되었건만 선두는 벌써 눈앞에서 사라졌다. 그 뒤를 이어 거의 일렬종대로 달리고 있는 선수들의 모습은 언제 보아도 장관이다. 이 얼마나 건전한 여가선용이며 경제적인 건강관리방법인가. 내 주변에 있는 많은 사람들에게 급하지 않다고 중요한 건강관리를 게을리 하면 나이 들어 반드시 그 대가를 혹독하게 치를 것이라고 충고하지만 대부분은 건성으로 듣는다. 언제부터인가 '건강전도사'가 되어가고 있는 내 자신이 정말 자랑스럽다.

'건강전도사'가 되어가고 있는 나

5km 지점에 있는 급수대에서 잠시 선 채 목을 축였다. 전 같으면 그 시간이 아까워 달리면서 물을 마시곤 했는데 이제는 그 정도의 여

유는 생긴 것 같다. 언제나 그리하듯 음료수를 마시면 훨씬 힘이 솟는다. 양재천과 헤어진 지는 꽤 지났고 지금은 오른쪽으로 강남면허시험장과 그 앞으로 올림픽 주경기장이 바라다 보이는 탄천(炭川)변을 달린다. 우리말로는 숯내라고 하며, 조선 경종 때 남이(南怡)장군의 6대손인 남영(南永)이 이곳에 살았는데, 그의 호가 탄수(炭叟)이고 탄수가 살던 골짜기라 하여 탄골 또는 숯골이라 불렀으며, 탄골을 흐르는 하천이라는 뜻에서 탄천이라 부르게 되었다 한다.

선수 모두들 겨우내 갈고 닦았던 기량을 발휘하면서 열심히 달리고 있다. 어느덧 잠실선착장도 지났고 앞으로는 잠실대교—잠실철교—올림픽대교로 이어지는 지루한 직선 코스를 달려야 한다. 올림픽대교를 약 1.5km 남겨 둔 지점에 이르렀을 때다. 선두선수가 자전거를 앞세우고 빠른 속도로 달려온다. 스톱워치가 44분을 가리키고 있다. 얼마 안 있어 평소 한강변에서 자주 만났던 외국인 선수가 2등으로 지나갔다. 정말 잘 달린다. 어느덧 올림픽대교를 지나 반환점에 이르렀다. 순번을 매기는 자원봉사자가 '백 사십 오'를 외친다. 반환점을 도는 시점에서 145등이라는 말일 것이다. 52분이다. 이 기록이라면 1시간 45분은 이미 물 건너갔고 부지런히 달려야 50분의 벽을 깰 수 있다 생각하니 정신이 바짝 든다.

반환점을 돌면서 충분히 물을 마시고 또 스펀지를 하나 집어 들어 얼굴과 목 주위를 닦았다. 시원해져서인지 기운이 좀 나는 것 같다. 이제까지는 스펀지를 쓸 경우 안경을 더럽혀 시야를 가릴 것 같아 사용하지 않았는데 써보니 정말 괜찮은 것 같다. 뭐든지 그러하지만 달리기를 하면서도 이래저래 주위들은 귀동냥과 본인의 체험이 무엇보다 값지고 중요하다는 것을 깨달았다.

달리기가 건강에 좋다고 하지만 아무나 쉽게 할 수 있는 것은 분명 아니다. 가장 중요한 것은 달리기를 할 수 있는 안전한 주로가 본인이 생활하고 있는 근처에 있어야 한다. 그런 관점에서 볼 때 양재천과 한강을 잇는 코스를 가까이 두고 있는 사람들은 달리기를 할 필요충분 조건을 두루 갖춘 행복한 사람이라고 생각한다. 그럼에도 불구하고 내가 알고 지내는 많은 사람들 가운데서도 한강 둔치는 물론이고 양재천 길 한번 안 밟아 본 사람이 수두룩하다. 자기가 처한 유리한 여건을 제대로 활용하지 못한 채 늘 머물던 곳에만 있기를 고집하는, 변화를 두려워하는 부류일 것이다.

기록단축에 효과적인 동반주

달리다 보면 자기와 비슷한 실력의 주자들을 만날 수 있어 좋다. 특히 레이스 막바지에 힘들고 지쳐 집중력이 떨어질 때 가까이 달리고 있는 누군가를 정해 그와 함께 달리는 동반주(同伴走)를 하게되면 확실히 기록 단축에 효과가 있는 것 같다. 오늘도 결승 5km 정도를 남겨 둔 16km 지점에서 앞에 가고 있는 뚱뚱한 젊은 사람을 만났다. 85kg 정도는 족히 돼 보였는데 체구에 비해 꽤 잘 달린다. 한참을 그와 함께 가고 있는데 그가 "우리 2km 남겨 두고 스팟트 합시다" 라고 제안한다. 그렇게 하자고 해 놓고 둘이 제법 함께 오랫동안 달려 결승 2km 지점에 이르니 그가 정말 속도를 내기 시작하는데 나는 발이 안 떨어진다.

할 수 없이 그를 놓쳐 버렸고 바로 내 앞에 가던 또 다른 젊은 친구를 만났다. 그는 아까 그 '뚱뚱보'와는 반대로 체구가 나처럼 작았다. 내가 그 옆으로 다가가 "자, 힘내세요" 라고 격려의 말을 건넸다. 내 말을 알아들었는지 약간 스피드를 내기 시작한다. 이제 결승선까지는

1km도 채 남지 않았다. 오늘 여러 사람들과 함께 달렸지만 이 사람이 마지막이라고 생각하고 둘이 보조를 잘 맞추면서 마지막 안간힘을 내 달린다. 골인 50m 정도를 남겨두었는데 그는 힘든 듯 스피드가 떨어진 반면 나는 힘껏 달려 결승선을 통과했다.

내 스톱워치는 1시간 49분대를 가리키고 있었다. 기록상으로는 1분 단축에 불과하지만 왠지 오십 리 길을 단숨에 달린 듯한 기분이 들었다. 전반을 52분에 후반을 57분에 달린 셈이다. 앞으로는 후반에 처지지 않도록 체력을 더욱 강하게 단련시키는 훈련을 집중적으로 해야 겠다. 왜냐하면 마라톤은 결국 힘이 있어야만 오랜 시간 일정한 페이스로 달릴 수 있기 때문이다. 비록 오늘 계획했던 1, 2차 목표는 못 이루었지만 기존의 50분대 기록을 갈아 치웠다는데 만족하고 오늘도 부상 없이 무사히 완주한 데 대해 감사드린다.   (2003. 4. 5)

가문의 영광, 잠실 종합경기장 트랙을 밟다

한껏 물오른 화창한 봄날이다. 생애 두 번째 풀코스 도전이지만 실제로는 처음이나 마찬가지다. 지난 3월 완주했던 서울마라톤도 풀코스였지만 한강변 좁은 도로를 따라 달리는 대회였기 때문에 오늘처럼 대로를 달리는 본격적인 마라톤은 처음인 셈이다. 게다가 잠실 올림픽 메인스타디움으로 골인하게 되어 있으니 이 얼마나 감개무량한 일인가. 며칠 전부터 많은 시민들의 박수를 받으며 멋지게 달려 와 주경기장 트랙을 돌아 결승선을 끊는 내 자신의 모습을 수없이 그렸다 지웠다.

이렇듯 잔뜩 기대 부푼 가슴으로 대회장인 잠실 메인스타디움 광장에 이르니 참가선수와 그 지인들로 인산인해를 이룬다. 가히 마라톤 붐이라 아니 할 수 없다. 사람마다 각기 달리는 이유는 다르겠지만 이제는 옛날처럼 '구경하는 스포츠'가 아닌 '직접하는 스포츠'를 즐기겠다는 발상일 것이다. 하여튼 시민들의 육체적·정신적 건강을 위해 바람직한 일이다.

마라톤 고수들의 충고

주변에는 아마추어 마라톤 고수들이 많다. 많은 실전 경험에서 우러나오는 그들의 한마디 한마디에는 마음속 깊이 새겨 두어야 할 말들이 많다. '물은 중간지점에서 한 모금, 모자라면 마지막 테이블에서 또 한 모금 마셔라', '첫 한 모금은 마시지 말고 뱉어라', '맹물만 마시지 말고 이온음료와 번갈아 가면서 마셔라', '30km 이후에 잘 달리기 위해 초반에는 힘을 비축해 천천히 달려라', '어느 한 쪽 발목에만 지나치게 많은 압력이 가해지지 않도록 도로의 좌우측을 번갈아 가면서 달려라' 등 그들의 충고는 한도 끝도 없다.

이들의 '말씀'을 가슴에 소중히 담고 오늘 레이스의 전략 ― 후반전을 위해 일단 하프 반환점까지는 내 기록보다 약 3분 늦게 1시간 52분대에 통과하기로 한다. 그리고 30km 이후에도 페이스를 잃지 말고 달려 4시간에 완주한다 ― 을 속으로 조용히 짜본다. 구간 별 통과시간이 적힌 쪽지를 어디에 달까 고심하다 달리면서도 쉽게 볼 수 있도록 러닝 상의 한쪽에 비닐을 입혀 달아 놓고 달리기로 했다.

출발선으로 이동하라는 장내 아나운서의 약간 쉰 듯한 목소리가 스피커를 통해 들린다. 참가자 약 2만 명을 지휘하자니 목소리가 갈 만도 하다. 이 중 약 2천 명이 오늘 풀코스를 달릴 예정이다. 선수들이 많아서인지 직선거리로는 얼마 안 되는 종합운동장 사거리까지 이동하는 데에도 거의 20분이 걸렸다. 하늘에는 제3회 경향서울마라톤대회를 축하하는 패러글라이더가 형형색색의 연막을 피우며 비행을 하고 있다. 출발 예정시각인 9시가 되었건만 출발 기미조차 보이지 않는다. 드디어 9시 20분 참가선수들의 환성과 함께 출발총성이 울렸다.

나는 무리인줄 뻔히 알면서도 3시간 40분 페이스메이커 후미에 자리를 잡았다. 이 그룹과 함께 달릴 수 있다면 4시간 목표는 달성되리라 생각했기 때문이다. 일요일 아침임에도 불구하고 연도에 많은 사람들이 나와 우리들의 장도에 박수를 보낸다. 그들 면면에는 우리 선수들의 건강에 대한 부러움으로 가득 차 있는 듯 하다. 이제까지 특히 출발지점의 노폭이 좁아 시작부터 서로 부딪혀 짜증이 나던 때와는 달리 뻥 뚫린 대로인지라 시원시원하게 잘 빠져서 너무 좋다. 달리기를 시작하지 않았더라면, 아니 했더라도 이러한 큰 대회에 참가할 용기를 갖지 못했다면 언제 어떻게 백주에 이러한 대로를 질주할 수 있겠는가. 정말 세상은 목표를 세우고 도전하는 사람의 몫인 것 같다.

5월 초, 봄의 한 가운데라 할 수 있건만 요즘은 봄과 여름이 한데 붙은 것 같다. 그래서인지 이른 시간임에도 불구하고 체감온도는 제법 높다. 달린 지 얼마 안 되었는데도 선수들은 길 한복판을 외면하고 한쪽 편에 있는 가로수 그늘 밑으로 파고든다. 롯데월드가 있는 잠실사거리에 이르니 연도에 더 많은 사람들이 나와 우리들을 응원한다. 거기서 우회전해 송파대로를 따라 지하철 8호선의 석촌역―송파역―가락시장역―문정역―장지역―복정역까지 이어지는 5km 정도의 곧게 뻗은 평탄한 구간을 쉼 없이 달려야 한다. 앞뒤를 둘러봐도 우리들의 행렬은 끝이 안 보인다. 그 모두들의 표정에는 오늘 레이스에서 완주를 해야겠다는 비장감이 엿보인다. 그런 각오 없이 어떻게 감히 백리 길에 도전할 수 있겠는가. 실제 통계적으로도 풀코스 도전자의 완주율이 하프나 10km 도전자의 그것보다 높다고 한다. 그만큼 체력적·정신적으로 만반의 준비가 되어 있디는 얘기일 것이다.

가락시장에 얽힌 에피소드

가락시장 근처를 지날 때마다 느끼는 감회가 남다르다. 대학 졸업 후 첫 직장이었던 한국농촌경제연구원에서 연구원으로 일하고 있을 때이니 지금부터 25년 정도 지난 얘기다. 당시 서울 한복판에 있던 용산과 청량리 청과도매시장은 교통혼잡과 환경오염을 일으키는 골칫덩어리로 지목되었다. 우리 연구팀은 이를 외곽으로 이전하는 프로젝트를 세계은행(IBRD)으로부터 용역을 받아 그 타당성조사 연구작업을 수행했다. 그 결과 지금의 가락동이 그 대체지로 가장 적합하다고 결론을 내렸고 우리의 연구결과를 농수산부가 받아들여 건설한 것이 지금의 가락동 농수산물도매시장이다. 그런데 최근 들리는 얘기는 앞의 경우와 같은 이유로 가락시장도 머지않아 더 외곽으로 이전될 것이라 하니 세상 만사가 변하지 않는 것이 없는 것 같다.

가락시장

가락동을 뒤로하고 문정동에 이르니 벌써 시골냄새가 난다. 오른쪽 넓은 평야에 펼쳐져 있는 비닐하우스가 그 발원지다. 달리기에는 단순한 체력단련 이상의 것이 많다. 그중 하나가 자연과 인간

발과 마음과 혼으로 달린다

이 친해지는 것이 아닐까 한다. 달리면서 평소 차 타고 다닐 때 볼 수 없었던, 또 맡을 수 없었던 것들을 인지하게 되면서 그만큼 자연과 가깝게 되는 것 같다. 그야말로 마라톤을 요즘 많이 사용하는 자연·환경친화적인 스포츠라 평하면 지나친 비약일까.

판교-구리 간 외곽순환도로 교차로에 있는 복정역에서 우회전해 세곡동 사거리에 다다르니 많은 교통경찰들이 주자들의 안전을 위한 교통통제에 여념이 없다. 이곳이 하프코스의 반환점이고 풀코스도 돌아올 때는 이곳에서 수서역 방향으로 직진한다는 사실을 안 것은 경기가 끝난 후였다. 그날 달릴 코스에 대해 아는 것과 모른 채 앞사람만 따라 달리는 것은 레이스 운영에 천양지차라는 것을 그간 몇 번의 대회참가 경험으로 알게 되었건만 그 사전답사라는 것이 말처럼 쉽지 않은 것 또한 사실이다.

여기서부터 또 지루한 직선 주로가 펼쳐진다. 나의 경우 10km 정도 지나서면서부터 집중력이 현저히 떨어지는 것 같다. 오늘도 며칠 전부터 어떻게 하면 달리는 데에 집중해 경기력을 향상시킬 수 있는가에 대해 많은 생각을 했다. 그 일환으로 나는 오늘 '집중! 집중!'을 끊임없이 외치기로 마음먹었다. 하지만 마라톤처럼 고도의 체력과 정신력을 요하는 경기에서 초보 달림이로서 힘들어질 때 집중력 저하는 어쩔 수 없는 것 같다. 그런 것을 점차 극복해 나가면 결국 훌륭한 러너가 되는 것 아니겠는가.

마라톤으로 인한 불편한 주민생활

왼쪽으로 서울공항을 두고 펼쳐진 대로상에 마라톤행렬은 끝이 없다. 어떤 주민은 교통통제를 하는 경찰과 말다툼을 한다. 거의 2주에 한 번 꼴로 있는 교통통제로 못살겠다는 요지다. 일요일에 갑자기 차를 타고 어디를 나가려 해도 마라톤과 VIP 공항 출국행사로 인한 통제로 많은 불편이 있는 것 같다. 대회 주최 측이 교통통제시간을 알리는 현수막을 군데군데 걸어 이러한 불편을 줄이는 노력을 나름대로 하고 있기는 하지만 그래도 불편하다는 얘기다. 그래서 요즘은 마라톤대회가 점차 외곽으로 밀려나가는 추세라 한다.

출발한 지 얼마 안 돼서부터 생긴 생리욕구에 자꾸만 신경이 거슬린다. 날이 더워서 땀을 계속 흘리면 해결되리라 생각하고 꾹 참고 달리고 있건만 쉽게 풀리지 않는다. 더위와 갈증을 달래기 위해 급수대마다 빠지지 않고 물과 이온음료를 번갈아 가며 마시고 있기 때문인 듯 하다. 결국 길가 주유소에서 문제를 풀었다. 얼마나 시원하고 몸이 가벼워졌는지 아마도 이를 체험해 보지 않은 사람은 상상이 안 갈 것 같다.

이제 몸이 한껏 워밍업도 되어 있고 고민도 풀어져 기분 좋게 달리고 있는데 패트롤카를 선도로 선두가 달려오고 있다. 언제나 그렇지만 선두가 달리는 모습은 너무나 멋있다. 아무리 힘들어도 절로 박수가 나온다. 우리의 영웅이 아닌가. 스톱워치를 보니 1시간 33분을 가리키고 있다. 약 17km 지점이다. 그런데 이게 웬일인가. 한참을 지나도 2등 주자가 나타나지 않는다. 선두와 꽤 차이를 두고 2등이 달려오는데 역시 너무나 잘 달린다. 거의 동시에 출발해서 벌써 8km 정도 차이가 나니 그들의 주력이 정말 대단하지 않은가. 내심 더욱 분발해서 달려야지 마음먹으면서도 몸은 마음 같지 않다.

낙생초등학교 근처에서 우회전하니 곧게 뻗은 4차선의 57번 지방

도로 이어진다. 나처럼 반환점을 향해 달리는 사람과 이미 돌아오고 있는 선수들의 행렬이 서로 교차하는 그림이 가관이다. 평소 하프 때의 기록을 넘긴 지는 이미 오래 되었고 지난 3월 서울마라톤 때보다 늦은 것을 보니 이제 반환점이 얼마 남지 않았음은 분명한데 아직 시야에 들어오지 않고 있다. 자원봉사자들이 나누어주는 초콜릿 하나를 먹으니 좀 더 기운이 나는 것 같다. 반환점을 돌며 시계를 보니 1시간 59분이 지나고 있다. 간신히 2시간 내에 돈 것이다.

항상 그러하듯 돌아오는 길은 갈 때보다 훨씬 가까운 것 같다. 하지만 체력이 많이 떨어져 있어 갈 길은 점점 멀어 보인다. 그래도 중간중간 나타나는 급수대는 오아시스와 같다. 나는 오늘도 스펀지를 잘 활용하고 있다. 두 개를 집어 하나는 몸을 닦는 데 쓰고 다른 하나는 갈증이 날 때 물 대신 조금씩 목을 축이는 데 쓰고 있다. 자원봉사를 하고 있는 학생들이 얼마나 고마운지 모른다. 그들에게도 이러한 자원봉사는 어떠한 활동보다도 기억에 남을 학창시절의 좋은 추억거리가 될 것 같다. 언니 오빠 어머니 아버지 할아버지와 같은 선수들이 달리는 모습을 보고 그들은 무슨 생각을 할까. 자못 궁금하지 않을 수 없다.

아무 생각 없이 한참을 달렸다. 30km 지점에 왔다. 게임은 이제부터다. 지금까지 달린 것은 앞으로 달려야 할 12km를 위해서다. 이제까지 비축했던 에너지를 잘 써야한다는 생각을 하고 달리니 앞서 가던 선수들을 하나 둘 추월하기 시작한다. 바로 이 기분에 마라톤을 하는 것 같다. 걸어가는 선수도 나타나고 아예 서 있는 사람도 있다. 오버페이스 한 탓일 게다.

홍수환 복싱선수의 명언

나도 점점 극한과 한계의 정점에 다다르고 있다는 느낌이 든다. 열심히 팔을 흔들어대며 달려도 무슨 의식을 갖고 하는 것이 아니다. 복싱도 10라운드를 넘기게 되면 팔은 그저 관성으로 뻗는 것에 불과하다는 말을 한다. "남자로 태어나 복싱을 해보지 않고는 운동에 대해 말하지 말라"는 70년대 복싱 밴텀급 세계 챔피언이었던 홍수환 선수의 명언이 기억난다. 복싱을 해 보지 못한 우리네 보통사람들은 그 세계의 멋을 알 수가 없다. 마찬가지 이유가 마라톤에도 적용될 것 같다.

갈 때와는 달리 세곡사거리에서 수서역 방향으로 직진한다. 서서히 오르막이 시작된다. 밤고개길이다. 많은 선수들이 그냥 걸어서 간다. 나는 걷지 않기 위해 안간힘을 쓴다. 아직까지 몸 어느 곳에서도 이상 징후를 보이지 않고 있다. 다행이다. 그렇게 걱정하던 쥐도 나지 않고 있다. 염려 덕분인가 보다.

내리막을 내려오니 수서역이 나타난다. 평소 워낙 차가 많이 왕래하는 복잡한 곳이기는 하지만 왠지 교통통제가 잘 안돼 엉망이 되었다. 선수들이 횡단보도를 건너기 위해 신호를 기다리고 있으니 이 무슨 황당한 경우인가. 연도에 있거나 차를 타고 가는 사람들로부터 격려를 받기는커녕 대부분의 사람들이 달갑지 않은 시선을 보낸다. 만약에 이러다가 교통사고라도 나면 그 책임은 과연 누구에게 있는가. 건강을 지키려다가 잘못될 수도 있겠다는 생각도 든다. 무엇보다 중요한 것이 선수들의 안전이 아닌가.

주최 측의 교통통제 미숙

동부간선도로 진입로가 있는 38km 지점이다. 선수와 차가 서로

발과 마음과 혼으로 달린다

엉켜 있다. 차는 안중에 없다. 어떻게 알아서 비켜
가겠지 하는 생각이다. 그야말로 눈에 보이는 것이
없는 상태다. 어린애와 부딪혀도 넘어질 것 같다.
목이 말라 급수대마다 물을 계속 마셔댄다. 자원봉
사학생들의 목도 다 쉬었다. 거리 표지판도 정확하
지 않은 것 같다. 이러한 것들이 막판에 더 힘을 빼
고 있다.

제3회 경향서울마라톤 (2003. 5. 11)

40km 지점인 삼전로터리에서 좌회전해 백제고
분로로 접어든다. 이제 2km밖에 안 남아서인지
힘이 난다. 어떤 아주머니는 고맙게도 길가에서
선수들에게 물을 나눠주고 있다. 출발점인 종합운
동장 사거리를 향해 달리는데 횡단보도를 지나는
행인이 아는 척을 한다. 지난 4월 강남마라톤 주최 하프대회 때 마지
막 구간을 함께 달리던 그 뚱뚱보 친구다. 아침에 출발할 때도 우연
히 만나 인사했는데 오늘도 하프를 달린다고 했다. 내게 힘내라고 격
려한다. 질긴 인연이 있는 친구다.

종합운동장 사거리에서 좌회전하니 이제는 정말로 얼마 남지 않았
다. 절로 힘이 난다. 대로를 벗어나 메인스타디움 진입로에 들어왔다.
많은 구경꾼들이 박수를 보낸다. 바로 이 맛에 이 고생을 한 것일 게
다. 언제 그렇게 힘들었냐는 듯이 두 발이 너무 가볍다. 드디어 종합
경기장 트랙에 발을 디뎠다.

너무나 푹신했다. 그리고 너무나 넓었다. 관람객으로서 객석에서
볼 때와는 그 규모가 천양지차다. 얼마나 달려보고 싶었던 트랙이었

제1장 달렸노라

던가. 정말이지 가문의 영광이라 아니할 수 없다. 그간 많이 상상했던 대로 두 팔을 높이 치켜들고 들어왔다. 4시간 16분 25초의 기록이다.

(2003. 5. 11)

흙길을 달리다

초여름치고는 제법 더운 날이다. 이렇게 오후 시간대에 대회에 참가하기는 처음이다. 토요일임에도 불구하고 오전 내내 일에 쫓기다 때를 놓쳐 3시가 다 되어서야 점심을 먹을 수 있었다. 달리는데 부담을 줄 것 같아 안 먹으려다가 또 그러면 기력이 떨어질 것 같아 조금만 먹으려고 했는데 시장한 김에 막상 숟가락을 들고 보니 그렇게 되지 않았다. 5시 출발인데 3시 30분이 되어서야 집을 나설 수 있었다. 전철과 버스로 대회장인 하남시 선동 둔치 광장에 가까스로 도착하니 대회시작 15분 전이다. 버스에서 내려 보도도 없는 길을 족히 15분 정도는 속보를 했으니 워밍업은 절로 된 셈이다. 그동안 수차례에 걸친 대회참가 경험을 바탕으로 재빨리 복장을 갖추고 출발선에 섰다.

지난 몇 주간 호흡법도 새로 익혔고 또 아령을 들고 팔치기 연습을 해 나름대로 자신감이 생겨 오늘은 욕심을 좀 내기로 하고 앞쪽에 자리 잡았다. 그러나 오늘 주로의 90%가 흙길이라는 대회 주최 측의 설명에 기록경신보다는 순위 쪽에 무게를 두고 달리겠다는 전략을 세웠다. 오늘 우리와 함께 달리게 될 왕년의 스타 김완기 선수의 소개에 이어 5시 정각 출발총성과 함께 힘찬 레이스가 시작되었다.

늦은 오후에 출발을 해 더위와 갈증이 심한
데다 점심까지 늦게 먹어 소화가 안 된 탓인지
배가 더부룩해 출발부터 컨디션이 안 좋다. 둔
치 광장을 빙빙 돌면서 완전히 빠져나오기 까지
약 5km 정도는 되는 것 같다. 내가 이렇게 헤매
는 동안 벌써 많은 주자들이 나를 앞섰다. 처음
부터 작전에 차질이 생겼다. 오늘 주로는 미사
리 조정경기장과 한강 사이에 나있는 둑길이다.
소위 생태계 보호를 위해 포장을 하지 않고 자
연 그대로인 흙길로 되어 있는 것이 특징이다.
그렇지만 흙길에 익숙해 있지 않아 달리기에는
별로다. 군데군데 패인 곳도 많고 또 먼지가 많
이 나 호흡하기에도 힘들다.

제4회 백제야간 단축 마라톤 대회 (2003. 6. 7)

김완기 선수의 멋진 역주

둑길로 접어드니 북한강의 경관이 시원스럽게 펼쳐진다. 그러나
아직까지도 제 컨디션이 아니다. 차라리 점심을 안 하는 편이 훨씬 나
았던 것 같다. 둑길은 생각했던 것보다 호젓해 달리기에 좋았다. 그저
몇몇 사람들이 아이들과 함께 나들이 할 뿐이다. 8km 정도를 통과하
고 있는데 맞은 편에서 선두를 선도하는 차량이 온다. 김완기 선수와
또 다른 선수 한 명이 마치 기관차 달리듯이 힘차게 레이스를 펼친다.
역시 현역에서는 은퇴했어도 프로는 프로다.

조금 더 가니 반환점이다. 노란띠가 달려있는 고무줄을 하나씩 나
눠준다. 소위 반환점 통과 표지다. 하프를 지나니 몸이 가벼워지는 등
컨디션이 좀 나아지기 시작한다. 다행이다. 나만 그러는 것일까. 반환

점을 지나 반대편에서 달려오고 있는 선수들을 보면 힘이 더 난다. 우리처럼 나름대로 열심히 훈련을 하고 있는 사람들에게 이러한 하프대회는 이제 큰 부담이 안가는 것은 사실이다. 그러나 항상 시합이라는 데에는 뭔가 모를 변인이 있고 거기에 따라 몸 컨디션이 달라지고 또 그것이 결과에 영향을 미치게 된다. 그래서 선배들은 가급적 많은 대회경험을 쌓으라고 충고한다.

풀코스를 달리다 보니 하프는 달리다 마는 것 같다. 얼마 안 달린 것 같은데 벌써 16km 지점인 둔치 광장에 왔다. 여기서부터 마지막 결승선을 뻔히 본 채로 빙글빙글 도는 지루한 코스가 시작된다. 그래도 길가에 응원 나온 사람들이 많아 힘을 북돋워준다. 이제 결승선이 얼마 남지 않았다. 막판 스퍼트다. 훈련 덕분인지 그럴 힘이 아직까지 있다. 몇몇 선수들을 앞선다. 바로 이 맛에 달리기를 하는 것 같기도 하다. 대회 진행자의 열정적인 멘트를 뒤로하고 손을 힘있게 위로 뻗은 채 골인했다.

(2003. 6. 7)

진력(盡力), 그 한계와 아름다움

오늘은 기분 좋은 날이다. 달리기 가족이 한 명 늘어 셋이 함께 달리게 되었기 때문이다. 그간 진종근 회장과 둘이서만 다니다가 회원 확장 노력의 결과로 최충규 회원이 가세하여 세 사람의 모임이 되었으니 이제는 가히 회(會)라 해도 손색이 없을 듯하게 된 것이다. 진 회장과 단 둘이 있을 때에는 이따금 대화도 끊어지는 편이지만 신입 최 사장은 사교적인 성격에 입담도 좋아 예전보다 분위기가 훨씬 좋아졌다.

지난 6월 미사리 하프대회 때에는 이러저러한 사정으로 출발 직전에야 행사장에 도착했다. 그날 출발에 앞서 허둥지둥했던 기억을 교훈 삼아 오늘은 집결지인 잠실 종합경기장에 출발보다 한 시간 정도 일찍 나왔다. 하지만 벌써 많은 선수들이 모여서 각자 몸풀기에 여념이 없다. 우리도 요즘 매주 토요일 오후마다 국가대표선수와 감독을 지냈던 '이홍열의 마라톤교실'에서 배운 스트레칭 등으로 준비운동을 한 후 경기장 트랙을 서너 바퀴 돌면서 워밍업을 했다. 8시 정각 출발을 기다리고 있는데 3-4분 전임에도 불구하고 출발총성이 울리더니 선수들의 환성과 박수소리와 함께 오십 리 장정이 시작되었다.

오늘 주로는 잠실운동장-한강 고수부지 진입 토끼굴-청담대교-영동대교-성수대교-동호대교-한남대교-반포대교를 지나 1km 지점 정도에서 돌아오는 코스다. 평소 내가 자주 달리던 곳이기도 하고 요즘 마라톤교실에서 열심히 기본기를 다지고 있는 터라 개인기록 경신은 물론 1시간 45분대 완주를 목표로 힘차게 출발했다. 아침시간인데다 날도 꾸물거려 별로 더위를 느끼지 않을 것 같았지만 막상 달리고 보니 7월 중순인 하절기인지라 더위가 장난이 아니다. 열심히 달리고 있다고 생각되는데 5km 구간기록이 오늘 목표에는 물론 평소 기록보다도 안나오고 있는데 도대체 그 이유를 모르겠다. 아마도 요즘 마라톤교실에서 배운 달리기 자세가 내 몸에 익지 않은 탓으로 돌릴 수밖에 없을 것 같다. 그럼에도 불구하고 아직 초장이니 앞으로 열심히 달리면 좋아지겠지 생각하며 부지런히 발을 놀린다.

이홍열 마라톤교실에서 배운 자세로

오늘 달리기는 나름대로 의미가 있다. 평소와 다른 자세 - 발놀림, 팔치기, 호흡 등 - 로 달리고 있기 때문이다. 요즘 '이홍열 마라톤교실'에서 배웠던 것을 테스트하고 있는 것이다. 다리는 약간 구부린 채로 발뒤꿈치부터 착지할 것이며, 허리는 곧게 펴고 시선은 전방 30m 정도를 바라보고 팔은 90도 각도로 'L'자를 유지한 채 가볍게 쥔 주먹이 허리 밑 골반을 스치며 팔은 사다리모양으로 교차하여 두 주먹 간의 간격을 15cm 정도 유지할 것 등이다. 말은 쉽지만 이를 실제 행동으로 옮겨 자동적으로 연속동작하기란 쉽지 않다. 달리기를 한 1년여 동안 나름대로 많은 책과 인터넷 등에서 적지 않은 자료들을 보면서 달리기자세에 대해 공부했지만 사람마다 자료마다 통일된 것이 없어 혼란스러웠는데 이홍열 감독의 마라톤교실 수강 이후 그러한 의문점이 말끔히 씻겨 버린 것이다.

성수대교를 지나 동호대교를 향해 열심히 달리고 있는데 키 큰 은발의 외국인 선수가 눈에 들어온다. 뒤에서 볼 때에는 60대 정도로 보였는데 간단히 인사를 나누고 그의 배번을 보니 50대다. 체구가 큼에도 불구하고 달리는 자세가 좋아서 그런지 잘 달린다. 오늘 대회의 특징 중 하나는 선수들의 배번을 단순히 성명의 '가나다' 순이 아닌 연령대별 가나다순으로 분류한 것이다. 따라서 배번의 앞 숫자만 보면 이 선수가 20대인지, 60대인지 금방 구분할 수 있도록 되어 있다. 아마도 연령대 별로 1, 2, 3위 시상을 하기에 편리하도록 한 것 같다.

가르치는 것이 배우는 것

나는 요즘 아침이 기다려진다. 진선여고 운동장에 마라톤회원들이 많이 늘었기 때문이다. 가르치는 것이 배우는 것이라고 이들에게 이홍열 감독으로부터 배운 마라톤 이론을 전파하는 즐거움이 쏠쏠하다. 배우는 그들도 자세를 교정해 주면 고마워한다. 달리기는 혼자 해도 좋지만 여럿이 함께 하면 더 좋은 것 같다. 매일 만나는 그들과 달리

기 요령, 건강관리 방법, 세상 돌아가는 얘기
등을 하면서 함께 달리면 시간이 어떻게 가
는지 모르게 지나가고 운동은 운동대로 절로
된다. 아침 7시까지 운동장을 동네 주민들에
게 개방하기 때문에 그 시간 이후에는 아파
트단지 내에 있는 개나리공원으로 발을 향한
다. 먼저 함께 모여 이삼십 분간 스트레칭으
로 몸을 푼 후 개별적으로 근력운동을 한다.
또 그곳에서는 매일 아침 '반상회'가 열린다.
어떤 때는 시사토론회장이 되기도 하고 어떤
때는 각종 정보 등을 교환한다. 최근에는 우
리들끼리 공원청소도 했다. 무엇이든 남을
위해 좋은 일을 하는 것은 보람있는 일임에
분명하다.

사랑의 하프마라톤 (2003. 7. 13)

　　한남대교를 지나 반포대교를 향해 달리고 있는데 오늘 우리의 선
두는 벌써 반환점을 돌아 힘차게 달려오고 있다. 언제 보아도 선두는
영웅이다. 멋있다. 내 스톱워치는 42분을 가리키고 있다. 이제까지의
내 기록으로 보아 45분 정도가 지난 시점에서 선두와 교차해야 하는
데 42분인 것으로 보아 오늘 내 레이스 컨디션이 안 좋은 것은 분명하
다. 나와 마주 보고 달리는 선두권 선수들의 연령대를 보니 제일 많은
것이 역시 30대고 그 다음으로 40대, 20대다. 50대, 60대는 아예 보이
지 않는다. 역시 나이는 못 속이는 모양이다. 마음은 청춘인데 벌써
오십줄에 접어든 나로서는 그들 젊은이들과 이렇게 함께 어울려 달리
고 있는 것만으로도 크나큰 행복을 느낀다.

제1장 달렸노라

반포대교를 가로지르는 언덕마루에 오르니 저 멀리 반환점이 보인다. 평소 같으면 '아니 벌써 다 왔나' 할 텐데 오늘따라 반환점이 꽤 멀어 보인다. 서울마라톤클럽 본부를 지나니 회원들이 열심히 응원을 한다. 주로상에서 보면 달리는 매너도 가장 좋고 달림이들을 위해 자원봉사도 꾸준히 하는 아주 모범적인 클럽이라는 생각이 든다. 반환점이다. 55분을 가리킨다. 이제부터 후반을 살 달리면 평소 기록은 낼 것 같다는 생각을 해 본다.

후반 들어 컨디션이 더 떨어진다. 하프는 평소 일요일이면 그렇게 힘든 줄 모르게 늘 달리는 거리인데 오늘은 영 이상하다. 거기에 시장기까지 느낀다. 아침식사로 냉장고에 있던 떡을 두세 조각밖에 안 먹고 나왔으니 그럴 만도 하다. 아침 8시 출발하는 경기라면 세 시간 전인 5시까지는 식사를 해야 하는데 그게 그렇게 쉽지 않다. 그러다 보니 조금 먹게 되고 따라서 배고픔으로 체력이 떨어지게 마련이다. 필연지사다.

기록부진의 이유

청담대교를 지나니 종합경기장이 바로 눈앞에 들어온다. 이제는 다 왔다. 그런데 마음과 몸이 따로따로 놀아 도저히 진도가 안 나간다. 하프를 달리면서 오늘 같은 적이 없었다. 그 이유를 분석해 본다. 첫째는 새로운 달리기 주법이 내 몸에 아직 익지 않았고, 둘째는 부족한 아침식사, 셋째는 아마도 전날 저녁 마라톤교실에서 1시간 정도 달린 것이 달리기 근육에 좋지 않은 영향을 미치고 있는 것 같다. 그래도 포기하지 않고 끝까지 달리면 피니시 라인은 지나는 법. 마침내 토끼굴을 지나 잠실종합운동장에 들어선다. 바로 이 기분을 맛보려고 이제까지의 고통이 있었던 것이 아니겠는가. 확 트인 운동장은 웅장

발과 마음과 혼으로 달린다

하다. 발에 닿는 부드러운 촉감은 여전히 좋다.

카메라를 의식해 만면에 웃음을 지으며 두 팔을 높이 들고 결승선을 통과한다. 마지막 직선 주로를 달릴 때에는 장딴지 근육에 쥐가 날 것 같았다. 2시간 1분 35초의 기록이다. 이제까지 2시간을 넘겨 달린 적이 없는데 바로 오늘 그 기록을 깼다. 기록을 단축하는 쪽으로 경신해야 하는데 그 반대쪽으로 결론이 났다. 어디에선가 읽은 다음 글귀가 생각이 난다.

기대한 만큼 채워지지 않는다고
초조해 하지 마십시오.
믿음과 희망을 갖고
최선을 다한 거기까지가
당신의 한계이고
그것이 당신의 아름다움입니다.

빨리 달리지 못한다고
당신 발걸음을 탓하지 마십시오.
당신 모습 그대로
최선을 다해 달린 거기까지가
당신의 한계이고
그것이 당신의 아름다움입니다.

(2003. 7. 13)

가을비 맞으며 달리다

이른 아침부터 비가 부슬부슬 내린다. 올 여름은 유난히 비가 많다. 지난 8월 한 달 동안 20일간이나 비가 내렸다고 하니 말이다. 대회장인 한강시민공원에 대회시작 한 시간 전에 도착했다. 여느 때 같으면 초가을 높은 하늘 아래서 펼쳐질 각종 행사로 공원이 인산인해를 이룰 텐데 오늘은 비로 인해 취소되었는지 공원이 평소보다 훨씬 넓어 보인다. 그 가운데 유독 달림이들만이 대회를 앞두고 몸을 푸느라고 활기찬 분위기다. 나도 한 20분간 강변 주로를 천천히 달리면서 워밍업을 하니 몸이 한결 가벼워진 느낌이다. 10시 30분 출발예정이었으나 주최 측 사정으로 출발이 다소 지연되었다.

출발총성과 함께 모두들 힘차게 달려나간다. 오늘은 왠지 뒤편에서 출발하고 싶었다. 비로 인해 앞쪽에서 출발할 경우 많이 막힐 것이 염려되었기 때문이다. 그러나 막상 출발하고 보니 앞이나 뒤나 밀리는 것은 마찬가지다. 주로가 좁은 데다 군데군데 물이 고여 있어 달리는데 맥이 끊어지기 일쑤다. 또 물웅덩이를 피하느라 지그재그로 달리게 되어 여느 때에 비해 초반부터 체력이 많이 소진되는 느낌이다. 비는 계속 내리고 있고 달림이 일행의 발자국 소리만이 한강변의 적막을 깨고 있다.

몸이 불편한 사람도 열심히 달리는데

가을비를 맞으며 나름대로 열심히 달리고 있는데 앞에서 예사롭지 않게 달리고 있는 선수가 보인다. 왼쪽 발목이 아주 불편한 사람이다. 양발에 신고 있는 운동화도 제각각이다. 지난번에는 팔이 불편한 사람이 아주 좋은 성적을 거두는 것을 보았는데 오늘은 달리기에 있어 가장 중요한 발목이 온전치 못한 사람을 보면서 두 팔 두 다리가 멀쩡한 사람들이 '달리기는 위험한 운동이고 자신에게는 맞지 않아 못하겠다'는 달리기 불가론을 어떻게 해석해야 할까. 존경과 미안한 마음으로 그를 앞서 나간다.

오늘은 한강야외무대를 출발해 동호대교 지나 300m 지점 경에서 되돌아오는 코스다. 주로 자체는 평탄하지만 오늘은 비가 내리고 있어서인지 평상시와 같지 않다. 비가 오면 시원해서 달리기에 편할 것이라는 당초 예상과는 전혀 달리 영 속도가 나지 않는다. 대회에 임하면서 항상 갖는 마음이지만 오늘도 내심 좋은 기록을 내고 싶어 지난 한 주 조신(操身)하고 적당히 운동하면서 체력을 비축해 온 것 또한 사실이다.

비가 오니 좋은 것이 딱 하나있다. 다름 아닌 갈증이 덜 난다는 것이다. 그렇지 않아도 달리기할 때 수시로 물을 마시는 것보다 참을 때까지 참다가 갈증이 아주 심할 때 마시라는 일설도 있어 한번 시험해 보고 싶었다. 그러면서 여러 개의 급수대를 그냥 지나쳤다. 견딜만 했다. 그러나 오늘 레이스 후반에 체력이 급격히 떨어져 아주 힘들었는데 아마도 물을 제때 마시지 않아 그런 것이 아닌가 나름대로 분석해 본다. 갈증이 나지 않았을 뿐이지 땀을 통해 많은 수분을 빼앗겼음에도 이를 보충치 않은데 기인한 것 같다.

연습 부족

레이스 초반을 지나면서 정체구간은 풀려 주로는 활짝 열려있건만 몸이 영 말을 듣지 않는다. 이런 것이 연습 부족이라는 사실을 깨달은 것은 레이스를 마치고 사후 분석 결과 여지없이 드러났다. 한창 많이

달렸을 때인 작년 10월 240km, 11월 210km는 아니더라도 올 6월까지의 상반기 평균이 월 140km인데 반해 지난 7, 8월 두 달간은 고작 90km를 달렸으니 사정이야 어떻든 – 혹서기에다 비도 많이 내렸음 – 연습 부족이었음을 부인할 수 없지 않은가. 그러고 보니 지난 두 달은 자신과 너무 많이 타협했고 그런 것을 정당화하려고 한 것 같아 깊이 반성하고 있다.

선두가 되돌아 올 때가 되었다고 생각하고 있는데 바로 그때 헤드라이트를 켠 경찰 선도차가 경적을 울리면서 다가오고 있다. 멋진 우리의 선두주자다. 30대로 몸이 잘 빠진 선수다. 마치 엘리트 선수 달리듯 바람처럼 지나가 버린다. 내 스톱워치를 보니 43분을 경과하고 있다. 우리의 영웅에게 힘차게 박수를 쳐주었다. 그런데 한참이 지나도 2등 주자는 나타나지 않는다. 나중 기록을 보니 1시간 13분대로 주파한 1위와 2위 간의 격차가 무려 3분이나 났다. 여성 1위 주자와는 48분에 마주쳤다. 58분에 반환점을 돌았다.

시작부터 비가 오는데 좋은 기록을 내겠다는 것 자체가 욕심이었다. 그렇지 않아도 오늘은 기록보다는 완주하는데 목표를 두라는 대회 주최 측의 장내 방송이 있었음에도 그냥 귓등으로 흘려 버렸다. 당초 목표를 수정할 수밖에 없었다. 이제는 2시간 내 완주가 새로운 목

발과 마음과 혼으로 달린다

표다. 그러려면 최소한 전반만큼은 달려야 한다는 결론이다. 그러나 몸은 점점 더 무거워져 온다. 도대체 진도가 안 나간다. 오르막 같지도 않은 몇 개의 오르막길을 오르는데 그야말로 걸어 올라가는 수준이다. 내가 생각해도 너무나 한심하다. 그냥 모든 것을 가을비 탓으로 돌리고 싶은 마음뿐이다. 엎친 데 덮친 격으로 배까지 고파온다. 아침 7시경 대충 식사를 해 이제 12시가 지났을 터이니 배도 고플만하다. 그러나 바나나를 먹으면 속이 안 좋아 질 것 같아 간식대도 훌쩍 지나쳐 버린다. 이것 또한 레이스 운영 미숙 이었던 것 같다. 시간이 흐르면 흐를수록 배는 고파오고 먹을 것은 없고 온몸이 비에 흠뻑 젖어 다리는 점점 무거워지고 63빌딩은 아직도 아스라이 보이고.

1년 만에 풀 2회, 하프 6회 완주

그러나 시간이 흐를수록 결승선은 어김없이 점점 가까이 접근했다. 골인 5km, 4km, 3km, 2km, 드디어 1km 전이다. 정말이지 체력이 모두 고갈된 느낌이다. 그래도 결승선이 앞에 보이니 다리가 가벼워진다. 결승선을 어떠한 모습으로 통과할 것인가에 대해서도 머릿속으로 그려본다. 만면에 웃음을 지으며 오른팔을 힘 있게 치켜들면서 골인했다. 내 스톱워치는 2시간 5분대를 가리키고 있었다. 그러나 저조한 기록이 무슨 문제인가. 아무 탈 없이 완주했고 또 빗속을 달리는 흔치 않은 경험을 한 것으로 족하다고 생각한다. 또 달리기 시작한 지 1년 만에 6회에 걸친 하프마라톤과 2회에 걸친 풀코스 마라톤을 모두 완주한 나 자신에 대해 큰 자신감과 자긍심을 느낀다. (2003. 9. 7)

"허 감독, 고맙네!"

사천 삼백 서른 여섯 번째 맞는 개천절이자 청명한 전형적인 가을 날이다. 올 들어 휴일이면 유난히 비가 많이 온 탓인지 초가을임에도 불구하고 날이 맑으니 오히려 이상할 정도다. 지난 9월 여의도 하프 대회 때 출발 전부터 내리던 비를 레이스 내내 맞고 달린 힘든 경험이 있어 오늘같은 날이 더욱 고마울 뿐이다. 아마도 단군 할아버지의 각별한 당부 말씀이 있었나보다.

오늘의 주인공은 단연 이창덕 선배다. 연배는 많이 차이 나지만 같은 대학교 동문이라 별 스스럼없이 그렇게 부르고 있다. 진선여고 운동장에서 만나 인사하게 된 지 불과 두세 달밖에 안 됐다. 아침마다 달리기에 대한 기본 자세와 호흡방법 등 몇 가지 기초적인 것을 가르쳐 드렸다. 그대로 잘 따라 하시기에 보름 전경 오늘 대회에 비공식적으로 참가할 것을 권유했더니 별로 주저하지 않고 도전의사를 밝혔다. 처음에는 믿어지지 않았다. 왜냐하면 그간 내 주변의 여러 사람들에게 하프마라톤 도전을 권해 보았지만 선뜻 응한 사람은 없었기 때문이다. 고희에 대단한 용기라 아니할 수 없다.

고희에 하프마라톤 도전

그러나 그때부터 나는 또 하나의 걱정거리가 생겼다. 하프마라톤은 그야말로 '장난'이 아닌 것을 이제까지의 경험으로 잘 알고 있지 않은가. 그 후 매일 아침 운동할 때마다 내가 가지고 있는 짧은 달리기 지식을 가능한 한 모두 전수하려고 애썼다. 숫자에 밝아서 그런지 자꾸 기록에 신경을 많이 쓰기에 이번 대회는 기록보다는 완주에 목표를 두어야 한다고 몇 번을 강조했는지 모른다. 러닝 상하의도 챙겨 드

발과 마음과 혼으로 달린다

렸고 며칠 전에는 운동화도 새로 장만토록 했다.

오늘은 제일 후미에서 달리기로 며칠 전부터 작전계획을 짜 놓았다. 왜냐하면 달리는 인원에 비해 주로 폭이 좁아 아주 선두가 아니고 중간에 낄 경우 자칫 페이스를 잃을 우려가 크기 때문이다. 풀코스, 10km, 5km, 하프 순으로 출발할 예정이다. 이 선배님과 나는 하프선수단 제일 뒤 시각장애인단 바로 앞에 섰다. 이제 무사히 잘 달리는 일만 남았다. 이 선배님은 평소에 차고 다니는 손목시계를 10시 정각에 맞춰 놓고 있었다. 출발과 동시에 시계를 작동시켜 시간을 재겠다고 한다. 공식 달리기대회에 처음 출전하는 셈 치고는 대단한 준비성이다. 달리기는 초보지만 아마도 다른 운동을 많이 해본 경험에서 우러나오는 것이리라고 혼자 생각해 본다.

하프 선수단 선두가 출발한 지 한 삼사 분 지났을까 그때서야 비로소 후미대열이 움직이기 시작한다. 출발 매트를 함께 밟으면서 오늘 목표는 기록이 아니고 완주라고 다시 한번 확인하는 것을 잊지 않았다. 또 급수대를 그냥 지나치지 말 것과 간식도 거르지 말도록 당부했다. 바로 앞에 2시간 15분 페이스메이커가 있기에 이 사람 뒤를 바짝 따라 달리라는 말을 마지막으로 이 선배님과 일단 헤어졌다. 왜냐하면 나도 오늘 그간의 기록부진을 만회하고 싶었기 때문에 자칫 이 선배님께서 내 페이스에 말려들어 오버페이스 할 가능성을 우려했기 때문이었다.

오늘 레이스는 한강고수부지 잠원지구를 출발하여 동호―성수―영동―청담대교를 지나 탄천과 양재천 영동3교를 왕복하는 구간에서 펼쳐졌다. 그동안 여러 번 달려본 주로라 레이스에 어느 정도 자신이 있었다. 지난 한 주 몸도 잘 가누었다. 또 오늘 아침 일찍 조깅으로 몸을 간단히 풀었고 식사도 어젯밤 준비한 떡과 바나나 등으로 해서 그런지 몸 컨디션도 괜찮았다. 이 정도면 1시간 49분대의 나의 최고기록을 경신할 수 있을 것 같았다. 상큼한 출발이었다. 후미에서 출발키로 한 전략도 잘 맞아 떨어졌다. 레이스 초반 어느 때보다도 다른 주자들과 덜 엉켰다.

감동적인 스포츠, 마라톤

마라톤은 어느 스포츠보다 감동적이다. 오늘은 많은 시각장애인들이 자원봉사자들의 도움을 받으며 달리고 있다. 그들이 달리는 모습에서 감동을 받지 않을 사람이 있겠는가. 소위 비장애인들도 갖가지 핑계를 다 대면서 인간의 본능이라 할 수 있는 달리기를 멀리 하고 있는데 대체 그들은 왜 달리는 것일까.

초가을 한강의 모습은 한 폭의 수채화 같다. 특히 강변을 따라 나 있는 주로에서 바라 본 풍광은 올림픽대로에서 차를 타고 보는 그것과는 천양지차다. 내 튼튼한 두 다리로 자연 속에서 한강을 달리고 있으니 이 세상 어느 것도 부럽지 않다고 생각해 본다. 불현듯 칠순에 하프에 도전해 열심히 달리고 있을 이 선배님의 달리는 모습을 그려 본다. 대체 지금 어디쯤 어떻게 달리고 있을까. 내가 좀 더 마음의 여유가 있었다면 함께 달릴 수 있었을 텐데 하는 후회가 앞을 가린다.

탄천을 지나 양재천으로 접어들었는데 평소 달리던 코스가 아닌 곳이다. 지난여름 폐타이어를 활용해 녹색 우레탄으로 새로 포장을 한 신작로다. 평소에 한번 달리고 싶었는데 접근 방법을 몰라 못 가본데다. 바닥이 마치 잠실경기장 트랙처럼 푹신해 달리기에 편하다. 기분도 색다르다. 그늘도 적당히 있어 달리기에 안성맞춤이다. 지금쯤 선두가 돌아올 때라고 생각되어 건너편 주로를 보니 경찰선도 오토바이를 앞세우고 선두가 멋있게 달려가고 있다. 내 시계는 43분을 가리키고 있다. 최근 참가했던 대회와 비슷한 시간대이므로 오늘 늦게 출발한 시간만큼 기록이 좋은 상태다. 신기록의 희망을 가지고 힘들지만 열심히 정신을 집중해서 달리고 있다.

평소 양재천 훈련할 때 출발지점인 영동4교를 지나니 반환점인 영동3교가 눈앞에 바짝 와 있다. 그러고 보니 오늘 레이스에는 이제까지 물 한 모금 안 마시고 왔다. 바람이 많이 불어 땀이 거의 안 난 탓인지 갈증도 별로 안 났다. 연습할 때도 하프의 중간지점 정도까지는 마시지 않고 달린 적이 많이 있기에 오늘은 시간도 아낄 겸 일부러 그래보았다. 반환점인 영동3교를 돌면서 물 한 모금을 천천히 걸으면서 마셨다. 또 간식으로 초코파이를 주기에 하나 받아 들고 먹으면서 다시 달리기 시작한다. 55분이 지나고 있었다. 기록경신하기에는 시간으로는 약 2분, 거리로는 400m 정도 뒤처진 기록이다.

조선·중앙일보 대회 서브-4가 목표

나의 올해 목표는 앞으로 2주일 후에 있을 조선일보 춘천마라톤과 11월 초 중앙일보 풀코스 대회 중 어느 하나에서 4시간 이내 완주하는 것이다. 계산상으로는 오늘 기록인 하프 반환점 55분 페이스를 후반에도 계속 유지하면 가능하다는 얘기다. 요즈음 나의 달리기에 대해서 느끼고 있는 것은 점차 전후반의 기록 차이가 별로 안 나고 있다는 점이다. 이는 장거리 달리기에서 가장 중요한 요소 중의 하나다. 항상 일정한 자기 페이스를 유지하는 것이 중요하다고 생각된다.

한·미 친선을 위한 강남구 평화 마라톤 (2003. 10. 3)

나는 15km 이후 집중력이 떨어지면 나름대로 생각해 놓은 주문(呪文)을 되뇌이거나 앞서가는 특정 주자를 목표로 달린다. 그 주자를 따라가게 되면 그와 인사를 히고 함께 달린다. 그러면 나름대로 페이스가 좋아지고 또 정신도 맑아지게 된다. 오늘은 출발부터 계속 많은 주자들을 추월하고 있다. 그만큼 오늘 달리기 컨디션이 좋은 것이다. 아마도 2주 전 여의도까지 43km 정도 달렸고 또 지난 일요일 23km 달린 훈련의 결과가 아닌가 생각한다. 정말 달리기는 정직한 운동이다. 정확하게 훈련량에 따라 기록이 나오는 것 같다.

약간 지루한 탄천의 직선 도로를 다 빠져 나와 다시 한강으로 나왔다. 오래간만에 이정표가 있다. 풀코스 37km 지점이니 앞으로 5km 정도 남았다는 얘기다. 청담-영동-성수-동호대교 등 아직까지도 네 개 다리나 남아 있다. 시계를 보니 마지막 스퍼트를 하면 아직까지도 개인 최고기록 수립에 희망이 있다. 오르막길은 열심히 달리고 내리막길에서는 나름대로 속도를 내본다. 몇몇 주자를 제외하고는 많은 주자들이 지쳐있다. 마음과 다리가 하나같지 않은 모양이다. 나는 아직까지 그런대로 힘이 남아있다.

영동대교에서 성수대교 구간이 좀 멀 뿐 성수대교에 이르러 동호대교가 보이니 이제 다 왔다는 기분이 든다. 실제로 성수대교 사거리

발과 마음과 혼으로 달린다

에서 압구정동 현대백화점 사거리까지는 얼마
되지 않는 거리다. 별거 아니라는 생각을 하니
힘이 더 나는 것 같다. 계속 선행 주자를 추월하
고 있다. 동호대교를 지나니 대회장 애드벌룬이
오십 리 간단치 않은 거리를 달린 우리들을 반
기고 있다. 장내 진행자의 목소리가 스피커를
통해 들려온다.

강남구 평화 마라톤 (2003. 10. 3)

오늘은 어떻게 결승선을 통과할까 잠시 모습
을 그려본다. 축구선수에게 골 맛이 있다면 달
림이들에게는 결승선을 통과할 때의 희열이 있
다. 이 맛을 느끼기 위해 그 고생을 사서 하는
것이다. 두 가지 포즈를 다 취하기로 했다. 먼저
한 손을 든 채 매트를 밟고 연이어 두 손을 들고
마지막 결승선을 지났다. 스톱워치는 1시간 52분대에서 멈춰 섰다.
비록 최고기록은 세우지 못했지만 최선을 다해 무사히 레이스를 마쳤
기 때문에 여한은 없다. 잠시 후 오늘 동행한 진달회의 최충규 회원이
나를 알아보고 반긴다. 오늘 10km를 달리고 이제까지 우리를 기다려
주었다.

고희에 하프 첫 도전, 2시간 내 완주

언제 이 선배님이 들어올지 모르니까 그를 결승선에 있게 했다. 칩
과 기념품을 교환하고 맡겨 놓았던 짐을 찾아 옷을 갈아입고 이 선배
님을 맞으러 결승라인에 갔다. 최충규 회원을 만나니 내가 들어온 지
불과 5분 정도 후에 이 선배님이 벌써 들어오셨다고 한다. 내 귀를 의
심했다. 그 말이 도대체 믿어지지 않았다. 어떻게 하프에 처음 도전하

는 소위 '칠십 노인'이 1시간 57분대에 들어 올 수 있다는 말인가. 나는 내심 나보다 최소 15분 정도 뒤에 들어 올 것이라고 생각하고 있었다. 칩을 반납하고 나오는 이 선배님을 부둥켜 안았다. "축하합니다! 정말 축하합니다!" "허 감독, 고맙네! 정말 기쁘네. 이 모든 것이 다 자네 덕이네."

(2003. 10. 3)

꿈에 그리던 춘마, 드디어 달리다

기다리고 기다리던 날이 밝았다. 꿈에 그리던 조선일보 주최 춘천마라톤을 처음으로 달리는 날이다. 새벽 5시 반, 아직 여명도 채 가시지 않은 이른 시각 집을 나섰다. 9시쯤 됐을까, 전세버스 편으로 말로만 듣던 춘천공설운동장에 도착했다. 생각보다 낡은 시설에 놀랐다. 그간 우리는 서울올림픽, 월드컵 등 세계적인 대규모 대회를 치르는 동안 체육시설에 많은 투자를 했음에도 불구하고 이곳 춘천은 사각지대인 듯 했다.

오늘 춘천에는 선수 2만 명, 가족과 대회관계자 3만 명 등 약 5만여 명이 모였다고 한다. 풀코스 참가선수 2만 명은 역대 최고기록이라고 한다. 4만여 명이 운집한 공설운동장은 장관이었다. 그야말로 한 판의 축제 그 자체였다. 오늘 출발은 이제까지 각자의 공식기록을 기준으로 나뉜 그룹별로 하게 되어있다. 나는 지난 5월 경향마라톤 기록이 4시간 16분 25초였기 때문에 G그룹에서 출발하게 되었다. 나의 오늘 목표는 4시간 안에 골인하는 것이다.

예정되었던 11시 정각, 엘리트선수에 이어 A, B, C 그룹 순으로 출발시켰다. G그룹 차례까지 오는데 선두 출발 이후 약 20분은 걸린 것 같았다. 드디어 스타트라인의 계시용 매트를 밟는다. 삐익 소리가 난다. 춘천 의암호 일주 마라톤 대장정의 시작이다. 숨을 고르면서 페이스메이커 뒤에 바짝 붙어 달린다. 각종 자료를 통해 알고 있던 대로 운동장을 빠져 나오자마자 오르막이 시작된다. 그야말로 초반부터 기를 죽이는 코스다. 그래서인지 거북이 경주하듯 너무나 천천히 달린다. 그룹을 이탈해 더 빨리 달려 나가고 싶지만 자신이 없다. 연도의 춘천시민들이 달리는 우리들에게 힘찬 박수로 힘을 북돋운다.

한없이 계속 될 것 같았던 오르막길이 3~4km 이어지더니 이제는 내리막길이다. 5km 지점인 종합사격장을 지나서도 평탄한 길과 내리막길이 계속된다. 의암댐 초입에 이르니 신문지상에서 많이 보던 장면이 그대로 나타난다. 물씬 익은 의암호 주변의 가을단풍은 가히 필설로 표현할 수 없을 정도로 아름다움의 극치다. 의암교를 지나 벌써 멀리 앞서 나간 선수들의 긴 행렬이 그야말로 장관이다. 딱 1시간이 지났다. 예정시간보다 약 3~4분 느린 기록이다. 초반에 오르막이 있었지만 많은 선수들이 서로 엉켜 제 페이스를 찾지 못한 결과다. 내년 대회에는 이를 감안해 초반 오르막부터 약간 속도를 내야 하겠다.

이영휘 선배를 만나다

10km 붕어섬 입구, 15km 성어촌과 20km 신매마을을 지난다. 나중에 10~20km 구간별 기록을 보니 55분 10초에 달렸다. 처음 10km보다는 약 5분 정도 단축시켰으나 4시간을 끊기에는 느린 속도다. 조금 더 가니 하프지점 표시가 있다. 어림잡아 하프를 2시간 1분대로 통과했다. 오늘도 4시간 목표 달성이 물 건너갔다는 생각에 그만 맥이

보건복지부 이영휘 선배와 함께, 조선일보 춘천 마라톤
(2003. 10. 19)

74

풀린다. 기존 기록에 의하면 하프를 지난 이제부터 춘천댐까지가 오늘 레이스 중 가장 어려운 구간이라 한다. 마음을 굳게 다져먹고 힘차게 발을 내딛는다. 한참 오르막을 달려가고 있는데 저만큼 앞에 낯익은 유니폼을 입고 달리는 백발의 선수가 있다. 한 때 근무했던 기관이기도 해 반가와 그를 따라가 무조건 인사했다. 안면은 분명히 있는데 이름이 생각나지 않았다. 이름을 알기 위해 나를 먼저 소개했다. 이영휘 선배였다.

약 25km 지점인 서상2교를 지날 때로 기억된다. 그때부터 그와 함께 오늘 레이스를 마쳤으니 무려 17km를 동반주한 셈이 되었다. 만약 그를 만나지 않았다면 오늘 더 힘들었을 것임에 틀림없다. 그는 벌써 환갑에 가까운 나이가 되어 있었다. 그 나이에 이렇게 달리고 있으니 대단한 체력의 소유자다. 춘천댐 정상이 가까워지자 걷는 선수들이 많다. 춘천댐을 지나면서 이제까지 올라 온 길을 뒤돌아보니 까마득하다. 춘천호를 끼고 달리는 내리막길이 시작되자 그때까지 힘들었던 것은 말끔히 사라졌다. 거기에 기록까지 비슷한 주자와 함께 달리고 있으니 오늘 정말 운이 좋은 편이다. 서로가 서로를 격려하면서 달린다.

30km 지점인 배수펌프장 근처에 이르니 군인들이 도열해 달리는 우리들에게 힘을 실어주고 있다. 그들의 기를 받고자 손을 마주 부딪

발과 마음과 혼으로 달린다

치니 힘이 솟는다. 10월 중순이건만 한낮의 더위는 대단하다. 마라톤에서 '마의 구간'이라는 30~35km 지점을 더위와 씨름하며 달리고 있다. 물은 갈수록 더 먹힌다. 그만큼 지쳤다는 증거다. 37km 소양2교를 지날 때에는 맞바람이 온몸에 난 땀을 다 날려버린다. 약간 오르막길인 춘천역 앞 넓은 6차선 도로는 마지막으로 달림이들을 지치게 한다. 가도 가도 끝이 없다.

평생 잊지 못할 동반주

40km 지점인 춘천 시외버스터미널 근처에 이르니 비록 발은 천근만근이지만 연도에 나와 있는 시민들의 성원으로 힘이 난다. 항상 그들에게 고마운 마음뿐이다. 아마도 그들은 백여 리를 달려 온 우리들을 속으로 부러워 할 것임에 틀림없다. 이제 우리의 목표지점인 종합운동장이 지척이다. 물을 너무 많이 마셔 지쳐있지만, 우리 둘은 하나~둘, 하나~둘 구령에 맞춰 마지막 안간 힘을 다하면서 달리고 있다. 내가 생각해도 너무나 멋진 장면이다. 한 10년 만에 우연히 만나 이렇게 오랫동안 함께 달린다는 것은 대단한 인연임에 틀림없다.

드디어 종합운동장 트랙이다. 우리는 계속 구령을 붙여가면서 트랙을 돌고 있다. 운동장은 이미 경주를 마친 선수들과 가족들로 가득 차 있다. 선수가 들어올 때마다 장내 아나운서가 그에 맞는 멋진 멘트를 한다. 이제 드디어 골인이다. 우리는 두 손을 함께 치켜들면서 결승선을 통과했다. 그리고는 둘이 부둥켜안았다. 우리 두 사람이 함께 일구어낸 승리를 만끽하는 희열의 순간이다. 바로 이 맛을 위해 달리는 것이다. 이 장면은 평생 내 뇌리에서 지워지지 않을 것이다. 비록 오늘 목표로 한 4시간은 이루지 못했지만 – 후에 확인한 공식기록은 4시간 22분 28초임 – 너무나 멋진 레이스를 했다. (2003. 10. 19)

삶에 활력을 주는 마라톤이 좋다

올해 들어 네 번째 달리는 마라톤이다. 그런데다 오늘 코스는 지난 5월 경향마라톤에서 한 번 달린 경험이 있어 오늘은 기필코 나의 숙원 목표인 '마의 4시간' 벽을 넘어서야겠다는 일념으로 집을 나섰다. 출발 직전에 다시 한번 속으로 다짐을 한다. 4시간 벽을 깨자고. 이를 위해 1차 목표를 3시간 45분으로 잡고 배번에 구간별 목표시간을 적은 꼬리표를 달리면서 보기 편하도록 거꾸로 매달았다. 이대로 골인하면 얼마나 좋으랴마는 이를 이루지 못할 경우 2차 목표를 4시간으로 잡았다. 오늘이 올 한 해의 마지막 마라톤 농사인 만큼 대미를 멋있게 장식하고 싶다.

9시 정각, 출발 총성이 잠실벌을 뒤흔든다. 먼저 엘리트 선수들이 스타트라인을 박차고 나간다. 이제 우리들 차례다. 나는 중간 정도에 자리를 잡았다. 기온은 섭씨 14.6도. 가을 날씨치고는 오히려 따뜻한 편이다. 안개가 끼어 있는 것을 보니 낮 기온은 많이 올라갈 것 같다. 출발부터 대회진행이 매끄러워 기분이 좋다. 역시 권위 있는 언론사가 주최하는 대회는 다르다는 생각을 해 본다. 바로 2주 전 열렸던 조선일보 춘천마라톤 초반에 너무 페이스를 늦췄던 과오를 또 다시 저지르지 않기 위해 약간 스피드를 내면서 출발한다.

연도에는 일요일 이른 시간이건만 약 2만 명의 선수가 시내 한복판을 달리는 축제를 구경하기 위해 나온 시민들로 가득 차 있다. 지금처럼 달리기붐이 계속되면 우리도 세계적인 대회를 개최할 수 있을 날이 멀지 않은 것 같다. 보스턴마라톤의 경우 출발과 결승선 부근에 등급별로 좌석을 만들어 그 티켓을 판다고 하니 이 얼마나 부러운 일인

가. 풀코스에 도전한 1만여 명의 달리기 행렬
은 처음과 끝이 안 보이는 장관을 이룬다. 어느
덧 잠실역−송파역을 지나 5km 지점인 탄천교
까지 왔다. 중간에 약간 경사진 오르막도 있지
만 초반이라 그런지 거의 의식하지 못했다.

식이요법으로 컨디션 조절

오늘 대회를 위해 지난 한 주 나름대로 식이
요법을 했다. 춘천대회 막판에 너무 힘들었던
전철을 밟지 않기 위해서였다. 월, 화, 수 3일간
은 평소 별로 즐기지 않는 살코기를 아침, 저녁
으로 구워 먹었고, 목, 금, 토 3일간은 주로 탄수
화물류를 섭취했다. 또, 내 허리춤에 차고 있는
주머니에 달리기용 영양보충제인 카보샷 두 개
를 넣었다. 달리는 데는 약간 거추장스럽겠지

자세를 고쳐주고 있는 남궁만영 선수,
중앙일보 서울 국제 마라톤 (2003. 11. 2)

만 아무래도 주최 측에서 제공하는 바나나나 초코파이보다는 흡수도
빠르고 영양도 좋을 것 같아서다.

세곡동 사거리를 지나 서울공항 앞 대로를 달리고 있는데 바로 앞
에 낯익은 얼굴이 보인다. 남궁만영 선수다. 어떤 여자선수의 개인 페
이스메이커를 하고 있었다. 아마도 같은 클럽 소속 선수인 것 같았다.
오늘 목표가 3시간 40분이라고 한다. 만난 김에 내 달리기 자세를 교
정 받았다. 역시 허리를 좀 더 펴고 턱은 앞으로 당기고 시선을 멀리
두라는 지적이었다.

1시간 20분을 달린 시점이니 아직 14km에도 못 미친 지점에서 선

두 엘리트 선수와 마주쳤다. 주로 흑인 선수들이 앞에서 리드하고 있고 한국 선수들을 비롯한 백인 선수들이 그 뒤를 따르고 있다. 그들이 달리는 모습은 언제 보아도 멋있다. 여기서 반환점까지 적어도 7km이니 그들은 거의 같은 시각에 출발해서 벌써 나보다 무려 14km, 내가 달린 거리의 딱 두 배를 달린 셈이다. 과연 인간의 한계는 어디까지인가. 마라톤에서 두 시간 벽은 넘을 수 있는 것인가. 언제 이 대기록이 깨질지 궁금해진다.

10여 분 지나니 엘리트 여자선수 선두그룹이 지나간다. 한 마디로 멋있다. 남자선수들이 달리는 것과는 또 다른 분위기다. 남자선수들에 비해 힘은 달리지만 자세는 우리 아마추어들이 배워야 할 점이 많은 것 같다. 그 그룹에 한데 어울려 함께 달리는 남자선수들의 모습도 보인다. 아마추어 선두그룹이다. 역시 잘 달리고 있다. 판교에서 거의 직각으로 우회전해 하오고개 방향으로 트니 그때까지 드문드문 지나가던 서브-3 선수들이 일렬종대로 달린다. 개중에는 50대 중반 이상으로 보이는 선수도 있다.

반환점인 하오고개 입구까지 가는 주로는 약간 오르막이다. 그래도 경기 전반에 고개가 있으니 다행이다. 약 3km 정도 이어지는 대로는 지루하지만 반대방향에서 달려오고 있는 선수들이 자극제가 되어 쉼 없이 발을 놀린다. 1시간 55분에 반환점을 돌았다. 양호한 기록이다. 이 정도면 무난히 오늘 목표인 4시간 안에 골인할 수 있을 것 같았다. 잔뜩 기대에 부풀어 새로이 하프경기를 시작한다는 기분으로 달린다. 게다가 내리막길이라 훨씬 발걸음이 가볍다.

혼자 외롭게 달린다. 지난 춘천대회 때 이영휘 선배를 우연히 만났던 것처럼 지금쯤 누군가 아는 선수를 만나 함께 달리면 앞으로 남은 거리를 보다 수월하게 달릴 수 있을 것이라는 바람도 해본다. 판교―서울공항―시흥 사거리로 이어지는 직선주로는 가도가도 끝이 안 보인다. 30km를 2시간 45분 정도로 통과했으니 앞으로 결승선까지 계속 이 페이스를 유지해야 4시간 안에 들어갈 수 있는 것이다. 그간 5km마다 있는 급수대와 그 사이 5km마다 있는 스펀지 공급대를 몇 개나 지나왔는지 모른다.

마라톤은 30km부터라는 말이 있다. 30km를 달려오는 동안 그간 체내에 축적되어 있던 모든 에너지가 거의 다 고갈되기 때문에 앞으로 남은 10여 km를 어떻게 버티어 내느냐에 따라 승부가 갈린다는 말이라고 한다. 이제까지의 내 경험으로 비추어 봐도 그렇다. 항상 30km 지나서부터 체력이 급격하게 떨어지는 것을 느꼈다. 세곡동 사거리를 지나 수서역으로 향하는 오르막길이다. 이 오르막에서는 많은 선수들이 걷는다. 오버페이스를 한 선수들이다. 그들을 하나 둘 뒤로 제치며 나간다. 마라톤에서 쾌감을 느낄 수 있는 장면이다.

힘들수록 웃으면서 달려라

수서역 사거리가 앞에 보인다. 옆에 달리고 있는 선수가 수박을 건넨다. 고맙다. 내가 잘 받아 먹으니 또 준다. 사양한다. 먹을 기운마저 없다. 휴일을 맞아 많은 시민들이 나와 박수를 쳐준다. 한 사람이 나보고 웃으면서 달리라고 한다. 힘들어 얼굴이 크게 일그러져 있었던 모양이다. 그 말에 웃어보니 좀 편해졌다. 실제로 얼굴을 펴고 달리면 기록이 향상된다고 한다. 물론 일부러 인상 쓰면서 달리고 싶은 사람은 없겠지만 말이다. 지난 5월 경향마라톤 때 이 시간쯤에는 교통통제가 제대로 안 되어 달리는 주자들이 애를 많이 먹었다. 그야말로 차가 가까이 와도 비키고 싶은 생각이 안 날 정도다. 오늘은 정말 교통 통제도 잘되고 대회운영이 전에 비할 바가 아니다.

탄천1교를 지나 삼전동 사거리까지 왔다. 3km 정도 남은 지점이다. 3시간 50분을 지나고 있다. 지난 9km 동안 시간을 많이 지체했다. 그만큼 지쳤다는 승거다. 그런데 이게 웬일인가. 종합운동장은 저 멀리 보이는데 도대체 발이 안 떨어진다. 그래도 걸을 수는 없다며 한 발자국 한 발자국 발을 옮긴다. 평소 걸음보다도 늦다. 마치 자동차의 휘발유가 바닥나 엔진 정지상태로 차가 가는 것 같은 느낌이다. 그러다가 차가 서듯이, 나도 순간 서 버렸다. 거의 본능적인 자기방어다. 더 이상 달릴 수가 없다. 이렇게 걷다 달리다를 몇 번 반복했다. 그야말로 체력이 완전히 고갈된 상태다.

아침에 출발했던 신천역 사거리 부근을 지나면서 물 한 모금을 마시니 힘이 좀 난다. 길가 시민들의 박수 덕이다. 정말 고맙다. 드디어 운동장 트랙을 밟는다. 이제 다 왔다. 무언가를 또 이루었다는 성취감에 절로 만면에 미소가 흐른다. 많은 동료 선수들과 함께 두 손을 높이 치켜들고 골인한다. 4시간 13분 14초의 기록이다. 비록 목표를 이루지는 못했지만 개인통산 최고기록이다. 또 자랑스럽게도 완주를 했다. 4시간 목표는 다음 대회에서 이루면 되는 것 아닌가. 그래서 나는 무언가 다음을 기약하면서 자칫 무기력해질 수 있는 삶에 활력을 계속 불어 넣어주는 이 마라톤의 마력에 이끌려 오늘도 이렇게 달렸나 보다. 단풍과 낙엽이 어우러진 가을 정취 속에서 달린 멋진 한판이었다.

오늘 대회에는 1953년 보스턴마라톤대회 우승자였던 일본의 야마다 게이조 옹도 함께 했다고 한다. 75세로 올해가 보스턴마라톤 우승

50주년이 되는 뜻 깊은 해라고 한다. 오늘 통산 290번째 완주로, 3시간 46분 22초라는 놀랄만한 기록으로 골인했다. 야마다 게이조 옹의 건강을 빈다.

(2003. 11. 2)

진달회 파이팅!

기분 좋은 날이다. 매일 아침 함께 운동하는 진달회 회원 아홉 명 중 다섯 명이 대거 대회에 참가해 완주는 물론 모두 좋은 기록을 달성하는 쾌거를 이뤘기 때문이다. 그뿐만이 아니다. 같은 대회에 과반수 회원이 참가할 정도로 회원들이 호응을 잘 해 진달회 분위기가 나날이 좋아지고 있기 때문이다. 더군다나 참가자 중 내가 가장 연소자일 정도로 모두 연만한 사람들이 이룬 것이기에 더 가치가 있다고 생각한다.

오늘 우리 모두는 승리자다. 여기 그 주인공들의 면면을 소개해 본다. 먼저 이창덕 선배. 한 마디로 대단한 분이다. 고희를 바라보는 연세로 젊었을 때부터 기계체조, 복싱, 축구, 테니스 등으로 다져진 체력은 가히 타의 추종을 불허한다. 오늘 두 번째 하프에 도전해 1시간 44분대의 믿지 못할 기록을 세웠다.

진종근 회장. 나를 마라톤에 입문하도록 끌어당긴 분이다. 그래서 단 둘이 달릴 때부터 그를 '회장'으로 부르고 있었는데 이제는 회원이 그럭저럭 열 명 정도 되니 곧잘 어울리는 칭호가 되었다. 테니스와 단전호흡을 오랫동안 해 우리 중에는 몸이 가장 유연하다. 이제까지 많은 하프대회에 참가했지만 '마의 두 시간 벽'에 항상 막히다가 오늘 드디어 1시간 54분의 신기록 수립.

최충규 회원. 스포츠를 좋아하고 건강관리에 해박한 지식을 가지고 있다. 우리 모임의 비타민이라고 할 정도로 매사 적극적이고 활력이 넘친다. 테니스를 무리하게 해 팔꿈치 관절이 정상이 아니고 다리 통증이 있어 치료를 받고 있음에도 불구하고 오늘 '대타'로 출전해 안타를 쳤다. 하프 도전 두 번만에 1시간 58분에 골인.

박경수 회원. 하프 도전 세 번만에 개인 최고기록은 물론 오늘 우리들 중 가장 좋은 기록인 1시간 41분대로 결승선을 통과한 주인공. 평소 테니스로 건강관리를 하다가 최근 우리들과 함께 달리기에 동참. 앞으로 좀 더 연습하면 지금의 기록을 단축시키고 내년 풀코스에서도 좋은 기록을 세우는 것은 시간문제일 정도로 기본 체력이 좋다.

목표는 구체적·상향적이어야

8시 정각 만나기로 약속했던 곳에 다섯 명이 다 모였다. 출발부터 상큼하다. 여의도까지 지하철로 이동하면서 각자 오늘의 목표를 점검해 본다. 목표는 구체적이고 상향적이며 그것을 남에게 공개할 때 도전하여 성취할 가능성이 높다고 한다. 오늘 나의 목표는 1시간 47분대의 개인 최고기록 달성이다. 이제까지의 기록을 2분 당기는 것이다. 엊저녁 번호표 한 쪽 구석에 5km 구간별 랩 타임을 적었다. 반드시 최고기록을 세울 것을 다짐하면서.

딱 1시간 걸려 여의도공원 대회장에 도착하니 벌써 많은 선수들이 운집해 있다. 우리들도 스트레칭과 가벼운 달리기로 워밍업을 하면서 출발을 기다린다. 서울특별시같이 거대 지방자치단체가 올해 처음으로 주최한다고 하니 때늦은 감이 없지 않으나 앞으로 계속 연륜을 쌓아 세계적으로 권위 있는 대회가 될 것을 기대해 본다.

10시 출발 예정시간이 지나고 있음에도 불구하고 출발시키려는 꿈도 안 꾸고 있다. 이러한 데에서 바로 대회 운영경험 부족이 드러난다. 섭씨 3~4도의 쌀쌀한 날씨에 1만여 명에 가까운 선수들을 세워놓고 벌벌 떨게 하고 있으니 곳곳에서 출발시키라고 아우성이다. 그렇지 않아도 출발선상에 서면 항상 긴장과 홍분으로 몸이 굳게 마련인데 계획했던 모든 의전행사를 진행시키느라 선수들이 얼마나 추워하는지 아랑곳하지 않는다.

풀코스 선수들이 출발하고 하프선수들은 10시 20분 넘어서야 선두가 스타트했다. 우리들은 가급적 후미에서 시작하려고 했는데 실제로는 대열 중간 정도에서 출발하게 되었다. 항상 그러하듯이 오늘도 출발해서 한동안은 선수들이 많아 제 페이스대로 달릴 수 없었다. 그런 와중에도 나름대로 빈 틈새를 찾아 부지런히 앞 선수들을 추월한다. 이러한 것이 레이스 운영에는 도움이 안 된다고 하지만 그간의 경험에서 초반에 뒤처지면 후반에 이를 만회한다는 것이 쉽지 않다는 것을 알게 되었기 때문이다.

그동안 한강변을 여러 번 달려 봤지만 오늘 코스인 여의도에서 가양대교 방향으로는 처음이다. 강남에서 마포대교, 서강대교까지는 연습할 때 한 두세 번 달려 보았을 뿐 그 이상은 못 가보았다. 주로와 주변 풍광에 대한 기대를 가슴에 가득 품고 열심히 달린다. 강변 맞바람이 생각보다 드세다. 그래도 힘이 충만할 때인 레이스 전반에 바람을 맞고 가니 다행이다.

한강주로 안전대책 시급

주로가 약간 좁은 것이 흠이지만 평탄한 편이다. 서울시에서 주최하는 대회라 그런지 자전거와 인라인 스케이터들을 통제해 러너들과 부딪힐 위험이 없는 것도 다행이다. 한강 고수부지 코스의 문제점은 러너들만의 주로가 없어 평소에 자전거와 인라인 스케이터들과의 잦은 충돌로 부상자가 많이 생기는 것이다.

양화대교 성산대교를 지나니 시야가 훨씬 넓어지고 그만큼 경치도 좋다. 정말 가슴이 탁 트이는 느낌이다. 저 멀리 가양대교도 아스라이 보인다. 거기를 지나 반환점이 있다고 하니 갈 길은 멀기만 하다. 그래도 한발 한발 열심히 달리면 그렇게 멀리 보이던 목표지점도 바로 눈앞에 나타나는 것을 그간 달리면서 알게 되었다.

지난 11월 2일 중앙마라톤 이후 나는 오늘 대회를 위해 식이요법도 했고 또 달리기 도중 에너지 보충을 위한 카보샷도 준비했다. 반드시 개인 최고기록을 달성하기 위해서다. 카보샷을 출발 전에 하나 먹고 40여 분 달린 후 하나를 먹었다. 레몬 맛이 나는 것이다. 실제로 효과도 있겠지만 우선 심리적으로 많은 도움을 주는 것 같다. 41분경 선두가 지나간다. 2위와는 많은 차를 벌리고 있다. 대단한 사람들이다. 그들의 재능이 부럽다.

가양대교가 바로 코앞이다. 출발할 때는 제법 춥더니 지금은 민소매 상의가 생각날 정도로 덥다. 반환점에 있는 스피드 칩 계시용 매트를 밟으니 내 스톱워치는 51분을 가리키고 있다. 뒤를 돌아보니 우리

발과 마음과 혼으로 달린다

회원들 중 이 선배님과 박 선배도 같이 돌고 있다. 서로 선의의 경쟁을 하는 모습이 너무 아름답다.

15km 지점에 이르렀다. 반환점부터 같이 달리던 박 선배가 앞서 나간다. 힘이 좋다. 한 개 남은 카보샷을 마저 먹느라 약간 페이스가 떨어졌다. 그래도 번호표에 적혀있는 1시간 47분대의 랩 타임보다는 앞서가고 있다. 앞으로 남은 거리가 6km 정도니 평소 자주 달리던 양재천 영동4교에서 잠실 선착장까지의 거리다. 카보샷을 먹으니 힘이 솟는 듯 하다. 이제까지 수많은 선수들을 추월해 왔다. 아직도 내가 추월하는 사람이 나를 추월하는 사람보다 많다. 달리기를 하면서 자신과 경쟁을 하라고 했는데 아직도 남들과 경쟁을 하고 있으니 주도(走道)를 더 닦아야겠다.

세상만사는 자연의 섭리와 일치

국회의사당과 63빌딩의 위용이 한눈에 들어온다. 어느새 거의 다 온 것이다. 여느 때 같으면 많이 지쳐있을 때인데 웬일인지 힘이 남아 있다. 기분 좋은 일이다. 당산철교 서강대교도 언제 지났는지 내 등뒤에 있다. 못 느끼고 있지만 고맙게도 계속 바람이 내 등을 밀어 주고 있을 것이라고 생각하니 힘이 더 솟는다. 등뒤에서 부는 바람에 대해 고마움을 잘 못 느끼는 것이 어쩌면 우리가 살면서 남한테 도움을 받을 때 고맙게 생각하지 못하는 세상사와 비슷한지 모르겠다. 세상만사는 자연의 섭리와 모두 다 통하는 것 같다.

결승선에 가까이 오니 구경꾼들이 많다. 바로 이 맛에 이 힘든 달리기를 하는 것 아닌가. 오늘 레이스의 주인공이 누군가. 1등 주자인가. 아니다. 바로 나다. 그래서 달리기가 멋있는 것이다. 달리기를 통

배번 2552 이창덕 선배와 함께, 제1회 하이서울 한강 마라톤 (2003. 11. 16)

해 나를 찾아 대화하고 격려하고 또 칭찬도 하는 것이다. 아까 출발했던 결승선이 눈에 보인다. 두 손을 높이 치켜들고 결승선을 통과하니 1시간 42분을 지나고 있다. 앞서 골인한 박 선배가 나를 맞는다. 이 선배님께서도 곧이어 들어오셨다. 너무 반가와 세 사람이 서로 손을 잡고 잠시 승리의 기쁨을 나눈다. 진달회 파이팅!(나중에 밝혀졌지만 거리 계측의 오류가 있어 하프거리인 21.1km가 아닌 19.7km를 달렸다 한다. 1.4km 정도 덜 달렸으니 오늘 기록에 약 8분을 더해야 자기 기록이 될 것 같다.)

(2003. 11. 16)

발과 마음과 혼으로 달린다

"달리기가 최고야! 앞으로도 계속 달릴 거야!"

올 들어 일곱 번째 하프 도전이다. 풀코스까지 합쳐 열한 번째 대회니 매월 한 번 꼴로 각종 대회에 참가한 셈이다. 근래 들어 비도 많이 와 오늘은 제법 추울 거라는 예상을 뒤엎고 하늘은 구름 한 점 없이 청명하고 날씨는 마치 봄날 같아 달리기에는 최적이다. 주경기장을 한번 둘러 본 후 보조경기장에서 스트레칭과 가벼운 달리기로 몸을 풀었다. 도중 마스터스 고수인 남궁만영 선수를 만나 간단한 자세 교정을 받았다. 몸을 더 곧추세우라는 지적과 팔치기를 할 때 두 팔을 앞뒤로 나란히 하라고 한다. 코치마다 다 다르니 이 중 나한테 가장 적합한 자세를 계속 찾아야 할 것 같다. 마치 바둑에서 정석은 알고 잊어 버리라고 하듯이 운동에서도 자기한테 맞는 스타일을 얼마나 빨리 찾아 이를 자동화시키느냐가 중요한 것 같다.

나에게 적합한 달리기 자세 찾기 계속해야

카운트다운과 함께 10시 정각 출발신호 총성이 잠실벌을 진동시킨다. 진달회 이창덕 선배님과 함께 힘차게 출발해 오십여 리의 장정에 나선다. 운동장을 빠져 나와 한강 주로로 접어드니 선수들이 많아 제 페이스를 찾기 힘들다. 오늘 목표는 1시간 45분으로 배번에 5km 당 랩 타임을 적어 놓았다. 이제까지 1시간 49분이 개인 최고기록이니 무려 4분을 당기는 셈이 된다. 정말 열심히 달려야 한다. 1시간 45분 기록은 100m를 평균 30초, 1km를 5분에 달려야 하는 것이니 결코 만만한 목표가 아니다. 다만 오늘 코스는 그간 여러 번 달려 잘 알고 있어 기록단축에 적지 않게 도움이 될 것 같다.

탄천과 양재천이 갈라지는 삼거리에서 분당 방향으로 새로 난 탄천길로 접어드니 길이 넓어진다. 5km 지점을 24분대에 통과하고 있으니 계획대로 잘 가고 있다. 1시간 45분 페이스메이커와 앞서거니 뒤서거니 하다가 아무래도 초반에 좀 벌어 놓아야 할 것 같아 그를 앞섰다. 38분밖에 안 지났는데 벌써 선두가 돌아온다. 정말 대단한 속도다. 2등은 보이지도 않는다. 내 컨디션도 괜찮은 편이다. 요 며칠 왼쪽 다리가 약간 안 좋았는데 달리니 언제 그랬냐는 듯 말짱하다.

50분대에 반환점을 돌았다. 이 정도 속도라면 오늘 1시간 45분대 기록은 무난히 달성할 것 같다. 반환점 돈 지 얼마 되지 않아 이 선배님을 만났다. 나하고는 약 3분 정도 차이 나는 것 같다. 겉모습으로는 컨디션이 나빠 보이지 않는데 어디서부터 간격이 벌어졌는지 궁금하다. 나는 오늘 출발부터 이제까지 계속 많은 선수들을 앞지르고 있다. 1시간 45분 페이스메이커도 아직 내 뒤에 있다. 15km 지점도 예상시간인 1시간 15분대로 통과한다. 내가 계획했던 대로 착착 맞아 가고 있으니 기분이 좋다.

레이스 막바지인데도 전혀 피곤하지 않고 힘이 많이 남아 있다. 아마도 지난주 실시한 식이요법과 출발 직전 먹은 카보샷 덕분인 것 같다. 요즈음 체중은 지난겨울 한창 열심히 달릴 때 보다 무려 4kg 늘어난 64kg이다. 몸은 약간 무거운 감이 없지 않지만 그만큼 체력이 보강되어 그런지 하프 레이스에서는 끝까지 힘이 있다. 레이스 후반에도 계속 추월하는 맛이 쏠쏠하다.

2.5km 남았다는 표지판이 있다. 오른쪽으로 종합운동장이 한눈에 들어온다. 다 왔지만 레이스는 이제부터라는 생각으로 박차를 가한다. 마침 페이스가 비슷한 한 친구와 인사를 하고 같이 달린다. 힘들

배번 2597 이창덕 선배와 동반주, *Adidas king of the Road (2003. 11. 30)*

때 함께 뛰어 준 이름도 모르는 그 젊은 친구 덕을 많이 보았다. 출발할 때와는 달리 신천역 사거리까지 간 후 우회전해서 학생체육관 앞을 지나 종합운동장 정문을 지나 메인스타디움으로 들어간다.

객석의 관중이 아니라 무대 위 주인공이 되어

운동장 트랙을 밟을 때는 항상 기분이 짜릿하다. 객석의 관중이 아니라 무대 위 주인공이 된 기분이랄까. 하여튼 그 맛은 직접 달려 보지 않으면 못 느낄 것 같다. 어디서 나타났는지 예의 1시간 45분 페이스메이커가 빠른 속도로 내 앞을 지나간다. 그런데 그를 따르는 선수는 아무도 없다. 그들은 고수라 주어진 시간에 늦었다 하면 스피드를 내 그 시간을 맞춘다. 그런 그를 함께 달리는 선수들이 따라 올 수가 없는

제1장 달렸노라

것이다. 결승선이 바로 눈앞에 있어 젖 먹던 힘을 내 그를 따라 가 보지만 역부족이다. 드디어 골인! 내 스톱워치는 1시간 45분 40초를 가리키고 있다. 오늘 목표와 개인 최고기록을 드디어 세운 것이다.

7분 후쯤 이 선배님이 들어왔다. 약간 지친 모습이었으나 대단한 기록이다. MBC 기자가 이 선배님께 인터뷰를 요청한다. "내가 이제까지 많은 운동을 해 봤지만 달리기가 최고야. 앞으로도 계속 달릴 거야. 누구든지 마음만 먹으면 해 낼 수 있다고 생각해." (2003. 11. 30)

런 페스티벌 30km, 아듀 2003!

올해 마지막 대회다. 풀코스 네 번을 포함해 모두 열두 번째다. 오늘 대회는 특이한 점이 많다. 거리도 여느 대회에서는 보기 드문 30km이고 또 스피드칩도 달지 않는다. 그야말로 아무 부담 없이 즐기면서 달리기를 하라는 대회 취지다. 분당 야탑역 인근 탄천변에서 출발해 남북을 말발굽 모양으로 오가며 달리는 코스다. 이제까지 한 번도 달려보지 않아 달려보고 싶었던 곳이다.

오늘 우리 진달회 회원 9명 중 무려 6명이 참가했다. 달리기 대회 출전이 처음이라는 김종석 회원, 올 초 내 권유로 달리기대회에 참가하기 시작해 그간 서너 번의 10km를 완주한 홍일점 박영숙 회원, 다리가 성하지 않음에도 불구하고 대회에 부지런히 참가하는 최충규 회원 등이 15km에, 연부역강(年富力强)한 이창덕 선배님, 진종근 회장과 내가 30km에 도전했다. 우리 진달회가 점차 단합이 잘 돼 가는 것

발과 마음과 혼으로 달린다

같아 모임을 만든 보람이 있다.

기(氣)가 넘치는 사람들과 함께

마라톤대회장에 오면 항상 활력이 넘쳐 좋다. 달림이들의 모습은 일반인들보다 더 밝고 생기가 있다. 이렇듯 기가 넘치는 사람들과 함께 하는 것만으로도 달리기를 하는 가치가 있다. 오늘은 여느 때보다도 더 활기찬 것 같다. 아마도 칩이 없어 기록에 대해 신경을 쓰지 않아도 되기 때문인 듯하다. 나도 오늘 두 선배님과 함께 달리기를 마음껏 즐기려 한다. 특히, 30km 거리가 처음인 이 선배님과 보조를 맞춰 달리기로 했다.

겨울철에 열리는 대회라 그런지 출발시간도 늦다. 11시 정각 출발 총성과 함께 30km 레이스가 시작됐다. 우리는 후미에서 천천히 출발했다. 날씨는 생각했던 것보다 따뜻했다. 그런데 오늘 이 선배께서 컨디션이 안 좋은 것 같다. 평소보다 발걸음이 느리다. 30km 완주가 걱정됐다. 하지만 워낙 의지가 강하신 분이라는 것을 아는 터라 내가 보조만 잘 맞춰 드리면 될 것 같았다.

레이스 행렬은 길기만 하다. 30km 종목에만 족히 천여 명은 되는 것 같다. 날이 갈수록 마라톤 인구가 증가한다고 하니 그만큼 건강에 대한 관심이 높아졌다는 얘기다. 좋은 현상이다. 달리는 모든 선수들이 즐거운 표정이다. 69세인 우리 이 선배보다 더 연배가 높은 분도 있다. 정말 대단한 분들이다. 그들과 함께 달리면서 이 얘기 저 얘기 건네 본다. 72세라는 한 분은 자기는 풀코스만 달리는데 어차피 대회에 참가하는 날이면 하루가 가는 것인데 이왕이면 오래 달릴 수 있는 종목에 참가하는 것이 좋은 것 아니냐 라는 논리를 편다. 그럴 듯한 얘기다.

90세까지 달리는 것이 꿈

여럿이 어울려 달리고 있는데 자세가 좋은 선수가 보인다. '달리는 의사들' 소속에 '8,000미터'라는 닉네임을 붙이고 있다. 혹시나 해서 말을 건넸더니 예상대로 '산꾼'이다. 고려대의대산악회 OB였다. 대학 산악회 출신 달림이들이라 그런지 소위 '코드'가 잘 맞는다. 내가 놀란 것은 그는 올해만 무려 25회의 풀코스를 완주했다는 것이다. 혹서기와 혹한기 4개월을 제외하면 한 달에 3회 꼴로 달린 셈이다. 그의 최고기록은 3시간 40분대지만 다음날 진료를 위해 4시간 정도로 달린다 한다. 그러면서 90세까지 제한시간 내로 계속 달리는 것이 꿈이라 한다. 그와 한참 같이 달리다 이 선배님이 안 보이기에 헤어졌다.

그의 얘기를 들으면서 과연 인간의 한계가 어디까지인가 생각해 보았다. 이제 갓 쉰을 넘긴 내 친구들, 아니 나보다 훨씬 젊은 사람들도 내가 마라톤을 하는 것에 대해 너무 무리하지 말라고 말리는 사람들이 많은데 과연 누가 더 가치 있는 삶을 살고 있는 것인가 반문해 본다. 이는 물론 각자의 가치관에 따른 선택의 문제이리라. 그렇지만 하고 싶은 것은 하고 살아야겠다는 게 내 생각이다. 달리다 쓰러지는 한이 있더라도.

달리기가 점차 내 삶의 중요한 부분을 차지하고 있음을 느낀다. 아침 운동은 이제는 빼놓을 수 없는 내 생활의 일부가 되었다. 전날 무슨 사정이 있어 늦게 일어났다 할지라도 진달회 회원들과 그냥 인사를 하기 위해 운동장에 나간다. 내가 그들을 만나고 싶듯이 그들도 나를 기다리는 것 같은 생각에서다. 그러다 보니 이제 그들과 꽤 깊은

정이 든 것 같다. 상대적으로 과거에 즐기던 테니스나 수영과는 그만큼 거리가 멀어졌다. 하나를 제대로 하기 위해서는 다른 것의 희생은 불가피한 것 같다.

칩 없는 30km 대회, 마치 장거리지속주(LSD : Long, Slow, Distance) 훈련하는 듯한 기분이었다. 달리면서 많은 사람들과 대화를 나누었다. 기록을 재는 대회에서는 흔히 볼 수 없는 일이다. 추운 날씨에 결승선에서 반갑게 우리 세 사람을 맞아준 15km 출전 진달회 세 회원들과 내년에 더 멋있는 달리기를 할 것을 기약하면서, 아듀 2003!

(2003. 12. 14)

느꼈노라

●
●
●

"마라톤을 해본 적이 없는 사람에게
마라톤을 할 때 느끼는 고통에 대해 설명하는 것은
마치 태어나면서 볼 수 없는 사람에게
색깔을 설명하려는 것과 같다"

제롬 드레이턴 (Jerome Drayton)
캐나다 출신의 1977년 보스턴마라톤 우승자

●
●
●

폭설 후 열린 시즌 개막전

3월 초순에 전국적인 폭설이라면 누가 믿겠는가. 1904년 기상청 관측 이래 처음이라 어느 누구도 기억이 없을 것이다. 대회 3일 전에 내린 엄청난 눈으로 인해 과연 대회가 제대로 열릴 수 있을지 내심 걱정이 많이 됐다. 그러나 주최 측인 서울마라톤클럽의 각고의 노력으로 주로는 100% 제설작업이 완료되었다고 홈페이지를 통해 공지된 것을 보고 과연 우리나라의 대표적인 풀뿌리 마라톤 동아리라고 생각했다. 진달회 박경수 회원과 함께 여의도 고수부지에 도착해 확인해 보니 정말로 주로는 완전무결했다. 잔디를 보호해야 하기 때문에 제설작업을 못한 광장에는 잔설이 하얀 설원을 이루고 있어 마치 스키장에 온 듯한 착각이 들었다. 영하 5도라는 추위에도 불구하고 참가선수들의 얼굴은 마라톤 시즌 개막이 즐거운 듯 모두들 밝은 표정이다.

작년 바로 이 대회에서 나는 처음으로 풀코스를 완주했다. 제법 쌀쌀한 날씨였음에도 불구하고 옷을 너무 가볍게 입어 27km 이후 쥐가 나 혼난 적이 있다. 오늘은 그 전철을 밟지 않으려고 겨우내 입고 연습했던 상하의 모두 긴 기능성 옷으로 복장을 갖췄다. 그리고 내주 일요일에 있는 동아마라톤대회의 전초전 성격으로 대회감각을 유지하기 위해 하프만 달리기로 했다.

간단히 워밍업을 한 후 출발선에 섰다. 이제까지 주로 뒤편에서 출발했는데 오늘은 왠지 앞에서 달리고 싶었다. 이제 하프는 어느 정도 자신감이 생겼다는 것을 의미하는 것이리라. 오늘 코스는 작년 11월 서울시 주최로 개최되었던 '하이 서울 마라톤대회' 때와 같다. 그러나 그때는 거리 계측이 잘못돼 약 1.4km 정도나 덜 달린 어처구니없는 일이 있었던 기억이 새롭다. 서울시 공무원들의 탁상행정이 보여 준 좋은 예일 것이다. 한 번 달렸던 경험이 있는 코스인 만큼 모든 여건이 좋다. 오늘 잘 달려 하프 개인기록인 1시간 45분 벽을 넘고 싶다.

이제까지의 경험으로 보아 하프인 경우에는 초반 5km가 그날 기록을 좌우한다고 생각한다. 초반에 무리하지 말라고 했다고 지나치게 천천히 달리다 보면 그때 늦춰진 기록을 후반에 만회하는 것이 만만치 않음을 체득하였다. 그러한 전략으로 초반에 약간 페이스를 당기니 함께 달리고 있던 박경수 선배가 너무 빠른 것이 아니냐고 하면서 나중에 결승선에서 만나자고 한다.

눈물이 나올 정도로 강바람이 세차게 분다. 오늘 코스는 여의도 야외음악당을 출발해 마포대교-서강대교-당산철교-양화대교-성산대교-가양대교 1km 정도 지난 지점이 반환점이다. 반환점까지 내내 맞바람과 싸워야 한다. 물론 기록에도 좋지 않은 영향을 미칠 것이다. 그러나 돌아올 때는 덕을 볼 것이라는 생각으로 열심히 달린다. 나중에 보자고 하던 박 선배도 어느덧 내 곁에서 달리고 있다. 이제 발동이 걸린 모양이다. 페이스가 비슷한 사람들끼리 함께 달리면 그야말로 윈-윈 효과가 있다.

50분대에 10km를 지나고 53분대에 반환점을 돌았다. 박 선배도 곧 이어 돌았다. 반환점을 도니 예상대로 맞바람이 감쪽같이 없어졌다. 그러나 항상 느끼는 것이지만 바람이 뒤에서 나를 밀어 주는 것 같지는 않다. 이 페이스라면 잘하면 개인기록을 경신할 수 있을 것 같은 희망이 생겼다. 왜냐하면 등 뒤에서 바람이 불어줘 그만큼 레이스가 편할 것 같았기 때문이다. 엄청나게 많은 선수들과 마주친다. 그 행렬이 한도 끝도 없이 계속 이어진다. 내 뒤를 따라오는 그들을 보니 왠지 힘이 더 생기는 것 같다.

정신일도(精神一到) 하사불성(何事不成)

오늘 달리면서 힘이 들 때 '정신일도 하사불성'을 되뇌었다. 호흡하고도 박자가 맞고 정신집중이 잘 되었다. 앞으로도 나의 단골 주문으로 해야겠다. 이렇듯 달리다가 집중력이 떨어졌을 때 무슨 화두를 꺼내 거기에 대해 생각하면 도움이 된다고 어느 책에서 본 기억이 난다.

63빌딩이 보이는 것을 보니 거의 다 왔다. 구경 나온 사람들이 많아졌다. 자원봉사자들의 응원소리가 크게 들려온다. 힘이 난다. 힘을 더 얻기 위해 그들과 손을 마주 부딪쳐본다. 인간의 한계에 다달았을 때에는 별것 아닌 것도 도움이 되는 것 같다. 드디어 결승선 아치가 눈앞에 나타났다. 1시간 49분대다. 기대했던 기록경신은 못했지만 오늘도 정말 기분 좋게 한판의 레이스를 했다. (2004. 3. 7)

마침내 이루어 낸 서브-4의 꿈

오늘 드디어 해 냈다. 풀코스 완주 다섯 번째 만에, 그리고 달리기에 입문한 지 2년 만에 3시간대 기록을 세운 것이다. 마라토너들은 기록에 대한 묘한 욕심이 있다. 그래서 나처럼 아직 초보자들은 서브-4를 하는 것이 큰 바람이고, 상급자들은 고수 반열이라는 서브-3를 하는 것이 꿈이다. 그렇지만 어디 그게 쉬운 일인가. 마치 바둑으로 치면 1급이 되는 것이고, 골프로 치면 싱글이 되는 것이라 생각한다. 나는 오늘 그 첫 관문을 넘은 것이다.

우리나라에서 가장 긴 역사와 전통을 자랑하는 이번 동아마라톤대회에 참가하기 위해 그간 내 나름대로는 많은 준비를 했다. 지난겨울 모진 추위에도 불구하고 매일 아침 진달회 회원들과 학교운동장에서 훈련을 했고, 거의 매주 일요일이면 한강에 나가 장거리 연습을 했다. 일주일 전에는 올해 들어 처음으로 서울마라톤 주최 하프경기에 참가해 대회감각을 되살렸다. 지난 한 주는 체력관리를 위해 적당히 연습하고 과로를 피했다. 또 어제 토요일에는 오늘 달릴 코스에 대한 사전답사도 했다. 오늘 성공적인 레이스를 펼친 데에는 이 덕이 컸다고 생각된다.

사전 코스 답사도 하고

오전 8시 출발이기 때문에 늦어도 4시 30분에는 일어나야 한다는 생각으로 엊저녁 9시에 잠자리에 들었다. 잠이 제대로 올 리 없었다. 이리 뒤척이고 저리 뒤척이다 간신히 잠들었다. 긴장한 탓인지 자다가 몇 번이나 일어났다. 새벽 자명종 소리에 이불을 박차고 일어났다. 떡국과 떡 등으로 간단히 아침식사를 했다. 어젯밤에 오늘 준비물을 대충 챙겼지만 아침에도 할 일이 많은 것이 이 마라톤이다. 하나라도 빠지면 낭패이기 때문에 미리미리 준비물 체크 리스트에 따라 준비를 해 놓아야 한다. 그럼에도 불구하고 하마터면 장갑을 안 챙길 뻔했다. 오늘 그 면장갑을 너무나 유용하게 활용했다.

대회장인 광화문으로 가기 위해 안국역에서 내렸다. 간단히 스트레칭을 한 후 풍문여고 돌담길을 따라 화동 옛 경기고 쪽으로 가벼운 조깅을 했다. 어렸을 적 살았던 곳이라 그런지 너무나 정겹다. 재동초등학교 고갯길을 넘어 요즘 대통령 탄핵정국으로 한창 세인의 주목을 받고 있는 헌법재판소 앞을 지나 다시 안국역으로 돌아왔다. 몸이 약간 풀린 감이 들었다. 섭씨 4도로 쌀쌀한 날씨다. 하늘이 잔뜩 찌푸려서 습도는 약간 높은 편이나 오히려 달리기에는 좋은 조건이다. 바람도 거의 불지 않는다. 몸 컨디션도 괜찮아 오늘 어째 일을 낼 것 같은 예감이 들었다.

큰 대회라 대회장 분위기가 장관이다. 게다가 대한민국 수도 한복판인 광화문에 판이 펼쳐져 있지 않은가. 오늘 코스는 서울의 강북과 강남을 휘젓고 다니게 돼있어 오래전부터 한번 달려보고 싶었다. 그 꿈이 드디어 오늘 이루어진 것이다. 오늘 목표는 3시간 59분이다. 그렇지만 나는 3시간 49분짜리 페이스 시간표를 붙였다. 49분을 목표로 달리다가 안되면 59분에는 반드시 골인하겠다는 각오다. 달리기 시작한 이래 계속 지녀왔던 소중한 꿈이다.

그린 존에서 출발

최근 새로 단장한 세종문화회관 앞이 출발선이다. 먼저 남자 77명, 여자 22명 등 99명의 등록선수들이 출발하고, 1만 2천여 명의 마스터스 선수들이 그 뒤를 따른다. 오늘 대회는 4시간 30분 내의 기록보유자만이 참가할 수 있는 자격이 주어졌다. 이를 3시간 30분(레드 존) 내, 4시간(블루 존) 내, 4시간 30분(그린 존) 내 등 세 그룹으로 나눠 출발시킨다. 자기 지역보다 앞서 출발했을 경우 자격이 박탈되는 등 유명 대회답게 대회규정이 까다롭다. 선수들이 많아서 내가 속해 있는 그린 존이 출발하기까지에는 무려 10여 분이 경과되었다. 오늘 레이스도 무사하게 완주하게 되기를 기원하면서 출발선에 깔려져 있는 매트를 힘차게 밟고 나갔다.

작년 가을 동아마라톤 신청 후 이곳을 지나면서 지금 이 순간, 이 모습을 얼마나 마음속에 그려왔던가. 세종로—시청—남대문—을지로—종로로 이어지는 대한민국 수도의 심장부를 달린다는 것이 아무나 할 수 있는 일인가. 불과 2년 전만 하더라도 TV를 통해 남들이 달리는 모습을 부러워하던 내가 아니었던가. 그때 어떻게 하면 저렇게 달릴 수 있을까, 과연 저들은 어떤 초인적인 힘을 가졌는가라는 생각이 내 머릿속을 복잡하게 만들었던 기억이 새롭다.

출발선에서의 이러한 상념에 젖는 것도 잠시, 총성과 함께 수많은 선수들에 파묻혀 백오 리 대장정은 시작되었다. 나는 3시간 45분 페이스메이커 뒤를 따라 출발했다. 마치 거대한 파도에 떠밀려 나가는 듯한 기분이다. 시청을 지나 남대문을 끼고 돌아 명동 쪽으로 향한다. 을지로 입구에 오니 선두 엘리트선수들은 벌써 지나갔는지 안 보인다. 그들의 역주하는 모습을 보고 싶었으나 물거품이 되었다. 을지로 양방향이 선수들로 가득 차 있다. 동대문운동장에서 U-턴해 국립의료원 앞이 5km 지점이다. 시계를 보니 27분대다. 제 페이스대로 가고 있는 것이다.

을지로를 빠져나와 종각에서 우회전해 종로로 접어든다. 반대편 차선은 차들로 가득하다. 백주에 종로 거리를 질주하다니 꿈만 같은 얘기다. 차에 탄 사람들이 이 수많은 러너들을 어떻게 생각하고 있을까. 연도에서도 많은 박수를 보내고 있다. 길어 보이는 종로도 금방금방 지나간다. 종묘상들이 모여 있는 종로5가를 지나니 바로 앞에 동대문이라 불리는 홍인지문이 보인다. 벌써 10km 가까이 온 것이다.

발과 마음과 혼으로 달린다

허리에 찬 벨트 색(sack)에서 카보샷을 하나 꺼내 먹는다. 오늘 레이스를 위해 특별히 준비한 에너지보충제다. 이미 출발 30분 전에 하나를 섭취했고 앞으로 매 10km마다 하나씩 먹을 예정이다. 50g짜리 하나를 없애니 허리가 훨씬 가뿐해진 느낌이다. 10km 랩타임 54분.

연도에는 다양한 문화이벤트가

서울시가 공동 주최하고 있는 대회라 그런지 각 구청별로 다양한 문화이벤트를 준비해 러너들에게 많은 볼거리를 제공해 주고 있다. 어떤 구는 풍물놀이를, 또 다른 구는 노인들로 구성된 실버악단이 힘차게 러너들을 응원해 주고 있다. 나는 오늘 레이스에서 매 5km를 지날 때마다 다음 5km까지의 목표를 정해 놓고 달렸더니 지루한 감을 거의 느끼지 않았다. 15km 지점은 신설동 5거리－동대문구청－장안평을 지나 군자교 건너기 전에 있다.

어제 사전 코스 답사 결과 코스가 비교적 평탄하다는 것을 알게 되어 오늘 레이스에 더욱 자신감을 갖게 되었다. 무슨 일이든 이 마음의 추가 양(陽)의 방향에 있을 때 그만큼 성공할 확률이 높은 것 같다. 이제 달리기 시작한 지도 벌써 한 시간 정도 지났기에 몸 컨디션이 좋을 때다. 열심히 가고 있다. 10km 지나서 속도를 좀 냈는지 15km 지점은 1시간 19분대로 예정보다 1~2분 정도 빠르다. 군자역에서 우회전하니 도로 폭이 좁아져서 응원소리가 훨씬 가깝게 들린다. 약간 오르막을 지나 내려가니 오른쪽으로 세종대가 있고 왼쪽으로는 어린이대공원이다. 20km 지점인 자양 사거리 지나 잠실대교 오르기 전에 두 번째 카보샷을 먹는다.

잠실대교다. 서울 전경이 한눈에 들어온다. 강바람이 시원하다. 마라톤대열이 장관을 이룬다. 하프를 1시간 53분에 통과. 예정시간보다 1분 정도 앞서 가고 있다. 그렇게 길어 보이는 잠실대교도 금방 지나온다. 롯데월드 사거리까지의 내리막길이 그렇게 편할 수 없다. 모두들 속도를 낸다. 어느덧 송파구청까지 왔다. 올림픽공원 평화의 문에서 좌회전해 천호 사거리까지 이어지는 직선도로다. 이 직선으로 달리는 길에서 달림이들은 지루함을 느낀다. 그래서 좋은 코스가 되기 위해서는 주로가 적당히 구불구불해야 한다고 한다. 25km 지점을 2시간 15분에 통과했다. 엘리트선수들의 레이스는 벌써 끝나 있을 시간이다. 나는 아직도 17km나 더 남았다.

천호 사거리에서 우회전해 길동 사거리로 향한다. 이곳 지리에 대해 잘 모르고 있었는데 사전 코스 답사로 잘 알게 돼 코스에 대한 불안감이 전혀 없다. 약간의 언덕으로 시작하지만 그 절반은 내리막이다. 직선길이지만 오르내리막이 있으면 그래도 덜 지루하다. 내리막길에서는 팔의 긴장을 풀기 위해 손을 털어 주는 것이 좋다고 한다. 나도 몇 번 해보니 훨씬 팔이 편해졌다. 길동 사거리에서 우회전하니 또다시 직선주로가 나타난다. 약간 페이스가 떨어져가고 있음을 느낀다. 30km 지점인 올림픽선수촌 아파트 앞을 예정 시간보다 1분 정도 늦게 통과했다.

30km, 이제부터 시작

이제부터 마라톤은 시작이다. 마지막 카보샷을 비운다. 카보샷 덕분인지 아직 힘은 남아있고 몸에 별다른 통증은 없다. 다행이다. 레이스 초반에 소변을 보고 싶었으나 지금은 별로다. 아마 땀으로 다 날아간 모양이다. 머리띠도 땀에 배어 묵직하다. 벗어 짜니 머리가 한결 가볍다. 올림픽공원 앞 임마누엘교회에서 좌회전해서 달리다가 송파

발과 마음과 혼으로 달린다

대로에서 한 번 더 좌회전한다. 발은 점점 무거워져 간다. 가락동 도매시장을 지나서 있는 탄천교가 35km 지점이다. 3시간 15분을 가리키고 있으니 5km에 5분을 더 소진한 셈이다.

정신이 번쩍 들었다. 이러다가는 오늘도 서브-4의 꿈은 날아가 버릴 것 같았다. 수서 IC를 지나 삼성병원으로 이어지는 직선주로다. 옆에는 이미 걷고 있는 선수들도 많다. 오버페이스를 했거나 연습부족일 게다. 삼성병원 사거리에서 우회전해 대청역을 향한다. 다행히 아

제2장 느꼈노라

직 힘이 있다. 수서경찰서 지나 나타나는 약간의 오르막을 힘차게 오른다. 학여울역까지는 내리막이다. 강남 한복판이다. 홈그라운드에 온 셈이다. 대치우성아파트를 지나 탄천2교를 향한다. 마지막 오르막이다. 제법 길다. 오늘 레이스의 고비다. 걸으면 안 된다고 몇 번씩이나 혼자 다짐한다.

40km 지점을 3시간 45분에 통과. 이제 서서히 서브-4가 보인다. 그러나 아직 모른다. 40km 마지막 급수대를 시간이 아까워 그냥 지나친다. 종합운동장 사거리에서 좌회전해 오른쪽에 학생체육관을 두고 마지막 피치를 올린다. 800m 남은 운동장 입구에 오니 3시간 54분이다. 약간의 안도감이 든다. 드디어 잠실종합운동장 트랙이다. 시상을 하는 장내 진행자의 목소리가 귓전을 울린다. 1초라도 당길 생각으로 전력을 다한다. 양팔을 들고 웃으며 멋지게 결승선 매트를 밟았다. 내 시계는 3시간 58분대를 가리키고 있다.

드디어 해 낸 것이다. 종전 기록을 무려 15분 정도 앞당겼다. 이 순간을 얼마나 기다렸던가. 지난겨울 흘린 땀의 결과라고 생각한다. 나중 알게 된 공식기록은 3시간 58분 32초, 12,356명 중 6,899등의 준수한 성적표이다.

(2004. 3. 14)

"난 존 켈리의 기록을 깰 거야"

늦깎이 마라톤 스타가 탄생했다. 바로 매일 아침 나와 함께 운동을 하고 있는 이창덕 선배다. 내년 고희(古稀)를 바라보는 연세로 달리기에 발을 디딘 지 불과 반년 만에 풀코스 마라톤을 4시간 초반 대 기록으로 완주했다고 한다면 과연 믿을 사람이 얼마나 될까. 영광스럽게도 내가 그 대스타를 출현하게 한 장본인이 되었다. 작년 개천절, 내 권유로 한강변에서 펼쳐졌던 하프마라톤에 처녀 출전해 1시간 57분이라는 경이적인 기록으로 골인하여 주변을 놀라게 해 일찌감치 달리기 꿈나무(?)로 점지되어 있었는데 오늘 풀코스를 완주함으로써 마라톤 데뷔전을 성공리에 마쳤다.

늦깎이 마라톤 스타 탄생

오늘은 강남마라톤클럽 주최 '사랑의 릴레이 마라톤'이다. 여느 대회와 크게 다른 점은 상위 입상자라 하여도 특별한 부상을 주지 않고 참가비 중 대회 운영에 필요한 최소한의 경비를 제외한 나머지는 대한적십자사를 통해 우리의 불우한 이웃들에게 나누어 준다는 것이다. 대회 취지가 더없이 좋았다. 왜냐하면 요즘 각종대회의 참가비 대부분은 몇몇 잘 달리는 특정선수들끼리 돌아가면서 차지하여 입상하지 못하는 사람들은 그저 들러리에 불과하기 때문이다. 오늘 대회는 달리기를 통해 건강과 함께 우리이웃을 위해 좋은 일도 했다는 자긍심을 갖게 하는 일석이조의 효과가 있어 매우 뜻있는 행사라 생각한다.

이번 대회 참가신청을 하면서 나는 이 선배와 가급적 함께 달리겠다고 생각했다. 나는 적지 않은 연세에 마라톤 풀코스에 처음으로 도전하는 이 선배를 '달리기세상'에 입문시킨 업보로 동반주를 자청했다. 그러나 이번 대회를 준비하는 과정에서 이 선배와 함께 30km, 38km 장거리주를 하면서 과연 내가 따라갈 수 있을까 하는 생각이 들 정도로 이 선배의 달리기 실력은 일취월장했다. 워낙 강인한 체력을 갖추었을 뿐만 아니라 목표 성취에 대한 집념이 남달리 강하고 새로운 기술에 대한 습득능력이 빠르기 때문인 것으로 분석된다.

총성과 함께 약 1천여 명의 풀코스 선수들이 일제히 출발한다. 4월 초 벚꽃 시즌이라 여의도 일대는 벌써부터 상춘객들로 만원이다. 연도에서 장거리를 떠나는 우리들을 박수로 격려해 준다. 주로는 예상보다 덜 붐볐다. 그래서인지 아니면 대회 분위기에 휩쓸러서인지 우리는 당초 예상 페이스보다 빨리 달린다. 속도를 좀 줄여 보려고 해도 잘 안 된다. 5km를 24분대에, 10km를 49분대에 주파했다. 당초보다 4분 정도 빠르다. 오버페이스가 걱정돼 이 선배께 앞서 가시라고 하고 나는 이 선배 바로 뒤를 쫓아간다.

잠실철교 지나 올림픽대교를 향하던 중 마주 오던 선두선수를 만났다. 1시간 34분이 지나고 있었다. 한국인과 외국인 두 사람이었다. 평소 한강에서 함께 연습하던 모습을 자주 보았던 사람들이었다. 한강변에 걸쳐져 있는 수많은 다리를 건너 이제 반환지점인 광진교가 바로 눈앞이다. 여자 선두는 이제야 반환점을 돌고 지나간다. 반환점까지는 약간 오르막이 계속된다. 힘차게 치고 올라 반환점을 도니 1시간 50분이다. 지난번 동아마라톤대회 때보다 약 3분이 빠른 속도다.

이 선배는 나보다 50~60m 앞서 달린다. 약간씩 속도가 느려지는 것으로 보아 정상 컨디션은 아닌 것 같다. 반환점 돌아 얼마 지나지 않아 이 선배를 만났다. 탄천과 한강이 합류하는 27km 지점을 통과한지 얼마 안 되었는데 갑자기 이 선배가 난조다. 발에 쥐가 난 모양이다. 평소 연습 때에는 이런 적이 없었는데 정말 이상하다. 표정도 평소의 모습이 아니다. 영 지친 얼굴이다. 아마도 초반 오버페이스가 쥐가 난 원인이 된 것 같다. 역시 마라톤은 30km부터라고 하더니 딱 들어맞았

발과 마음과 혼으로 달린다

다. 이제까지는 나름대로 잘 왔
는데 앞으로 남은 12km를 어떻
게 가야하나 걱정이 앞선다.

나는 이 선배 바로 앞에서 레
이스를 끌고 있다. 조금 가다가
뒤 돌아보면 이 선배가 힘들게
따라 오신다. 자꾸 나보고 먼저
가라고 하시지만 어디 그럴 수가
있나. 그러다 보니 나도 덩달아
지쳤다. 30km 이후라도 컨디션
이 좋아질 때는 달려줘야 하는데
그러지 못해 그런 모양이다. 이
제 한강다리도 보이고 63빌딩도

이창덕 선배와 함께, 사랑의 릴레이 마라톤 (2004. 4. 11)

보인다. 마지막 급수대에서 자
원봉사하는 적십자사 요원들에게 이 선배를 70세 어른이라고 소개하
니 모두들 박수를 친다.

63빌딩이다. 이제 다 왔다. 이 선배의 발이 천근만근처럼 보인다.
그렇지만 오직 완주하겠다는 도전정신과 자존심으로 이 어려운 마라
톤 완주를 눈앞에 두고 있다. 결승라인이 보인다. 나는 이 선배 팔을
잡고 결승선을 통과했다. 4시간 17분대다. 처음 완주한 이 선배로서
는 오늘 정상 컨디션은 아니었지만 그 연세에 완주만으로도 대단한
기록을 세운 것이다. 보스턴대회에서 두 차례나 우승했던 존 켈리의
70세 때 기록인 3시간 42분을 깨는 것이 목표인 그의 꿈이 조만간 이
루어질 것을 확신한다.
(2004. 4. 11)

언덕, 더위 그리고 매연과 벌인 한판

지난 주에 이어 일주일 만에 달리는 풀코스다. 약간 무리인 줄 알지만 오늘 대회는 대학 학창시절을 보냈던 수원 일원에서 펼쳐지기 때문에 한번 달려보고 싶었다. 올 들어 벌써 세 번째이고 개인통산 일곱 번째 도전이다. 금년 최소 여섯 번을 달릴 계획이니 목표의 절반을 채운 셈이다.

오늘 컨디션은 별로였다. 지난 주 달렸던 여파인지 약간 감기기가 있는데다 체력 회복을 위해 연습을 하지 못해 다리도 무거운 편이다. 아침 일찍 아파트를 나서는데 누군가 뒤에서 부른다. 일주일 전 강남 마라톤에서 처음으로 완주했던 이창덕 선배다. 나를 배웅하기 위해 일부로 이른 시간에 나오신 것이었다. 선릉역 전철까지 바래다 주면서 오늘 나의 선전과 건투를 빌어 주었다.

전철과 버스를 갈아타면서 가는데도 수원종합운동장까지 한 시간 정도밖에 안 걸렸다. 요즘은 대중교통편이 좋아 구태여 차를 가져갈 필요가 없다. 생각보다 일찍 도착해 우선 물품보관소에 배낭을 맡기고 곧바로 운동장으로 가 스트레칭 후 10여 분간 워밍업을 했다. 출발 30분 전인 8시경 가져 간 카보샷 한 개를 먹었다.

대학 학창시절 남문옥의 추억을 더듬으며

8시 30분 정각 카운트다운과 함께 백오 리 장도는 시작됐다. 운동장을 빠져나와 시내로 향한다. 역시 마라톤은 도시 한복판을 달리는 맛이 좋다. 아직 공기는 시원한 편이다. 오늘 더위와 싸울 생각을 하니 아찔하다. 나는 오늘 km 당 5분 26초, 5km 당 27분 페이스로 가기

로 했다. 통상 북문이라 불리는
장안문과 남문이라 하는 팔달문
이 지척이다. 학창시절 많이 돌아
다녔던 곳이다. 특히 남문 근처에
는 대학친구들과 즐겨 찾던 남문
옥이라는 막걸리집이 있었다. 아
직도 있나하고 골목길을 들여다
보니 언뜻 안 보인다. 30여 년 전
이니 이제까지 그곳에서 막걸리
를 팔고 있을 리는 만무한 것이다.

팔달문

남문을 지나니 약간 내리막길이다. 속도를 내고 싶지만 그대로 내
페이스를 유지하면서 달려 나간다. 5km 지점이다. 26분대다. 급수대
에 물이 제대로 준비되어 있지 않다. 선수들의 불평이 쏟아진다. 오늘
앞으로 남은 급수대에서 어떻게 물을 마실 지 불안하다. 초반이라 자
원봉사자들이 제대로 준비를 못한 것이었다. 7.5km 지점에서 손목에
지니고 갔던 카보샷 한 개를 먹으니 손이 훨씬 편해졌다. 나는 오늘
그간 착용하던 머리띠도, 또 카보샷을 지니고 가기 위한 벨트도 차지
않고 있다. 모자는 물론이다. 가급적 짐을 줄이기 위함이다. 다만 테
니스용 손목띠만 하고 있다.

벌써 날이 더워온다. 병점 지하차로 사거리를 지나는데 한 할머니
가 더우니까 천천히 가라 한다. 무슨 일이 일어날까 염려스러웠던 것
이다. 긴 언덕이 보인다. 주변은 아파트를 짓느라고 한창 개발 중이
다. 아직 초반이라 언덕 오르는데 별로 힘이 안 든다. 언덕을 올라서
면 내리막이니 잃었던 시간을 그때 만회하면 되는 것 아닌가. 15km

지점에서 게토레이와 함께 초코파이를 하나 집는다. 오늘은 카보샷을 하나밖에 준비하지 못했기에 가급적 주최 측에서 제공하는 것을 먹을 작정이었다.

신령한 기운이 통한다는 영통지구다. 1995년도 수원시로 편입되었다 한다. 대규모 아파트단지다. 수원의 신도시다. 또 언덕이다. 오른쪽에는 경희대학교가 있다. 언덕이 제법 길다. 20km 지점을 향하고 있으니 언덕 오르는 것이 만만치 않다. 4시간대 페이스메이커가 쫓아왔다. 4시간 페이스 치고는 약간 빠른 감이 없지 않다. 고개를 내려오는데 선두가 달려온다. 거의 단독 선두다. 20km 지점이다. 1시간 47분이 경과하고 있다. 나도 이제까지는 제 페이스대로 달리고 있다.

오늘 코스는 반환점이 24km 지점에 있다. 하프를 1시간 55분에 통과했다. 지난주에 비하면 무려 5분이나 차이가 나고 있다. 하프를 지났음에도 불구하고 계속 가고 있으니 힘이 더 든다. 게다가 언덕은 왜 이리 많고 또 긴지. 반환점을 2시간 15분에 지났다. 점차 속도가 느려지고 있다. 언덕 때문이다. 힘이 떨어지면 내리막길에서도 별로 속도를 낼 수 없다. 거기에 이제는 더위가 한창이다. 차들이 모두 창문을 꼭꼭 닫은 것을 보니 에어컨을 켜고 있는 것이리라. 모처럼 일요일 나들이를 이 마라톤 행렬 때문에 잡쳤다고 속으로 투덜대고 있는지 박수는커녕 모두 인상만 쓰고 있다. 간혹 철없는 아이들만이 '아저씨, 파이팅!' 하고 외친다. 고마운 표시로 박수를 쳐주면 좋아라 한다. 역시 애들은 애들이다.

32.5km 지점을 향해 가는데 또 긴 언덕이 우리를 기다리고 있다. 이제는 언덕 하면 질린다. 대체 오늘 몇 개의 언덕을 오르내렸는지 모

발과 마음과 혼으로 달린다

르겠다. 대회 안내 책자에도 풀코스 개념
도만 있을 뿐 고도차가 표시되어 있지 않
다. 신갈 고가차도에서 좌로 급선회한다.
수원 인터체인지에서 시내로 향하는 대로
다. 차하고 사람하고 차선 하나 사이로 같
이 달리고 있다. 더위에 차에서 뿜는 열기
와 매연에 그야말로 숨이 턱까지 찬다.

이종사촌 운식이의 응원을 받으며

원천유원지 입구를 지나 우회전해 월드
컵경기장으로 향한다. 내가 언제 나타나나
학수고대하고 있을 이 동네에 사는 이종사
촌인 운식이를 생각하면서 달린다. 사진
전문가인 그가 좋은 컷을 선사해 준다 했
다. 드디어 월드컵경기장의 위용이 나타난

제2회 경기 마라톤 (2004. 4. 18)

다. 직선 주로를 달리고 있는데 한 아주머니가 시원한 물이 있다면서
건넨다. 정말 시원했다. 이렇게 고마운 분이 있을 수 있을까. 버스 정
류장을 지나는데 운식이가 보였다. 반가웠다. 손에는 사진기가 들려
져 있었다. 나는 언제 힘들었냐는 듯이 멋진 포즈를 취했다. 어떤 사
진이 나올까 궁금하다.

또 긴 언덕이다. 오늘 이렇게 언덕이 많아도 걷지는 않았던 내 자
신이 자랑스럽다. 여기만 오르면 내리막길이란다. 나중에 알고 보니
종합운동장을 향하면서 또 하나의 긴 언덕이 있는 것 아닌가. 종합운
동장 야간조명 시설이 눈에 들어온다. 다 온 것이다. 응원하는 사람도
많아졌다. 대로에서 좌회전하니 운동장이다. 힘이 났다. 이미 오늘 목

표기록은 포기한 지 오래다. 다만 끝까지 최선을 다할 뿐이다. 운동장 트랙을 돈다. 아침에 몸을 풀던 바로 그곳이다. 시상식이 펼쳐지고 있는지 장내 아나운서의 수상자 호명소리가 들려온다. 마지막 50m 직선주로다. 힘껏 달려 양팔을 힘 있게 높이 치켜들고 골인한다. 내 시계는 4시간 14분대를 사리키고 있다. 성취감과 함께 히탈감이 온몸을 감돈다. 정말이지 이 힘든 마라톤을 왜 하는지 모르겠다.

(2004. 4. 18)

청출어람이청어람(靑出於藍而靑於藍)

우리 진달회의 이창덕 고문이 오늘 드디어 일을 냈다. 하프마라톤 개인 최고기록(1시간 44분) 수립과 동시에 대회 출전 불과 다섯 번째 만에 마라톤 사수인 나를 제치고 먼저 골인하는 쾌거를 거두었다. 청출어람이 청어람인 격이다. 칠십에 가까운 연세로는 웬만해서 세우기 힘든 기록이다. 작년 10월에 마라톤에 입문했으니 달리기 세상에 들어온 지 이제 불과 6개월밖에 안 된다. 그럼에도 불구하고 특유의 강건한 체력을 바탕으로 한 꾸준한 훈련 결과 오늘의 위업을 달성했다. 진심으로 축하드린다.

제4회 세종대왕여주마라톤대회다. 4월 들어 연 3주째 계속해서 대회에 출전하고 있다. 그것도 서울을 벗어나 수원, 여주 등 지방으로 원정경기에 나선다. 거의 중독성이다. 많은 사람들이 일상의 단조로움에서 일탈(逸脫)하기 위해 마라톤에 빠진다고 한다. 아마 나도 이제 그런 축에 속하는 것 같다. 대학 학창시절 산에 미쳤을 때 주말이 가까이 오면 암벽등반하는 모습이 눈에 아른거렸듯이 요즘은 도로에서 즐겁게 열심히 달리는 모습을 머릿속에 그리곤 하는 자신을 발견한다.

이른 새벽 잠실운동장을 출발한 전세버스는 한 시간 만에 우리들을 대회장에 내려놓았다. 남한강을 끼고 있는 여주의 공기는 맑고 시원했다. 그래서 우리 선조들은 이곳에 세종대왕, 효종대왕을 모셨는가보다. 쌀과 도자기로 유명한 이곳은 또 명성황후의 생가가 있는 곳이기도 하고 통일신라시대 원효대사가 창건한 것으로 전해지는 국내에서는 보기 드물게 강변에 위치한 천 년 고찰 신륵사도 있다.

자그마한 지방에서 치러지는 대회라 그런지 규모나 운영 면에서 작고 약간 엉성한 면이 없지 않다. 그러나 나름대로 열심히 준비한 흔적이 보인다. 여느 대회에서는 보기 드문 65세 이상 참가자들에 대한 특별상(여주쌀) 시상 등이 그것이다. 우리 이창덕 선배도 당연히 수상했다. 어른들을 깍듯이 모시는 모습이 너무나 보기에 좋다. 날씨도 지난주보다 훨씬 서늘하고 습도도 없다. 컨디션도 괜찮다. 모든 것이 기분 좋은 출발이다.

오늘 목표는 1시간 45분인 하프 개인기록 경신이다. 이를 위해서는 1km 당 5분으로 달려야 한다. 나로서는 쉽지 않은 속도다. 그러나 최선을 다하고자 다짐한다. 주로상에 매 km 당 표시가 잘 되어 있어 페이스 조절하기에 편하다. 이 선배와 앞서거니 뒤서거니 하면서 함께 달린다. 이 선배의 컨디션이 좋아 보인다. 발놀림이 가볍다. 특유의 에너지 경제적인 주법으로 쉽고 편하게 달린다. 오르막에서는 약간 힘드신 듯하지만 평지나 내리막에서는 아주 강하다. 보폭은 짧지만 보속이 빠른 편이다.

하프 반환점을 51분 55초에 돈다. 이제까지 km 당 5분 안쪽으로 달린 셈이다. 괜찮은 기록이다. 이 속도를 후반에도 계속 유지해야 오늘 목표를 이룰 수 있다. 이 선배는 반환점을 돌면서 사신 있다고 한다. 내리막길에서 이 선배의 발놀림이 약간 빨라지는 듯 하더니 나를 앞서기 시작한다. 따라가야 하는데 마음뿐 발이 안 따라 준다. 100m 정도로 점차 간격이 벌어지더니 언제부터인가 시야에서 벗어났다.

오르내리막을 계속하더니 5km 정도 남겨 두고는 평지다. 남한강 변을 따라 달리고 있다. 강을 가로지르는 다리 위, 1km 남은 지점이다. 1시간 43분대다. 기록 경신은 물 건너갔고 다만 1시간 50분을 넘지 않고 골인하는 것이 새로운 목표가 되었다. 결승선이 가까워져서야 사람들의 응원소리가 들린다. 시계를 보니 48분대도 가능할 것 같다. 최선을 다해 결승아치를 통과한다. 1시간 49분 2초의 기록이다. 100m를 평균 31초로 달린 셈이다. 오늘도 무사히 즐겁게 달려 완주한데 대해 감사드린다.

(2004. 4. 25)

봄비 덕에 세운 개인 최고기록

기분 좋은 날이다. 우리 동네 조깅모임인 진달회에서 무려 다섯 명이나 풀코스에 도전해 한 명의 낙오자도 없이 완주한 것이 그 첫 번째 이유고, 우리 중 제일 어른인 이창덕 선배께서 풀코스 도전 불과 두 번째 만에 서브-4를 달성한 것이 그 두 번째, 내가 종전기록을 무려 9분이나 앞당긴 개인 최고기록을 경신한 것이 그 세 번째다.

아침 일찍 일어나 보니 어제 일기예보대로 봄비가 부슬부슬 내리고 있었다. 요즘은 일기예보가 비교적 잘 맞는 편이다. 오늘 같은 날은 예보가 틀려도 괜찮으련만 내 맘 같지 않다. 작년 가을 처음부터 끝까지 비 맞으며 하프를 달린 적은 있지만 비 오는 날 풀코스는 오늘이 처음이다. 그러나 생각보다 달리는 데에는 오히려 양호한 조건이된 것 같다. 비로 몸이 젖고 주로에 물이 고여 거추장스럽기는 했지만 달리는 내내 15~16도로 달리기에는 너무나 적합했다. 만약 날이 좋았다면 정말 땀 꽤 흘렸을 것 같다.

지금부터 만 1년 전 내가 두 번째로 풀코스에 도전한 것이 바로 이 경향마라톤이다. 그날은 더위로 많이 고생한 기억이 새롭다. 오늘, 같은 대회를 두 번째로 달린다. 그간 많은 대회경험을 쌓았고 코스도 잘 알아 자신감을 갖고 오늘 레이스에 임했다. 배번 한쪽 귀퉁이에 3시간 48분짜리 페이스 페이퍼를 달았다. 30km까지는 5km 당 26분의 페이스로, 그 이후는 29분의 페이스로 달려 지난 3월 동아마라톤 기록 경신은 물론 3시간 50분 내 진입을 목표로 했다.

건강 얻고 친구 얻고, 마라톤은 일석이조

이 선배님과 함께 출발선에 나란히 섰다. 30km까지는 가급적 같이 달리고 그 이후는 그때 체력에 따라 각자 알아서 하기로 했다. 출발을 기다리면서 주변에 낯익은 달림이들과 인사를 나눈다. 오늘이 여덟 번째 풀코스 도전이니 이제 마라톤으로 알게 된 사람들도 제법 생겼다. 마라톤을 하면서 단지 건강만 얻는 것이 아니라 사람까지 알게 되니 일석이조가 따로 없다. 작년에는 많은 선수들을 기다리게 한 채 무려 20분이나 지연출발시켜 원성이 자자했는데 올해는 우중에도 불구하고 9시 정시 출발이다. 출발이 산뜻했다.

잠실역 사거리 조금 못 미쳐 누가 아는 척한다. 구햇불 님이다. 업무상 그의 사무실을 방문했다가 우연히 마라톤 사진을 발견하고 그가 3시간 20분내의 마라톤 고수라는 사실을 알게 되어 그 후 더 친밀감을 갖게 되었다. 같은 취미를 갖는다는 것이 이처럼 사람과 사람 사이를 얼마나 더 끈끈하게 하는지 모른다. 달리면서 그로부터 팔을 조금 더 내리라는 자세교정을 받았다. 잘 달리는 비결을 물으니 전반은 호흡에 맞춰서, 후반은 다리에 맞춰 달리고 자기한테 가장 편안한 것이 좋은 자세라 한다. 그러고 보니 그는 아주 율동적으로 가볍게 잘 달리고 있다.

10km 조금 지나서까지 그와 함께 달렸다. 물론 이 선배는 바로 내 옆에 붙어서 달린다. 17km 정도 지나는데 선두가 달려온다. 1시간 27분이다. 정말 멋있게 달린다. 결국 2시간 34분의 기록으로 골인했다고 한다. 차원이 다른 달리기다. 반대방향에서 마주보고 오는 선수들을 보니 게으름 피울 여유가 없다. 하프 반환점까지는 2km가 넘는 곧게 뻗은 오르막이 계속된다. 작년 같으면 더위로 많이 지쳤을 시간대이건만 올해는 비가 더운 몸을 적당히 식혀준다.

효과있는 영양보충식품 섭취

하프 약간 못 미쳐 반환점이다. 1시간 47분에 이 선배와 같이 돌았다. 이제 우리도 내리막길을 달린다. 이 선배의 컨디션이 좋아 보인다. 30km까지 이 선배와 앞서거니 뒤서거니 하면서 같이 달렸다. 기록은 페이스 페이퍼에 있는 그대로인 2시간 37분이다. 마라톤은 이제

부터라고 생각하니 갑자기 컨디션이 괜찮아진
다. 몸이 가볍게 잘 나간다. 앞서 간 선수들을
계속 추월하기 시작한다. 아마도 오늘 매
10km 마다 섭취한 카보샷 덕분인 것 같다. 몸
에 지니고 달리기에는 약간 불편하지만 그래
도 내 기호에 맞는 영양보충식품이 있다는 것
자체만으로도 달리는데 큰 힘이 되는 것 같다.

　35km 지점도 쉽게 통과했다. 5km 당 26분
페이스 그대로다. 바로 앞에 눈에 익은 자세로
한 선수가 달리고 있다. 예의 구햇불 님이다.
오늘 컨디션이 별로인 것 같다. 지니고 있던
미니 초콜릿 한 개를 건네고 앞서 달린다. 비
가 와 연도 시민들의 반응도 시큰둥하다. 오히

제4회 경향신문 서울 마라톤 (2004. 5. 9)

려 바쁜 일요일, 길 막고 마라톤을 하는 사람들을 원망하는 소리가 곳
곳에서 들려온다. 자동차의 긴 경적도 심심치 않게 들린다. 수서역 사
거리다. 경찰이 교통정리 하느라 진땀을 흘린다. 두루두루 민폐를 끼
치는 것 같아 죄송한 마음뿐이다. 시내 한복판을 달리는 선수들은 기
분이 좋지만 그들은 정반대 심정일 것이다.

　학여울역 근처에서 U-턴해 잠실벌로 향한다. 40km를 3시간 33분
에 통과한다. 이 속도라면 오늘 목표인 3시간 48분대는 무난하다. 아
직도 힘이 남아 있다. 종합운동장 트랙이다. 3시간 48분대다. 다행히
결승선이 입구에서 가까이 있다. 48분대에 들어가기 위해 마지막 안
간 힘을 쏟는다. 두 주먹을 불끈 쥐고 결승선을 통과한다. 3시간 49분
대를 가리키고 있었다. 오늘 레이스를 결산컨대, 개인 최고기록 수립

제2장　느꼈노라

이 가장 의미가 있고 무엇보다도 페이스 페이퍼에 있는 거의 그대로 시간을 맞췄다는 점과 전후반의 차이가 거의 없었다는 데에 흡족 한다. 작년 이 대회 기록이 4시간 16분 이었으니 무려 27분이나 앞당긴 셈이 되었다. 아마도 봄비 덕분이었던 것 같다.   (2004. 5. 9)

"팔꿈치에 힘을 주고 달려야 해!"

비가 내릴 것이라는 당초 일기예보와는 달리 더 없이 화창한 봄날이다. 2주일 전 가랑비 속에서 풀코스를 완주하여 오늘 또 비 세례를 받나 했더니 다행이다. 어느 대회에 참가할 때에는 다 그 이유가 있다. 기념품에 눈이 먼다든지, 유명대회이기 때문이라든지, 코스에 대한 호기심 등 그때그때마다 다르다. 오늘은 상암 월드컵경기장 주변 코스를 이제까지 달려본 적이 없어 한번 해보고 싶었던 마음이 동한 경우다. 지난주 각종 저녁모임이 많았고 어제는 늦은 밤까지 대학산악회 관련 행사가 있어 제대로 쉬지 못해 몸은 피곤했지만, 언제부터인가 달리기대회가 있는 날이면 모든 것을 잊고 기분이 한껏 고조됨을 느낀다.

월드컵경기장 역을 빠져나가니 운동장의 위용이 앞을 가린다. 오늘 함께 달리게 되어 있는 칠순의 이창덕 선배는 처음 와 본다 한다. 월드컵경기장을 간만에 보니 만 2년 전 월드컵대회 때의 기억이 새롭다. 통역 자원봉사 하느라 한 게임도 구경하지 못했지만 젊은 자원봉사자들과 함께 일하고, 한국팀이 승리한 날이면 인근 맥주집에서 기분 좋게 한잔 하던 때가 주마등처럼 스쳐간다. 월드컵이 끝난 후에도

발과 마음과 혼으로 달린다

몇 번 연락이 와 만났는데 이제는 소식도 없다. 아마 제일 연장자였던 나만 '왕따' 시키고 젊은 사람들끼리만 모이는 것은 아닐까. 새삼 그들이 다시 한번 보고 싶어진다.

롤러스케이트 갖는 것이 꿈

출발선이 있는 '평화의 공원'은 완전히 축제분위기다. 선수뿐만 아니라 응원 나온 가족들로 발 디딜 틈도 없다. 마침 날도 좋아 온 가족이 돗자리까지 준비하고 피크닉 나온 집도 있다. 간만에 바깥에 나왔는지 즐거워하는 아이들을 보니 내 마음도 동심으로 돌아간다. 나에게는 네 바퀴 달린 롤러스케이트 갖는 것이 꿈이었던 어린시절이 있었다. 그런데 요즘 아이들한테는 무엇이든지 철철 넘쳐나는 세상이 되었으니 정말이지 격세지감을 갖지 않을 수 없다. 아이들이 원하면 부모가 무엇이든지 다 들어주는 요즘 그러한 것이 자녀들 교육에 과연 더 도움이 되는 것일까 하는 생각은 나 혼자만의 염려일까.

출발 한 시간 전에 도착했건만 옷 갈아입고, 짐 맡기고, 화장실 가고, 준비운동 하다 보니 어느덧 출발 5분 전이다. 당초 오늘은 기록을 내기 위해 앞쪽에서 출발하려 했었는데 이미 출발 대기 장소에는 약 3천 명의 선수들로 입추의 여지가 없어 우리는 후미에 간신히 자리를 잡았다. 이렇게 뒤에 있으면 초반 오버페이스도 못하고 달리면서 추월하는 맛도 있으니 어떻게 보면 잘 되었는지도 모른다고 자위를 하면서 출발만을 기다리고 있다.

8시 50분 출발총성과 함께 선수들의 함성이 상암벌을 뒤흔든다. 1시간 40분 기록을 내려면 100m를 28.5초, 1km를 4분 45초, 5km를 23분 45초에 주파해야 한다. 이제까지 대회경험으로 볼 때 초반에 천천히 달려 잃어버린 시간을 후반에 만회하는 것이 얼마나 어려운 것인지 잘 알고 있다. 출발하자마자 3차선 대로로 접어들었지만 많은 선수들로 주로가 복잡하다. 목표달성을 위해서는 초반부터 페이스를 늦춰서는 안 되겠기에 이리저리 선수들 틈새로 빠져나간다.

주최 측인 서울신문사가 나름대로 대회준비를 잘한 것 같다. 그 중 선수들에게 가장 필요한 매 km 별 표지가 제대로 설치되어 있다. 초반 주로 체중에도 불구하고 1km를 4분 30초에 통과했다. 2.5km 지점인 구룡산 삼거리에서 U-턴해 출발지로 오다가 우측 산길로 접어든다. 2시간 페이스메이커는 이미 따돌린 지 오래다. 저 앞에 1시간 45분 페이스메이커 풍선이 보인다. 그들을 따라잡는 것이 다음 목표다. 오르막과 내리막의 연속이다. 4km 지점쯤 되었을까 드디어 1시간 45분 페이스메이커를 앞섰다. 오늘 계획대로라면 이제 이들과는 다시 만나서는 안 되는 것이다. 얼마 안 있어 10km 선두주자가 선도 오토바이를 앞세우고 질주해 온다. 외국인이다. 마치 타조처럼 잘 달린다. 나중에 알고 보니 31분 54초의 좋은 기록으로 결국 우승했다. 5km 지점을 23분 30초에 통과했다. 순조로운 진행이다.

상전벽해(桑田碧海)가 된 난지도

비포장도로가 나온다. 아무래도 이런 곳에서는 제 스피드가 안 난다. 그래도 상태가 양호한 편이라 별 문제없이 비포장도로 구간을 통과한다. 이 선배와는 앞서거니 뒤서거니 하며 함께 달리고 있다. 이 선배는 특히 내리막길에 강하다. 내리막이 오르막길보다 쉬운 것은 사실이지만 잘 달리는 것과는 별개의 문제다. 초행길이라 그런지 하나도 지루하지 않다. 오히려 산길을 따라 이리저리 도니 그 변화에 재미가 더하다. 주변은 온통 녹색이고 이름 모를 나무에서 풍기는 꽃향

기가 코를 즐겁게 해준다. 불과 십수 년 전만 하더라도 쓰레기 매립장이던 이곳 난지도가 이렇게 많은 사람들이 모여 즐기는 공원이 되었으니 상전벽해가 따로 없다.

산을 한 바퀴 돌고 내려오니 다시 아까 출발했던 평화의 공원이다. 앞에 10km 표지가 보이기에 지니고 가던 카보샷 한 개를 먹었다. 이제 대회 때마다 없어서는 안 될 나의 에너지 보충원이 되어 버렸다. 10km를 48분에 통과했다. 평지만이 아닌 고도차가 제법 있는 언덕까지 포함되어 있는 주로를 달린 것 치고는 양호한 기록이다. 지금까지는 잘 가고 있다. 그리고 앞으로는 한강변으로 나가게 되니 더 이상 심한 오르막이 있을 것 같지 않아 안도가 된다.

약간 방심한 탓일까. 갑자기 속도가 약간씩 떨어짐을 느낀다. 강변북로로 진입하는 난지 인터체인지 위를 지난다. 그야말로 장관이다. 형형색색의 마라톤복이 주변 풍광과 너무나 잘 어울린다. 컨디션이 좋아 보이기에 이 선배께 앞으로 치고 나가라고 주문한다. 20m 쯤 뒤에서 그를 바짝 쫓아간다. 그런데 13km 지점 체크포인트에 설치되어 있는 두 개의 매트를 이 선배가 그냥 지나치는 것이 아닌가. 보통 일이 아니다. 아마도 조금이라도 빨리 좌회전 하기 위해 가장자리로 가는 바람에 미쳐 못 본 모양이다. 결국 이 선배는 이 실수로 공식기록에서 실격되고 말았다. 내가 보조를 맞춰 함께 달렸다면 이런 일은 없었을 텐데 후회막급이다.

15km를 1시간 13분에 지나갔다. 예정보다 2분 정도 처졌다. 분발해야 되겠다고 굳게 마음먹어보지만 발이 제대로 안 움직여준다. 잠시 후 17.5km 지점에서 반환해서 돌아오는 앞선 주자들과 마주친다.

그들도 힘들기는 마찬가지인 듯 대부분 표정이 일그러져 있다. 반환점을 도니 맞바람이 분다. 시원하다. 힘이 갑자기 솟는다. 속도를 내본다. 많은 선수들을 앞지른다. 19km 지점이다. 그간 안 보이던 1시간45분 페이스메이커가 등 뒤에 바짝 따라왔다. 이들에게 뒤처지면안 된다는 생각에 더 힘을 내본다. 그러는 사이 이제까지 앞서 가던이 선배와 합류했다. 좀 지쳐 있었다. 페이스메이커의 풍선과 헤딩을하며 달리고 있다. 잘 달리는 사람들의 달리는 자세를 배우며 부지런히 따라가고 있다.

마지막 1km다. 1시간 38분이 경과되고 있다. 오늘 목표달성은 이루지 못하겠지만 그간 개인기록인 1시간 44분은 경신할 수 있을 것같았다. 응원소리가 요란하다. 발걸음이 가볍다. 왜 진작 힘을 더 안쏟았는지 후회스럽다. 페이스메이커가 등 뒤에서 내 이름까지 부르며성원하고 있다. 결승선이 보이는 마지막 100여 m 직선주로다. 1시간42분대로 들어가려고 전력을 다 한다. 1시간 45분 페이스메이커들을뒤로하고 결승선을 통과한다. 내 시계는 1시간 43분대를 가리키고 있다. 페이스메이커들에게 감사의 인사를 한다. 그들도 내 마지막 스퍼트가 인상 깊었다고 한다. 10여 초 후 이 선배께서 약간 지친 모습으로 들어오셨다. 우리 둘 모두 개인기록을 경신하는 순간이었다.

81세 최근우 옹의 달리기 예찬

전철역으로 향하는데 이 선배께서 앞에 가던 운동복을 입으신 한어르신께 연세를 묻는다. 나중에 알고 보니 오늘 참가자 중 제일 고령인 81세의 최근우 옹이다. 지금부터 27년 전인 55세 때 중병을 앓고난 후 살기 위해 시작한 달리기란다. 그 후 이제까지 한 번도 병원신세를 진 적이 없다고 달리기 예찬에 열을 올린다. 그는 58세 때 10km

를 35분에 달렸고, 60대에 서브-3를 했을 정도로
달리기 고수다. 79세 때인 2002년 동아마라톤에
서는 풀코스를 완주했으며 요즘도 매일 5km를
달린다고 한다. 그에게 달리기 비결에 대해 가르
침을 달라고 매달리니 한 수 가르쳐 주신다. "팔
꿈치에 힘을 주고 팔을 앞뒤로 흔드세요." 바로
이런 것이 '깨달음'일까. 이제까지 팔을 앞뒤로 힘
있게 흔들라는 말은 많이 들었지만 팔꿈치에 힘
을 주라는 것은 처음이다. 같은 말이겠지만 이 얼
마나 머릿속에 쏘옥 들어오는 가르침인가. 마치
'족집게 과외' 받은 듯한 느낌이다. 나는 연신 고
맙다는 인사말과 함께 다른 것 하나 더 달라고 졸

제3회 서울신문 하프 마라톤 (2004. 5. 23)

랐다. "평지에서는 보폭을 힘닿는 한 넓게 벌리
고, 오르막과 내리막에서는 좁게, 그렇지만 빨리 발을 놀리세요." 세
월의 흐름은 어찌할 수 없는지 오늘 10km를 1시간 7분에 달렸다 한
다. 한창 때보다 거의 두 배 정도 걸린 셈이다. 오래오래 건강하시라
는 덕담을 뒤로하고 우리는 활짝 웃으며 전철역에서 헤어졌다.

(2004. 5. 23)

하프 완주로 딸과의 약속 지킨 박영숙 파이팅!

한강철교 밑이다. 눈에 많이 익은 한 여성주자의 모습이 시야에 들
어온다. 드디어 만난 것이다. 반갑게 아는 체를 해도 별 표정이 없다.
물 마시겠느냐 해도 도리도리 고개만 젓는다. 만사 귀찮고 말할 기운

도 없는 모양이다. 걷는 것보다 더 느리다. 그렇지만 폼만은 달리는 자세다. 아마도 달리기대회에서 걷는 것은 반칙이라는 관념 때문일 게다. 걷지 않고 쉼 없이 달리는 모습이 아름다운 경지 그 이상이다.

걷지는 않겠다

지금부터 1년여 전인 작년 4월, 내 권유로 10km 대회에 처녀 출전해 완주했던 박영숙 여사다. 그 후 몇 차례 10km 대회에 참가해 완주했고 오늘 처음으로 하프를 달리고 있는 것이다. 매일 아침 조깅을 하면서 체력을 꾸준히 키워 온 결과 오늘 이렇게 하프에 도전하고 있다. 골인 지점까지 앞으로 남은 거리는 약 2.5km. 얼마 남지 않았다고도 할 수 있지만 그리 간단한 거리는 아니다. 시간은 속도의 함수이기 때문에 이런 속도로는 언제 도착할지 모르겠다.

박 여사와 나는 아까 내가 반환점을 돌고도 한참 지나서야 서로 마주쳤다. 그때 이미 박 여사 뒤에 달리는 주자는 거의 없었다. 그렇지만 달리는 자세는 그때나 지금이나 거의 같다. 페이스 조절을 나름대로 잘 하고 있는 것이다. 오직 걷지 않고 완주하는 것만이 오늘의 지상목표라고 생각하는 것 같다. 이것이야 말로 우리 같은 아마추어 달림이들이 달리기를 하면서 추구해야 할 정신이 아니겠는가.

느린 속도지만 시간이 흐르다 보니 어느덧 63빌딩도 지났다. 이제 1km 남았다. 운동장 두 바퀴만 돌면 된다고 하니 발걸음이 조금 빨라지는 것 같다. 한강 둔치에 휴식을 취하러 나온 사람들이 힘내라고 박수 쳐준다. 여기까지 무려 20km를 달려온 데 대한 격려이리라. 골인점이 바로 앞에 보이는데도 얼마나 남았느냐고 물어본다. 그야말로 비몽사몽 상태인 것이다. 마침내 두 팔을 높이 치켜들고 결승선을 통과한다. 자신도 믿겨지지 않는 듯한 표정이다. 드디어 하프마라톤이라는 큰 산을 넘은 것이다.

딸과의 약속

결승선에서 기다리고 있던 우리 진달회 회원들과 박 여사의 여동생이 반갑게 맞는다. 기어코 해 낸 것이다. 나중에 알고 보니 오늘 이렇게 포기하지 않고 완주하게 된 데에는 미국에서 공부하고 있는 딸과의 약속이 있었던 것이다. 박 여사가 딸에게 네가 UCLA에 입학하면 엄마가 하프를 완주하겠노라고 했는데 얼마 전 딸이 원하던 대학에 입학하게 되었다 한다. 딸과의 약속을 지켜야겠다는 엄마의 집념이 오늘 처음으로 하프를 완주하게 한 원동력이었던 것이다.

오늘 우리 진달회에서는 다섯 명이 하프를, 한 명이 10km를 완주했다. 열 명도 안 되는 회원인데 그중 절반 이상이 참가한 것이다. 이렇게 한동네 이웃들이 같은 취미를 통해 어울리면서 사는 모습이 얼마나 좋은가. 옛날 같으면 으레 당연시되던 우리 고유의 풍습이 점차 사라져가는 것이 너무나 안타깝다.

이창덕 선배와 나는 1시간 40분 벽 돌파를 목표로 삼았다. 오늘 코스는 이제 눈 감고도 훤한 곳이기도 하거니와 올 상반기를 결산하는 의미도 있기 때문이다. 자신들의 최고기록에서 3분 이상을 단축시키는 것이 그리 간단한 일은 아닌 줄 알지만 그래도 최선을 다하고자 다짐해 본다. 아마도 오늘 낮 기온이 최대변수일 게다. 다행히 하늘은 약간 흐려있다. 어림짐작으로 1,500명 정도 참가한 것 같다.

출발은 좋았다. 1km를 4분 20초로, 5km를 23분대로 통과했다. 낮

익은 주로지만 시야에 비치는 경관은 계절마다 사뭇 다르다. 항상 새로운 그 무엇을 제공해 준다. 그래서인지 전혀 지루하다는 생각이 안 든다. 이 선배와 나는 서로 앞서거니 뒤서거니 하면서 달린다. 반포대교를 눈앞에 둔 7km 지점, 서울마라톤클럽 본부가 있는 곳이다. 박영석 회장을 비롯해 많은 회원들이 달리는 우리들에게 박수를 보낸다. 그 덕에 힘이 더 나는 것 같다.

벌써 선두 선도차가 온다. 오늘도 42분대에 선두를 만난다. 두 선수가 함께 달린다. 굉장한 스피드다. 나중에 알고 보니 1시간 13분대의 기록으로 둘이 1초 차이로 1, 2위를 했다. 벌써 반환점을 돌아오고 있는 달기기 고수들의 자세를 벤치마킹해본다. 역시 그들은 일반적으로 보폭이 넓고 팔 움직임이 힘차다.

배고프면 못 달린다

동호대교 지나 약간 오르막 지점이 반환점이다. 이 선배와 함께 51분으로 통과한다. 우리 진달회의 박경수 회원도 바로 뒤따라 돌았다. 한 3분쯤 지났을까 진종근 회장도 달려오고 있다. 진 회장은 잘하면 오늘 목표인 2시간 벽을 넘을 것 같다. 날도 더워져 오늘 목표는 이루지 못하겠지만 개인기록은 세울 수 있을 것 같다. 아까 10km 지점에서 카보샷 한 개를 섭취해서인지, 아니면 아침을 나름대로 잘 먹고 나와서인지 배는 든든하다. 달리기는 배고프면 안 된다는 서울마라톤클럽 박 회장의 지론이 생각난다.

열심히는 달리고 있는 것 같은데 왠지 km 당 구간기록이 목표에 못 미친다. 날이 더운 것도 있지만 아마도 바로 엊저녁 양재천에 나가 10km를 달려 아직 다리근육이 피로한 상태인 것 같다. 10km 정도는 괜찮을 것이라 생각했는데 아닌 것이다.
힘이 들 때마다 팔꿈치에 힘을 주고 열심
히 팔치기를 하면서 달리니 집중도 잘되
고 좀 나아진다.

　동작대교를 지나 올림픽대로 밑 그늘
진 곳으로 들어왔다. 여름이면 특히 기다
려지는 구간이다. 이제 4km 남짓 남았다.
바로 뒤에서 달려오고 있는 이 선배도 어
제 나와 함께 10km를 달렸던 탓인지 오
늘 컨디션이 여느 때와 달리 별로인 것 같
다. 20m쯤 앞에서 달리고 있는 자세가 좋
은 어떤 선수를 목표로 달린다. 허연 종아
리를 드러내놓고 달리는 것을 보니 연습
도 많이 한 선수 같지 않은데 좀처럼 간격이 좁혀지지 않는다.

배번 4094 이창덕 선배와 함께,
제5회 철의 날 기념 전국 하프 마라톤 (2004. 6. 6)

　63빌딩 앞 골인 1km 지점을 지나는데 이 선배가 갑자기 '파이팅'
하며 외친다. 나는 이제 1km 남았으니 서로 힘내자고 하는 줄 알았는
데 그게 아니라 우리 앞에서 여유 있게 걷고 있는 부인을 응원하는 소
리였다. 오늘 10km에 참가했는데 이제 우리와 같이 들어오고 있는
것이다. 얼마 전까지만 해도 100m도 못 달릴 정도였는데 오늘 10km
에 도전해 이제 결승선을 얼마 안 남겨 두고 있으니 그야말로 장족의
발전을 한 셈이다. 인간의 잠재능력은 정말 무한한 것 같다.

마라톤은 정직한 운동

　골인지점이 보인다. 마지막 스퍼트를 한다. 얼마나 기다렸던 순간

이던가. 바로 이 순간을 맛보기 위해 오늘도 열심히 달렸던 것 아닌
가. 두 팔을 높이 치켜들고 결승선을 통과한다. 1시간 44분대다. 더운
날씨와 다리가 약간 무거웠던 점을 감안하면 만족할만한 기록이다.
이제 하프는 1시간 45분 안쪽에서 안정적으로 달릴 수 있을 것 같다.
지난 1~2년 동안 땀 흘린 내가인 것이다. 뿌린만큼 거두는 징직한 운
동이 바로 마라톤이라고 생각한다.   (2004. 6. 6)

함께 달리면 더 즐거운 마라톤

강남마라톤클럽에서 참가하는 단체전 하프대회가 있다고 했지만
그냥 남의 일로만 생각하고 있었다. 언제 어떻게 하는 것인지도 몰랐
다. 그러다가 우연한 기회에 클럽 홈페이지에 들어갔더니 당초 출전
선수가 사정상 불참하게 되어 선수 충원을 하고 있었다. 1시간 30분,
1시간 40분, 1시간 50분 이내 등 세 종목이었다. 1시간 43분의 내 최
고기록으로는 선택하기가 좀 애매했다. 50분 팀으로 달리자니 긴장
감이 떨어지고, 그렇다고 40분 팀은 내 능력 밖이라 망설이다가 용기
를 내어 40분 팀으로 달리고 싶다고 했더니 김용수 팀장이 쾌히 승낙
해 주었다.

그때부터 걱정이 되었다. 우리 '꿈' 팀 일곱 명 중 꼴찌를 해서는 안
될 것 같았다. 걱정만 하면 무엇하랴. 이를 잊기 위해서라도 열심히
훈련하기로 마음먹었다. 매일 하던 아침 조깅은 그대로 하고 주말에
하던 LSD는 스피드를 향상시키기 위해 인터벌로 돌렸다. 매주 일요
일 새벽 조깅 회원들과 함께 잠실보조경기장에서 '야소800' 프로그램

에 따라 훈련을 했다. 네 번밖에 안 했지만 매주 기록이 향상되면서 전보다 점차 스피드에 자신감이 생겼다. 앞으로도 가을 시즌에 대비해 꾸준히 횟수를 늘려갈 예정이다.

러너는 비에 젖지 않는다

태풍 '민들레'의 여파로 이른 아침부터 비가 부슬부슬 내린다. 태풍의 이름이 재밌다. 민들레 씨처럼 가볍고 부드럽게 불어달라는 의미란다. 이름 덕인지 다행히 우리나라에는 별 피해 없이 지나갔다. 달리기를 하면서 비 맞는 것에 대해 상당히 무뎌졌다. 하기야 누가 '러너는 비에 젖지 않는다' 라고 한 말이 기억난다. 땀으로 젖으나 비로 젖으나 어차피 젖을 바에는 비 맞는 것을 두려워할 필요가 없다는 말이다. 며칠 전부터 오늘 비가 올 것이라는 예보가 있어서 오늘은 으레 비 맞으면서 달릴 마음의 준비가 되어 있었다.

여의도 야외음악당 옆 강남마라톤클럽 본부 텐트에는 벌써부터 오늘 출전할 선수들과 응원부대로 발 디딜 틈이 없고 달리기 얘기로 시끌벅적하다. 언제나 보면 활력이 넘치는 모임이다. 오늘 같은 팀에서 함께 달릴 이제관 회원이 내 배번을 챙겨준다. 스트레칭과 워밍업을 겸해 간단하게 러닝을 한 후 팀원들과 서로 인사를 나눈다. 김용수 팀장을 비롯하여 김종수, 송영기, 이제관, 인병학, 최민혁 회원이 오늘 함께 달릴 선수들이다. 그동안 각종 대회 때마다 만나 얼굴이 눈에 많이 익은 강마의 열성회원들이다. 간단한 작전회의 끝에 우리는 오늘 서로 각자 자기 컨디션에 맞게 달린 후 결승 200여 m 앞에 있는 선착장 매표소 앞에서 만나 함께 골인하기로 했다.

미치지 않고는 못할 짓

언제부터인지는 몰라도 달리기 초기와는 달리 이제는 출발선에 서도 긴장되지 않고 오히려 오늘 있을 레이스를 그려보며 가볍고 즐거운 마음으로 출발을 기다리게 되었다. 비가 이렇게 내리는데도 무엇이 그리 좋은지 신수들 얼굴은 모두 밝다. 자기가 좋으니까 하는 것이지 누가 시켜서 하라면 하겠는가. '미쳐야 미치고 미치지 않고는 못미친다'는 말대로 바깥 사람들의 눈에는 모두 미친 사람들의 모습 그자체일 거다.

오늘 목표인 1시간 40분에 들어오기 위해서는 역으로 100m를 28.4초, 1km 4분 44초, 5km 23분 40초 페이스로 달려야 한다. 결코 간단치 않은 스피드다. 동료 중 이제관 회원은 km 당 페이스 차트를 만들어 손목에 차고 있다. 대단한 성의다. 좋은 아이디어다. 왜냐하면 5km 당 페이스 차트는 웬만큼 훈련이 되지 않고서는 그 속도를 유지하기가 쉽지 않기 때문이다. 나도 앞으로 한번 시도해 볼 생각이다.

고마운 비

주로는 온통 물구덩이다. 작년 가을 이곳 여의도 한강변에서 있었던 어느 대회에서도 출발해서부터 들어올 때까지 비 맞고 달린 적이 있어 오늘은 아예 물구덩이와 처음부터 친해지기로 했다. 이리저리 피해 봐야 힘만 들고 어차피 나중에 다 젖는 것은 마찬가지라는 것을 그때 알게 되었다. 그렇게 생각하고 달리니 비가 오히려 내 몸을 식혀주는 고마운 존재로 바뀌었다. 무엇이든지 자기가 생각하기 나름인 것 같다. 심지어는 암도 그렇다 한다. 암 환자도 암을 자기가 물리쳐야 할 적(敵)으로 생각하지 않고 나를 찾아 온 친구로 대할 때 더 잘 다스려진다고 한다.

발과 마음과 혼으로 달린다

출발하자마자 김종수 회원이 우리 중 선두로 나섰고 그 뒤로 인병학, 이제관, 송영기 회원이 한 그룹, 그리고 최민혁 회원, 김용수 팀장과 내가 따로 한 그룹으로 달리고 있다. 달리기는 혼자 해도 좋지만 이렇게 함께 하면 더 좋은 것 같다. 어느덧 동작대교 5km 지점이다. 24분이 채 안 되어 통과했다. 제 속도다. 몸이 약간 풀린 듯 하고 또 후반에 속도가 떨어지는 것을 감안해 앞에 있는 이제관, 송영기 회원과 합류하기 위해 속도를 좀 더 내본다.

41분이 지날 무렵 선두그룹이 달려온다. 35분경에 반환점을 돌았을 것 같다. 그들의 롱 스트라이드(long-stride) 주법을 흉내 내어 달려본다. 그러나 얼마 못 가고 만다. 그들은 체력이 뒤받쳐 주기 때문에 그러한 주법이 가능한 것 같다. 48분에 동호대교 약간 못 미쳐 있는 10km 지점을 통과했다. 다리 지나 오르막길을 조금만 가면 반환점이다. 이 한강변 주로는 이제 하도 많이 달려 거의 눈감고도 갈 수 있을 정도가 되었다. 반대방향에서 달려오는 강마의 우리 팀 선수들과 서로 격려를 한다. 큰 힘이 된다. 50분에 반환점을 돌았다.

우려가 현실로

13km 정도 지났을까 누가 뒤에서 빠른 속도로 접근하는 것 같더니 내 이름을 부르며 '힘~'을 외친다. 김용수 팀장과 최민혁 회원이다. 당초 내 우려가 현실로 나타난 것이다. 어느 정도 같이 달리다가 최민혁 회원이 앞으로 나간다. 김용수 팀장은 옆에서 내 속도에 맞춰 달리고 있다. 김 팀장이 앞으로도 7, 8km나 남았으니 무리하지 말고 내 페이스를 유지하라고 조언한다. 최민혁 회원이 바로 앞에 있는데도 그를 못 따라 가겠다. 하프대회에서 내가 가장 힘들어 할 때가 바로 이 13~18km 구간이다.

63빌딩이 코앞에 버티고 있다. 2km 남았다. 좀 힘이 나는 것 같다. 앞에 가던 최민혁 회원을 따라 붙어 김 팀장과 셋이 함께 달린다. 시계를 보니 오늘 목표는 물 건너갔다. 혹시 내 개인 최고기록을 세울까 해서 열심히 최선을 다해 달린다. '최선을 다했다면 그가 바로 챔피언'이라는 말이 있지 않은가. 만나기로 했던 선착장에 거의 다 왔다. 먼저 도착해 있던 김종수, 이제관 회원이 우리를 마중 나왔다. 그들에게 미안한 마음이다. 선착장에서 일곱 명 모두 만나 일렬횡대로 결승선을 향해 힘차게 달린다. 오늘 대회의 하이라이트다. 일제히 손잡고 골인하는 포즈를 취했다. 1시간 43분 32초의 기록이다. 단체참가 20개 팀 중 12위를 했다. 우중(雨中) 단체전, 기억에 남을 한판이었다.

(2004. 7. 4)

50km, 마라톤의 벽을 넘어서

마치 수능시험을 며칠 앞둔 대입수험생이 가질만한 긴장과 초조감 같은 것이라 할 수 있을까. 이제까지 풀코스만 여덟 번 정도 가까스로 완주한 내가 '50km Over the Marathon'을 신청해 놓고 대회 직전까지 지녔던 심정이다. 게다가 지난 7월 중순 폭우로 양재천 주로가 물에 잠기는 바람에 대회가 한 달 정도 늦춰져 긴장의 끈은 더욱 팽팽하게 당겨져 있었다. 그렇지만 이번 대회를 앞두고, 또 돌아오는 가을 시즌을 맞아 주어진 훈련 프로그램에 따라 나름대로 연습은 하고 있어 '준비된 달림이'라는 자부심은 갖고 있었다. 한낮 기온이 사람의 체온 정도를 오르내리는 무더위가 연일 계속되더니 아침부터 시원한 비가 내린다. 그렇게 고마울 수가 없다. 폭염을 피해 오후 5시에 출발한다고

하지만 그 시간에도 '찜통더위'의 잔열이 사람을 완전히 녹초를 만들
게 하는 요즈음이다.

오직 달리고 싶은 강한 열정으로

출발 20분 전쯤 됐을까, 전혀 예기치 않았던 일이 일어났다. 매일
아침 함께 운동하는 우리 진달회의 이창덕 선배께서 부인과 함께 대
회장에 나타난 것이다. 오늘 오전 잘 달리라는 격려전화를 주시면서
밤 10시경 내가 도착할 시간에 맞춰 마중 나오시기로 했는데 출발 전
에 오신 것이다. 그러더니 갑자기 동행한 부인께 오늘 50km에 도전
하고 싶다는 의사를 표하시는 것이 아닌가. 갑자기 허를 찔려 긍정도
부정도 하지 않고 잠자코 있는 부인의 얼굴을 살피더니 승낙이 떨어
졌다고 판단하신 듯 그길로 달릴 채비를 한다.

결정은 순간적으로 이루어진 것이지만 그때까지의 과정은 상당히
길다. 내가 신청할 때부터 함께 도전하고 싶었는데 부인을 비롯해 가
족들의 반대가 워낙 심해 그만 아쉽게도 포기하였다. 아무리 철인(鐵
人) 같은 분이시만 칠순의 연세인지라 나도 완주를 자신할 수 없는 상
황에서 함께 달리자고 권유 내지는 강요할 입장이 안 되었다. 그러던
것이 오늘 아침부터 부인의 눈치를 보다가 달릴 준비를 갖춘 채 일단
대회장으로 나오신 것이다. 그리고 이 더운 날 인간의 한계에 도전하
는 많은 건각(健脚)들을 보면서 그만 달리고 싶은 마음이 가슴속으로
부터 치솟아 오른 것이다. 마라톤의 벽을 넘기 위해 어차피 거쳐야 할
과정이라면 한 살이라도 더 들기 전에 해보자는 심산(心算)이었을 것
이리라.

부단히 도전하는 삶이 아름답다

사람이 운명(殞命)할 때 일반적으로 일생을 살면서 해 본 것에 대해서는 그것의 성공여부를 떠나 후회하지 않으나 해 보지 못한 것에 대해서는 많은 회한(悔恨)을 남긴다고 한다. 나도 어떠한 것이든 그것이 합법적이고 윤리적인 것이라면 안 해 볼 이유가 없다고 생각한다. 무엇이든지 도전하는 자에게 그만큼 많은 성공의 기회가 있게 마련 아닌가. 홈런타자도 자기가 친 홈런수보다도 삼진 당한 횟수가 더 많다고 한다. 삼진이 두려워 배트를 휘두르지 않는다면 그냥 서서 아웃 당하고 말 것이다. 그리고 투수견제구가 두려워 일루에서 발을 떼지 않으면 이루로 진루할 기회는 그만큼 적어질 것이다.

나는 이 선배님이 달리겠다고 결정한 그때부터 바빠지기 시작했다. 우선 배번과 칩을 구하는 것이 급선무였다. 왜냐하면 장거리 달리기의 경우 그것들이 심리적으로 미치는 효과는 대단하기 때문이다. 주최 측에 사정을 얘기하니 하나 배려해 주었다. 부랴부랴 준비를 마치니 출발 카운트다운이 시작되었다.

나는 오늘 당초 4시간 40분 완주를 목표로 하고 있었다. 100m 34초, 1km 5분 40초, 5km 28분 20초, 10km 56분 40초의 속도다. 도전해 볼 만한 목표라고 생각했다. 그러던 것이 갑자기 이 선배께서 달리게 되는 바람에 목표수정이 불가피했다. 게다가 출발 전 이 선배 부인께서 나에게 나지막한 목소리로 함께 들어와 달라고 부탁하는 것이 아닌가. 그렇다. 내가 20~30분 혼자 먼저 골인하는 것이 무슨 의미가 있는 일인가. 그보다는 50km라는 장거리를 두 사람이 함께 적당한 시간에 완주하는 것이 더 바람직한 일이라고 판단했다. 왜냐하면 목표가 없으면 마냥 처질 수 있기 때문이었다. 오늘 목표는 이 선배와 동반주하면서 5시간 내에 함께 결승선을 통과하는 것이다.

레이스 = 페이스

드디어 출발이다. 날은 무덥다. 지열도 만만치 않다. 양재천은 휴일을 맞아 운동하거나 놀러 나온 사람들로 북적인다. 오늘 코스는 영동5교를 출발해 서쪽으로 영동1교까지 갔다가 다시 5교 쪽으로 돌아서 탄천을 지나 한강을 따라 여의도 야외음악당을 왕복하는 것이다. 50km라 하면 서울에서 수원 가는 것보다도 먼 거리로 차로 가도 한참을 가야하는 결코 짧지 않은 거리다. 그래서인지 풀코스 때보다 선수들의 초반 발놀림이 여유가 있다. 레이스(race)는 페이스(pace)라는 황영조 감독의 말처럼 장거리에서 초반에 섣불리 페이스를 높이면 후반에 그 이상으로 힘들어진다는 것을 다 아는 사람들이다.

그래도 벌써 영동1교를 돌아오는 선두그룹은 힘차게 질주하면서 양재천을 빠져나간다. 출발했던 영동5교 건너편을 통과하는데 파이팅 하라는 주최 측인 강남마라톤클럽 진행자의 격려 멘트가 양재천을 타고 흐른다. 한여름에 펼쳐지는 오늘 레이스의 최대 관건은 급수다. 여느 대회처럼 매 5km마다 급수대가 설치되어 있지 않다. 탄천과 한강이 만나는 청담대교 근처, 한남대교 밑, 그리고 여의도 반환점 등 세 군데만 마련되어 있다. 각 급수대에서 적당히 급수와 영양보충을 해야만 한다.

첫 급수대 10.5km 지점을 56분에 통과한다. 예정된 속도다. 다음 급수대는 여기서부터 5km 남짓 떨어진 한남대교에 있는만큼 물을 적당히 마셨다. 나는 오늘 별도로 허리춤에 카보샷 네 개를 준비했다. 뉴질랜드에 계시는 우리 대학산악회의 정계종 선배께서 직접 보내 주

신 것이다. 이 중 하나를 먹어둔다. 한강에 나오니 양재천, 탄천 주로
보다는 넓지만 인라인스케이터와 자전거 타는 사람들이 많아 안전에
신경이 쓰인다. 자전거보다는 아무래도 제동장치가 제대로 되어 있지
않은 인라인이 더 위험한 것 같다. 최근 젊은 사람들을 중심으로 동호
인들이 급속히 증가하고 있으나 거기에 상응하는 안전대책이 뒤따르
지 못하고 있는 실정이다. 평소 일산호수 변에서 훈련하고 있는 한 선
배의 한강에서는 겁이나 못 달리겠다고 한 말이 생각난다.

한강주로, 안전대책 시급

이 선배의 컨디션이 썩 좋아 보이지 않는다. 전반이라 웬만하면 나
와 함께 보조를 맞춰 달릴 터인데 조금씩 처진다. 더위도 더위려니와
아마도 50km라는 장거리에서 오는 중압감 때문이리라. 하기야 어느
통계를 보니까 우리나라 인구 4천 7백만 명 중 마라톤 완주자가 약
4~5만 명이라니 인구 1천 명 당 한 명 정도만이 마라톤을 완주하는 꼴
이다. 3만 명이 운집한 잠실야구장 관중 중 불과 30명 정도라는 얘기
다. 그런데 오늘 50km는 그 보다도 8km나 더 달려야하니 심리적인
무게는 그만큼 더한 것이다.

한남대교 급수대에서 물을 많이 마신 것도 모자라 여의도까지 물
없이 갈 일이 걱정돼 500ml 생수 한 병을 손에 들었다. 중간 중간 km
당 래프타임을 재보니 5분 32초 정도다. 괜찮은 속도다. 이대로 가면
당초 내가 계획했던 4시간 40분도 무난히 이룰 것 같다. 들고 가던 물
을 반포대교 건너기 전 주차장 옆 숲 속으로 던졌다. 나중 돌아올 때
를 생각해 소위 '데포'(depot)해 둔 것이다. 땀을 많이 흘려 탈수현상
이 나면 사람을 얼마나 극한 상황으로 몰고 가는가를 몸소 여러 번 체
험했기 때문이다.

발과 마음과 혼으로 달린다

동작대교 20km 지점도 1시간 48분에 통과한다. 출발한 지 2시간이 가까워 오니 벌써 7시라는 얘기다. 더위는 한풀 꺾였고 사위(四圍)는 어스름이 깔리기 시작한다. 선두가 돌아 올 시간이 됐는데 아직 시야에 들어오지 않고 있다. 드디어 여의도까지 3km 남은 지점. 선두 두 명이 바람같이 왔다가 사라져간다. 대단한 달림이들이다. 2시간 경과 시점이다. 이제 여의도까지 3km. 얼마 안 남았다. 게다가 올림픽대로 확장공사를 하면서 절로 지붕이 만들어진 주로라 항상 그늘이 져있어 특히 여름철에는 달림이들에게 인기가 좋은 구간이다.

야외음악당이 반환점인 줄 알았는데 그보다 약 100m 전방에 있다. 생각했던 것보다 가까이 있어서인지 시간을 많이 번 듯한 느낌이다. 출발한 지 2시간 20분이 지났다. 이 선배님과 각종 음료, 초코파이, 바나나 등으로 허기를 채우느라 5분 가까이를 흘려보냈다. 이 선배께서 약간 기운이 돌아온 듯 하다. 다행이다. 이대로 가면 충분히 5시간 안에 들어갈 수 있다고 힘을 북돋운다. 마라톤은 30km부터이니 일단 동작대교까지 앞으로 5km는 더 가야 그때부터 시작인 셈이다. 이제까지 온 거리만큼 돌아갈 생각을 하니 까마득하다.

생명수 같은 물

다시 동작대교로 오니 날은 이미 어두워 시계 보기도 힘들다. 가로등 불빛을 통해 가까스로 볼 수 있을 정도다. 초반 오버페이스를 안한 덕인지, 최근 달리기 자세 중 팔놀림 동작을 고쳐서인지, 아니면 카보샷 덕택인지 아직까지 힘이 많이 남아있고 컨디션도 괜찮은 편이다. 아까부터 이 선배님과는 10여 m 간격을 두고 내가 앞장서 달리고 있다. 힘이 많이 부치시는 것 같다. 어느덧 반포대교도 지나 아까 물을 숨겨둔 곳까지 왔다. 숲 속을 뒤지니 처음 상태 그대로 물이 들어있다.

이 선배님과 한두 모금씩 나누어 목을 축였다. 마치 생명수 같았다.

성수대교를 지나 영동대교를 향해 오는데 이 선배님이 갑자기 걷기 시작한다. 아! 드디어 올 게 왔구나 생각하며 왜 그러시냐고 물으니 입으로 들어간 파리 한 마리를 뱉기 위해 호흡을 조절하느라고 섰는데 그만 다리에 쥐가 약간 났다 한다. 뒤로 걸으면 쥐 날 때 효험이 있다는 말이 있어 10여 m 뒤로 걷게 하니 좀 나아졌다. 아직 10km도 더 남았는데 지금부터 걸으면 언제 도착할지 알 수 없었는데 그나마 다행이다.

탄천 입구 마지막 급수대에 오니 강마클럽의 반가운 얼굴들이 우리를 맞이한다. 내가 이 선배님을 소개하니 모두들 힘찬 박수를 친다. 정확히 4시간이 지났다. 앞으로 10km밖에 안 남았다. 이제 마라톤에서 힘든 고비라고 하는 30km 구간대를 넘겼으니 지금부터라도 원기를 회복하면 아직까지 5시간 목표 달성은 가능해 보였다. 그러나 이 선배께서는 이제까지 달리는 동안 워낙 기력을 많이 소진한 탓인지 속도가 안 난다.

마침내 이룬 50km의 꿈

탄천과 양재천이 만나는 42km 구간도 지났다. 시원한 밤이라 그런지 아까 출발할 때보다 양재천은 더 붐빈다. 길섶에서 한 아가씨가 페트병에 든 물 몇 통을 놓고 달리는 주자들에게 물을 권한다. 염치 불고하고 우리도 한 모금 얻어 마셨다. 정말 이 세상에는 우리를 감동시키는 고마운 분들이 많다.

수줍은 가로등의 양재천과 화려한 조명으로 빛나는 타워 팰리스의 위용이 묘한 조화를 이룬다. 영동5교를 지난다. 골인지점이 바로 건너편이다. 언뜻 쳐다보니 주자들이 속속 도착하고 있다. 우리는 아직 6km나 남았다. 이 선배는 갈수록 힘들어 한다. 그래도 끝까지 걷지 말고 완주하자고 서로 다짐한다. 이제 몸속에서 날 땀도 없는 것 같다.

영동1교를 지나 결승선을 향해 돌아온다. 이제 마지막 3km다. 다리 세 개만 지나면 된다. 그 다리 하나하나가 왜 그리도 먼지, 지치기는 지친 모양이다. 영동5교 결승선이 바로 눈앞이다. 이 선배님 손목을 잡았다. 그리고는 함께 팔을 높이 쳐들었다. 드디어 골인한 것이다. 이 선배 부인의 걱정과 안도하는 모습이 한꺼번에 오버랩 되어 시야에 들어온다. 정말 우여곡절 끝에 이 선배님과 함께 50km(5:21:10)를 완주한 것이다.

(2004. 8. 14)

고통이 컸던 만큼 배운 것도 많았다

"걸으면 안 되는데, 안 되는데 …" 안 되는 줄 알면서도 마치 휘발유가 다 떨어진 자동차가 '푸식 푸시식' 하면서 서버리듯 더 이상 버티질 못하고 걷는다. 현지 지리도 잘 몰라 그냥 35km 갓 지난 지점쯤으로만 기억된다. 당초 주최 측에서 제공한 코스 높낮이 설명에 의하면 34km 지점에 약간의 경사가 있는 마지막 오르막을 만난다고 돼있다. 그것만 철석같이 믿고 그 긴 오르막을 힘겹게 오른 후 얼마 지나지 않아 만난 예상 밖 오르막에서다.

그 이후에도 크고 작은 여러 개의 오르막이 있었는데 아예 달릴 엄두가 안나 걷고 말았다. 처음 걷기가 힘들었지 한 번 걸으니까 이제는 언덕만 나오면 조건반사적으로 걷게 된다. 힘 있을 때 같으면 박차고 오를 정도이건만 체내 모든 에너지가 다 고갈돼 그럴 힘이 없었다. 하도 힘들어 길가 가로수에 몸을 의지해 잠시나마 힘을 충전해 보지만 그것도 잠시일 뿐 얼마 못 가 금방 지쳐버린다. 내가 이렇게 걷고 있는데도 나를 추월하는 선수가 거의 없다. 모두가 다 힘든 것이다.

초반 무리한 레이스 운영

이 모든 것이 오늘 무더위와 초반 오버페이스 때문이다. 여기다 하나 더하면 주최 측의 부정확한 코스 높낮이 안내를 들 수 있을 것이다. 마라톤 출발시각으로는 늦은 시간인 9시 30분에 출발한데다 아직 8월 폭염이 채 가시지 않은 9월 초 대회라는 것을 감안해 페이스를 내 실력에 맞게 조절했어야 했다. 그러지 않고 지난여름 한강입네, 잠실 보조경기장입네 하며 나름대로 훈련을 게을리 하지 않은 것만 믿고 오늘 초반 페이스를 무리하게 끌고 나간 것이 화근이었다. 여기에는 올 가을 조선, 중앙, 동아 등 소위 메이저대회에서의 개인기록 경신 욕심이 한 몫 거들었다고 생각된다. 게다가 오늘 원주 치악마라톤 코스는 초행이다. 그런만큼 조신하게 레이스를 했어야 했다. 처음 달리는 코스에서 km 당 5분 속도로 개인 최고기록을 내려고 했으니 탈이 안 날 수가 없었다.

하여튼 오늘은 내가 이제까지 아홉 번 완주한 마라톤 중 가장 힘들었던 대회다. 그만큼 많은 것을 체험했다. 마라톤은 그야말로 의욕만 가지고 되는 것이 아니다. 자기 실력을 충실하게 쌓는 것은 기본이고 그날그날의 기온, 습도, 풍향 등을 고려해 레이스를 탄력적으로 이끌어야 한다. 오늘 레이스를 통해 이런 점을 몸소 체득한 것만 해도 나에게는 큰 수확이다.

가장 힘들었던 대회

이른 새벽 진달회 이창덕 선배님의 정겨운 배웅을 받고 원주행 전세버스가 대기해 있는 잠실운동장으로 향한다. 이 선배님과는 지난 1년간 많은 대회에 나가 함께 달렸지만 서로 일정이 안 맞을 때에는 항상 잘 달리라고 격려해 주시면서 전철역까지 나를 배웅해 주신다. 그 성의가 너무나 고맙다. 그래서 마라톤을 하면서도 힘들 때에는 이 선배님의 그 정성을 생각해서 입술을 깨물면서 어려움을 극복하기도 한다. 오늘은 특히 논산에서 훈련을 마쳤을 큰 아들 준일이 얼굴을 많이 떠올렸다. 철 없이 자란 것이 군이라는 특수사회에 가서 점점 이 나라가 필요로 하는 훌륭한 사람으로 커가길 기원했다.

6시 반에 출발한 버스는 중간에 한 번 쉬고도 원주 종합운동장까지 채 두 시간이 안 걸렸다. 2년여 전 달리기를 막 시작할 무렵에는 서울 근처에 있는 대회만 나가도 될텐데 지방까지 갈 필요가 있겠느냐고 생각하던 내가 이제는 지방나들이가 전혀 낯설지 않다. 이번 가을만 하더라도 10월 공주 동아일보 마라톤대회와 춘천 조선일보 마라톤대회에 참가키로 되어 있다.

지방대회와 같이 평소 익숙하지 않은 새로운 코스는 각 지방의 고유 모습과 주변 풍광을 감상할 수 있는 등 나름대로 즐길 거리가 많다. 오늘도 선수들의 더위를 식혀주기 위해 자기 집 앞에 큰 물통을 준비하는 등 서울대회에서는 좀처럼 보기 힘든 넉넉한 시골인심을 많이 느낄 수 있었다. 또 지방대회일수록 마라톤대회 운영 중 가장 중요한 것 중의 하나인 교통통제가 잘 되는 편이다. 오늘도 미안할 정도로 차량통제가 잘 된 대회였다고 생각한다.

잊지 못할 추억거리 하나

원주하면 나에게는 잊지 못할 에피소드가 하나 있다. 대학 2학년 때라고 기억된다. 친구들과 1박 2일로 치악산 등산을 하기 위해 원주에 들렀다. 급히 산행준비를 한 탓인지 그만 숟가락을 챙겨오지 않았다. 우리는 중국집에서 점심으로 짜장면을 시키면서 주인아저씨께 숟가락을 달라고 했다. 이상하게 여기면서도 손님이 달라고 하니 주인은 마지못해 우리에게 숟가락을 주었다. 짜장면을 어색하게 숟가락으로 다 먹은 우리는 각자 먹었던 숟가락을 챙기고 유유하게 중국집을 빠져나왔다. 한 5분쯤 갔을까 원주경찰서 앞을 지나는데 그 주인아저씨가 "도둑이야!" 하면서 우리를 쫓아오는 것이다. 배낭 때문에 도망갈 수 없었던 우리는 그만 잡히고 말았고 그 아저씨에게 엄청 혼났을 뿐만 아니라 우리가 챙겼던 숟가락도 다 돌려줄 수밖에 없었다. 젊었을 때 치기로 저지른 일이지만 아직도 그때 그 장면은 내 뇌리에 선명하게 박혀있다.

칠봉유원지를 다 빠져나온 28km 지점쯤 됐을까. 하도 땀이 많이 나 땀이 안경으로 흘러 시야를 가리는 바람에 안경이 영 불편한 게 아니다. 할 수 없이 안경을 벗어 지니고 갔던 벨트 주머니에 넣었다. 이제까지 달리기 하면서 처음 있는 일이다. 안경은 곧 눈인데 안경이 없으니 당연히 앞이 잘 안 보이고 몸의 균형마저 잘 안 잡힌다. 물도 엄청 많이 먹힌다. 지쳤다는 징조다. 물 마시고 돌아서면 또 갈증이 난다. 온몸은 소금투성이다. 체내에 있는 불순물이 다 빠져나오고 있는 것이다. 그래서 그런지 내 몸에서 나는 냄새지만 역겹기 짝이 없다. 그만큼 건강에는 도움이 되는 것이리라.

안경도 귀찮다

40km 지점쯤 왔을까. 사거리에서 좌회전하면서 주유소 앞을 지난다. 갈증이 심해 주유소에 들어가 물을 얻어 마실까 했는데 주유소 측에서 얼음물을 준비해 지나가는 선수들에게 주고 있다. 얼마나 시원하게 잘 마셨는지 언제 한번 원주에 들를 일이 있으면 반드시 그 주유소에 들러 감사 인사를 드리고 싶다. 이제 종합운동장 입구까지 한 500m 남았을까. 힘들게 걸어서 마지막 오르막을 올라 왔다. 내 모습이 너무 힘들어 보였던지 자원봉사 하던 한 아주머니가 나에게 힘을 내라면서 같이 달려준다.

제2회 원주 치악 마라톤 (2004. 9. 5)

종합운동장에 다다르니 많은 사람들이 "파이팅!"을 외친다. 언제 그렇게 힘들었느냐는 듯이 힘차게 트랙을 돈다. 오늘 목표는 꿈도 야무지게 3시간 33분이었다. 그러던 것이 1시간 51분에 하프를 돌면서 4시간으로 늦췄고 마지막 언덕을 걷기 시작하면서부터는 4시간 30분으로 하향 조정했다. 비록 힘든 대회였지만 결승선만큼은 환한 웃음을 띠고 통과한다. 4시간 26분 46초를 가리키고 있다. 오늘 1등이 3시간 56초라 한다. 그 선수도 평소에는 서브-3를 하는데 오늘은 날이 더워 힘들었다는 인터뷰가 장내 스피커를 통해 들린다. 원주에서 또 하나의 잊지 못할 추억거리를 달리기로 만든 하루였다.　　　(2004. 9. 5)

산은 산이고 마라톤은 마라톤이다

발치에는 청풍호가 아름다운 자태를 뽐내고 있고, 멀리로는 월악산의 위용이 한눈에 들어온다. 산과 물이 잘 어울려 있어 마치 한 폭의 동양화를 보는 듯하다. 학봉을 막 지나 신선봉에 이르는 암릉구간에서 눈앞에 펼쳐지는 풍광이다. 벌써 이곳에서 족히 20~30분은 자연을 감상하고 있다. 약 70도 경사의 바위와 곳곳에 위험한 구간이 있어 이를 통과하는 데 많은 시간이 걸리고 있다. 그래도 이처럼 멋있는 경치를 감상할 수 있는 것은 커다란 행복이다.

처음 참가한 '산악마라톤대회'다. 사실 그간 산에서는 산행(山行)이라 하여 경건한 마음으로 걸어야하는 것이지, 경거망동(輕擧妄動)하게 뛰는 것은 산을 대하는 바른 자세가 아니라는 생각에 산악마라톤에 대한 나의 시각은 그리 곱지 않았다. 그런데 한 번 정도는 참가해 산악마라톤에 대한 체험을 하는 것도 좋을 것 같아 오늘 제천에 오게 되었다. 일요일이고 더군다나 이른 새벽에 서울에서 출발했기에 채 세 시간도 안 돼 행사장인 청풍랜드에 닿았다. 대회장 분위기는 확실히 일반 마라톤대회와 달랐다. 특히, 산비탈에 마련된 특설무대 뒤에 설치되어 있는 약 15m 높이의 인공암장이 인상적이었다. 혹시나 해서 의무실에서 혈압을 재보니 120/80 정상이었다. 기분이 더 좋아지는 것 같았다.

마라톤과는 색다른 맛

출발하자마자 가파른 언덕을 오른다. 그 후에도 몇 개의 언덕을 지나 20분 만에 산 입구에 이르렀다. 오늘 레이스의 순위는 여기서 이미 결정된 것이라 한다. 왜냐하면 여느 마라톤코스와 달리 여기부터는

발과 마음과 혼으로 달린다

좁고 험한 산길이 계속 이어지기 때문에 좀처럼 앞사람을 추월하지 못하기 때문이란다. 앞사람 운동화만 쳐다보고 계속 산을 오른다. 처음 보는 주위 사람과 이 얘기 저 얘기 하면서 등산을 하니 달리기보다 훨씬 편한 느낌이다. 그들과 같이 가면서 대화도 하고 또 경치 좋은 곳에서는 자연을 감상하는 것도 다른 대회에서는 좀처럼 보기 힘든 장면이다. 무엇보다도 산에 들어오니 공기가 좋고 시원해서 좋다. 이것도 일반 대회에서는 맛 볼 수 없는 것이다.

계속 오르막이다. 그도 그럴 것이 출발지가 해발 175m인데 845m인 신선봉까지 올라가야 하기 때문이다. 가끔가다 나오는 능선 상에서 마시는 생수가 그야말로 꿀맛이다. 그 많은 양의 생수를 여러 곳에 있는 급수대에 일일이 등에 지고 날랐으니 대회 준비에 고생이 많았을 것 같다. 이 높은 곳까지 올라와 자원봉사를 하고 있는 분들께 너무나 고맙다. 산악마라톤을 주최하기 위해서는 일반마라톤에 비해 몇 배나 세심한 준비와 노력이 들것 같다는 생각이다.

오르막이 있으면 내리막도 나오는 법. 힘들게 신선봉을 치고 오르니 내리막길이다. 그런데 여기서도 마음 놓고 달리지 못하기는 마찬가지다. 워낙 경사가 급하고 어제 제법 많이 내린 비로 산길 곳곳에 아직까지 물이 흐르고 군데군데 물이 고여 있기 때문이다. 등산에 서툰 사람들이 여기저기서 넘어진다. 달림이들을 산에다 풀어 놓으니 엉기는 것은 당연한 일. 그래도 체력에는 한 가닥 하는 사람들이기에 큰 사고 없이 잘 가는 편이다. 한동안 내리막길을 달리니 동네가 나온다. 13km 지점, 간식을 제공하는 곳이다. 미숫가루 두 대접을 정신없이 마신다. 이제야 갈증이 약간 가신다.

허기와 갈증 가시게 한 미숫가루

또 출발이다. 시원한 냇물에서 세수를 한다. 얼음물이다. 약간 기운이 돈다. 이제부터는 주로 임도(林道)를 가고 크고 작은 야산 몇 개만 넘으면 된단다. 당초 4시간이면 충분히 마칠 수 있을 것이라 생각했는데 암릉구간에서 정체되는 바람에 시간이 많이 지났다. 후반 코스는 전반보다 훨씬 양호하다. 길은 많이 넓어졌지만 이제는 힘이 없어 앞으로 나설 수 없다. 누군가 앞서 가다가도 이내 잡힌다. 그만큼 체력이 고갈됐다는 증거다.

중고개, 모래고개, 작은 동산으로 이어지는 제법 긴 오르막을 오르니 또 내리막이 시작된다. 청풍호반에 있는 대회장이 한눈에 들어온다. 도봉산의 '마당바위'만큼 넓어 보이는 널따란 바위가 나온다. 더 내려가니 넓은 초원에 목장이 펼쳐진다. 목장 길 따라 내려가는 게 제법 운치가 난다.

드디어 산에서 빠져나왔다. 500m만 가면 된단다. 산에서 엉기던 달림이들이 도로 위에 나오니 펄펄 난다. 마치 물고기가 물을 만난 듯하다. 처음 출발할 때 급한 오르막이 이제는 내리막이다. 100m 달리듯 미끄러져 내려간다. 비록 거리로는 하프마라톤에 해당하는 22km밖에 되지 않지만 무려 4시간 30분 정도를 달린 사람들 같지 않다.

제대로 된 산악마라톤 코스 개발 시급

처음 달린 산악마라톤에서 배운 것도 느낀 것도 많다. 산악마라톤이라 하여 기대가 컸던 만큼 실망 또한 크다. 역시 산은 산이고, 마라톤은 마라톤이다. 마라톤을 잘 하기 위해 언덕 훈련을 하는 것은 좋지만 험한 산에서 남과 경쟁을 하면서 달린다는 것은 너무나 위험이 많이 따른다. 무엇보다 산악마라톤이라면 산에서도 자기 실력대로 달릴 수 있어야 할 것 같다. 그렇지 않으면 소위 등산대회와 무슨 차이가 있을까 하는 점이다. 적당한 높이와 넓은 임도를 갖춘 명실상부한 산악마라톤 코스 개발이 하루빨리 이루어져야겠다.　　　　(2004. 9. 19)

물거품 된 개인 최고기록

열심히 달렸다. 개인 최고기록도 세웠다. 그러나 허망했다. 그만 거리가 짧았던 것이다. 모든 노력이 물거품으로 돌아갔다. 거리 하나 제대로 측정도 못한 주최 측이 원망스럽다. 개천절이자 본격적인 달리기 시즌을 맞아 여러 대회가 있었지만 그래도 강남구 주민으로서 강남구가 주최하는 '평화마라톤대회'에 나가야 하지 않겠느냐는 생각으로 참가했건만 기분이 영 찜찜하다. 대회가 끝난 지 벌써 일주일이 다 돼가지만 주최 측은 코스를 다시 측정해 달림이들에게 정확한 거리를 알려주려는 최소한의 성의조차 보이지 않고 있다.

참가신청 당시부터 큰 기대는 하지 않고 단지 다음 주에 있을 동아일보 주최 백제마라톤 풀코스의 연습주로 생각은 했지만 그래도 대회는 대회인지라 최선을 다했는데 너무나 아쉽다. 이제 와서 다시 대회를 할 수는 없고 마무리를 잘 해야 하는데 그럴 기미가 안 보인다. 지금 시점에서 할 수 있는 최선의 방법은 거리 재측정, 홈페이지 공지와 정중한 사과 그리고 기록증에 기록과 함께 정확한 거리를 명기하는 것일 것이다. 이런 아이디어를 강남구 관계자에게 전달은 했는데 실천될 지 의문이다. 신(神)이 아닌 이상 누구든지 실수는 할 수 있다.

그런데 중요한 것은 그 뒤처리를 어떻게 하느냐이다.

실수 후 수습이 더 중요

오늘 대회는 거리가 짧았을 뿐만 아니라 거리표시도 제대로 되어 있지 않았고, 홈페이지와 대회 안내책자에 공지된 코스와 실제로 달린 코스가 다른 등 마라톤대회의 기본부터 안 되었다. 잠실종합운동장을 빠져나와 한강－탄천－양재천 주로 어디에도 오늘 대회만을 위한 거리 표지가 없었다. 반환점이라 공지되어 있었던 영동1교 직전 견인차량 주차장 다리를 불과 43분에 통과했다. 내가 이제까지 달려왔던 속도로 볼 때 이는 턱없이 짧은 거리다. 주변 달림이들에게 거리가 이상하다는 말을 주고받으며 달린다.

소위 반환점을 돌아 조금 지났는데 12.5km 지점이라는 표지판이 나온다. 이도 잘못 놓여졌던 것이다. 부지런히 달리면서도 영 기분이 안 난다. 양재천과 분당 방향으로 가는 탄천이 만나는 지점에 이르렀는데 여기서 갑자기 예정에 없던 주로로 인도한다. 분당 방향으로 500m 간 후 돌아 나온다는 안내가 있다. 이 곳은 더욱 가관이다. 우리 하프 선수들보다 20분가량 먼저 출발한 풀코스 주자와 하프 선수들이 좁은 주로를 가득 메우고 있다. 15km 지점쯤으로 한참 스피드를 내야 할 곳에서 엉거주춤하고 있는 것이다. 선수들이 달리면서 많은 불평을 토해낸다.

두 번째 반환점을 돌아 나와 다시 종합운동장을 향해 탄천을 따라 달리는데 풀코스 주자들을 위한 '38km' 거리표지가 보인다. 하프주자들에게는 약 4km 남았다는 표시다. 그런데 시계를 보니 기록이 너무 좋은 것이다. 1km를 4분 50여 초대로 달리고 있는 내 속도와 거리가 일치가 안 되는 것이다. 석연치 않은 채로 계속 달린다. 거리표지판도 '39km', '40km' 까지만 있고 그 다음에는 없다. 나중에 알고 보니 주최측에서 거리표지판을 잘못 놓은 것이었다. 어떻게 이럴 수가 있는가.

짜깁기 코스

한강을 벗어나는 토끼굴을 1시간 30분에 통과했다. 아까 출발했던 코스와 같다면 1시간 35분에는 피니시 라인을 통과하게 된다. 개인 최고기록을 수립하게 되는 것이다. 그런데 여기서도 또 한번 코스가 바뀐다. 신천역 사거리를 돌아 잠실운동장 정문으로 달리게 해 놓았다. 결국 거리를 맞추느라 '짜깁기 코스'를 만들었던 것이다. 지난여름 나름대로 연습해서 그런지 여느 때와 달리 힘이 있다. 지칠 때가 됐건만 신기록에 대한 희망 때문인지 처음 출발 때 자세에서 하나도 흐트러짐 없이 잘 달렸다.

운동장 입구에 도착하니 1시간 37분대다. 드디어 대망의 1시간 30분대 기록을 이루게 되었다고 생각하고 운동장 트랙을 밟은 후 또 한번 놀랐다. 결승선이 바로 100m 앞에 있는 것이 아닌가. 보통 대회는 트랙을 300m 가량 돈 후 골인하는데 예상 밖의 선물이다. 내친김에 전력을 다해 골인한다. 내 시계는 1시간 38분을 가리키고 있다. 기분이 좋았으나 그게 다였다. 더 이상 오늘과 같은 '엉터리 대회'는 나가고 싶지 않다. 앞으로는 출전대회 선별에 더 만전을 기해야겠다는 것이 오늘 대회 참가로 얻은 소득이라면 소득이라 할 수 있겠다.

(2004. 10. 3)

다시는 오버페이스 하지 않으리

나도 내 눈을 의심했다. 대회 이튿날 동아일보 스포츠 면에 내가 달리고 있는 사진이 커다랗게 실렸던 것이다. 내 바로 뒤에는 매일 함께 운동하고 있는 칠순의 이창덕 선배가 여느 젊은 선수들 못지않은 바른 자세로 달리고 있는 그림이다. 3시간 30분 페이스메이커들이 이끄는 그룹이며 공산성(公山城)이 배경인 것으로 보아 10여 km 정도 달렸을 때인 것 같다. 하여간 이 사진으로 주변 사람들로부터 많은 인사를 받았다. 달리기를 하다 보니 전혀 예상치 못한 '보너스'까지 타게 된 셈이다.

뜻밖의 '보너스'

오늘 4시간 30분 내로 완주하면 내년 3월 서울에서 열리게 될 동아마라톤 참가자격이 주어진다. 매년 마라톤 시즌을 시작하는 첫 메이저 대회인 데다 서울 시내를 달리는 코스이기 때문에 달림이들에게는 매우 인기가 높아 출전하기 위한 경쟁도 심하다. 오늘 같은 기회에 출전자격을 갖춰 놓으면 내년 대회를 준비하는 데 있어 그만큼 마음의 여유가 있게 되는 것이다.

오늘은 km 당 5분 15초의 속도로 3시간 41분 완주를 목표로 했다. 그러나 또 다시 전반 오버페이스가 문제였다. 그러지 말자고 속으로 그렇게 다짐했건만 대회심리 때문에 당초 세웠던 레이스 전략에 차질을 빚었다. 오늘로 열 번째 풀코스 도전이라 이제는 흔들리지 않게 레이스를 운영할 때가 된 것 같은데 아직 멀었나보다. 그만 출발지에서 3시간 30분 페이스메이커 바로 뒤에 자리를 잡다 보니 그들과 보조를 맞추지 않을 수 없게 되었다. 거기에 금년 코스는 작년보다 평탄하다

동아일보 백제큰길마라톤에서 3시간 30분 페이스메이커와 함께 (2004. 10. 10)

하여 순간적으로 기록욕심이 발동해 그렇게 된 것이다.

출발은 좋았다. 오히려 그들 페이스메이커의 속도가 느려 보일 정도였다. 이 선배와 나는 열심히 그들의 뒤를 바짝 쫓아갔다. 구름 한점 없이 청명한 전형적인 가을날이다. 시간이 흐를수록 더워질 것 같아 벌써부터 걱정이 앞선다. 오늘 페이스메이커는 목표시간이 적힌 풍선에다 나무로 만든 피켓을 성화 봉송 자세로 들고 달리고 있다. 달리는 자세에 군더더기 하나 없다. 서브-3 주자답다.

30명 정도 돼 보이는 우리 일행은 어느덧 웅비탑을 지났고 정지산 터널을 빠져나가고 있다. 이들과 끝까지 함께 하면 대망의 3시간 30분대 기록을 갖게 된다는 생각을 하니 발걸음이 한결 가벼워진다. 백

제2장 느꼈노라

제큰다리로 나오니 옛날에는 웅진강으로 불렸다는 금강(錦江)이 한 눈에 들어온다. 선두그룹은 벌써 금강교를 지나고 있다. 우리는 무리를 지어 가고 있지만 일렬로 선형(線形)을 이루면서 달려가고 있는 그들의 모습이 장관이다. 금강교를 건너오니 농악대원들이 힘차게 우리를 응원하고 있다.

공주시가지로 들어섰다. 연도 시민들도 우리를 따뜻하게 맞고 있다. 공주의료원과 공주고교를 지나 공주시청 앞에서 첫 번째 반환점을 통과한다. 정확하게 km 당 5분 속도다. 오늘 코스는 백제큰다리와 금강교를 중심으로 사방으로 뻗은 길을 왕복하게끔 되어 있어 모두 네 개의 반환점이 있다. 그 근처에서 선두그룹을 자주 만날 수 있다는 것이 오늘 레이스의 특징이다.

어느 장애인의 숭고한 도전정신

다시 금강교를 건너 10km 지점을 향하는데 내 앞에 왼쪽 팔목이 없는 선수가 혼자 열심히 달리고 있다. 언뜻 60대로 보인다. 도대체 인간의 도전정신의 끝은 어디인가 하는 생각이 든다. 그에게 '힘 내세요' 라는 말로 최소한의 예(禮)를 표한다. 끝까지 좋은 기록으로 완주하기를 기원해 본다. 10km 급수대가 가까워 오기에 이 선배님과 나는 그룹에서 벗어나 앞서 나간다. 오늘 페이스메이커들은 물도 안 마신다. 우리들이 물 마시는 동안 그들을 놓치지 않기 위해서다.

대회 주최 측의 준비가 철저하다. 거리표시, 급수, 스펀지, 간식, 교통통제, 페이스메이커 운영 등 어느 것 하나 부족한 게 없다. 특히 매 km마다 거리표시를 해 놓아 달림이들의 페이스 조절에 너무 편하다. 바로 일주일 전 달린 어느 하프마라톤대회에서는 거리표지도 없었고,

그나마 몇 개 있었던 것도 잘못 놓였었는가 하면 스펀지는 아예 준비도 안 되어 있었는데 오늘은 그때와 너무나도 비교된다. 유수 언론사가 주최하는 대회가 달림이들로부터 인기가 있는 이유가 다 이런 데 있는 것 같다.

잘 준비된 대회

창벽민물장어촌을 지나 두 번째 반환점을 무리와 함께 지난다. 페이스메이커들의 달리는 속도가 기계처럼 정확하다. 가끔가다가 목에 걸린 페이스 차트를 볼 때 외에는 한눈 한번 파는 법이 없고 레이스를 대하는 자세가 참으로 진지하다. 이 선배께서는 약간 처진 듯 아까부터 안 보인다. 내가 반환점을 돈 후 얼마 안 있어 이 선배님을 만났다. 나도 20km 가까이 되자 점차 기력이 떨어지기 시작하고 페이스메이커를 따라가기 벅차다. 그들과 조금씩 거리차가 생긴다. 드디어 하프(1:46:00)를 지날 때는 나 홀로가 되었다.

이제부터 외로운 독주다. 오버페이스의 대가다. 공주대교 25km(2:07:16) 지점을 통과한다. 아직 갈 길은 먼데 점점 힘이 빠져온다. 이미 11시도 지나 날은 더워오는 데다 지루한 직선주로가 계속 이어진다. 경찰들이 교통통제를 위해 진땀을 흘린다. 가끔가다 운전자들의 고성이 들린다. 그래도 역사 깊은 충청도 양반도시라 그런지 큰 마찰은 없다. 백제큰길삼거리에서 오른쪽으로 접어든다. 선두주자가 달려온다. 그는 이미 36km를 지나가고 있는 것이다. 1, 2, 3등이 적당한 거리를 두고 달린다.

오버페이스의 대가

점점 허기져온다. 오늘은 풀코스 때면 매번 섭취하던 카보샷도 가져오지 않았다. 그런데다 이제까지 물과 게토레이 외에는 아무것도 먹은 것이 없으니 배가 고플 만도 하다. 멀리 30km 지점이 보인다. 선수들이 많이 모여 있는 것을 보니 무언가 간식거리가 있는 것 같다. 나도 바나나 한 개를 덥석 집어 든다. 그야말로 마파람에 게 눈 감추 듯 먹어버린다. 시장기가 좀 사라졌다. 기운을 차려 다시 달리기 시작한다. 한결 힘이 난다. 세 번째 반환점을 통과한다. 23번 국도와 합쳐지는 곳이다. 제2, 제3 반환점 간 14km의 거리를 km 당 평균 5분 42초로 달린 셈이다. 제2 반환점까지의 평균 5분보다 무려 42초나 더 걸렸다. 페이스 조절이 전혀 안 된 것이다.

반환점을 돈 지 한 5분 지나니 이 선배님께서 많이 지친 모습으로 달려오고 있다. 정말 대단한 체력과 정신력이다. 오늘 풀코스 참가자 가운데 아마도 최고령인 것 같다. 나도 앞으로 계속 열심히 달려 그 연배에도 1년에 몇 번 정도는 풀코스를 완주하고 싶다. 아직도 10km 나 남았는데 다리는 점점 무거워진다. 스펀지로 얼굴을 비롯해 소금으로 범벅이 된 팔다리를 닦아내니 한결 낫다. 아침에 힘차게 달리던 백제큰다리를 이제는 힘겹게 다시 건넌다. 바람은 불지만 가을햇볕이 만만치 않다. 앞에 정지산터널이 보인다. 그 그늘로 들어가기 위해 발걸음을 재촉한다. 이 힘들고 지친 모습을 터널 안에 있는 사진사는 온갖 정성을 들여 카메라에 담는다.

왼쪽으로 종합운동장이 보이기 시작한다. 연도 시민들은 다 왔다고 힘찬 박수를 보낸다. 그러나 아직도 3km는 족히 더 남았다. 결승선을 눈앞에 두고 마지막 반환점까지 약 1.5km를 더 갔다 와야 하는 것이다. 바우성 표지판 앞에 있는 마지막 반환점을 통과한다. 제3, 제4 반환점 간 8.6km를 달리는 데 km 당 평균 6분24초가 소요되었다.

발과 마음과 혼으로 달린다

100m로 환산하면 38초 꼴이다.

이제 2km도 안 남았다. 이 선배님을 다시 만난 건 약 8분이 경과된 시점이다. 체력이라기보다는 마지막 남은 한 가닥 정신력으로 버티고 있는 것 같다. '동반주를 해 드려야 했는데…' 하는 후회가 막심하다. 결승선 200m 앞 직선주로다. 많은 사람들이 선수들의 골인 모습을 지켜보고 있다. 장내 진행자의 현장 중계 목소리가 힘차게 들린다. 완주했다는 성취감에 절로 미소가 지어진다. 오늘 10km 대회에 참가한 이 선배님의 부인과 하프대회에 참가한 박영숙 여사의 모습이 보인다. 그리고는 결승선 매트를 밟는다. 내 시계는 3시간 55분을 가리키고 있다.

마라톤 '전도사'로서의 보람

숨을 좀 돌린 후 박 여사와 나는 이 선배님을 만나러 나섰다. 들어올 시간이 지났는데도 시야에 안 들어온다. 드디어 결승선 500m 남겨둔 지점쯤에서 힘들게 걸어오는 모습이 보인다. 중반 이후 여러 번 다리에 쥐가 났다고 한다. 박 여사가 시원한 물을 건네드리고 결승선까지 함께 달린다. 나는 도저히 같이 달릴 엄두가 안 난다. 박 여사는 오늘 2시간 22분에 하프를 완주했다고 한다. 지난번 대회 기록을 무려 24분이나 앞당겼다. 매일 열심히 달린 노력의 결과다. 그녀를 달리기 세상에 입문시킨 나도 마라톤 '전도사'로서 큰 보람을 느낀다.

(2004. 10. 10)

춘마, 그리고 마라톤의 매력(魅力)과 마력(魔力)

작년에 이은 두 번째 춘천마라톤 참가다. 그러나 지난해 워낙 힘들게 완주했던 기억이 아직도 생생하게 남아 있어 어느 대회 때보다 더 긴장된다. 형형색색의 러닝복 차림으로 2만 4천여 명이 운집한 춘천종합운동장은 그야말로 장관을 이룬다. 배번을 단 사람은 다 풀코스 주자이니 다른 대회 때처럼 약간 우쭐댈 수도 없다. 하지만 연극의 관객이 아닌 주인공이라는 자부심을 갖고 출발선에서 대기한다.

연극의 관객이 아닌 주인공

자신의 최고기록을 기준으로 영문 알파벳으로 표기된 구간별로 출발시킨다. 나는 작년 'G'그룹에서 올해는 두 단계 승진해 'E'그룹에 속해 있다. 아직 풀코스 기록이 없는 'N'그룹은 엘리트 선수들보다 40여 분 후에야 출발할 수 있었다 한다. 가히 우리나라 마라톤은 대중화에 성공했다고 할 수 있다.

함께 참가한 이창덕 선배님도 나와 같은 그룹에서 출발하게 되었다. 자기가 속해 있는 그룹보다 먼저 출발할 경우 부정선수가 되어 차기대회 참가권을 박탈 당하는 등 불이익이 있기에 친한 사이에도 기록이 비슷하지 않으면 함께 달리기가 쉽지 않게 되어있다. 역시 최고 권위의 마라톤대회답게 규정이 엄정하다. 페이스메이커를 따라가면 힘들 것 같아 이 선배와 함께 달리기로 했다.

오늘은 2주 전 있었던 동아일보 주최 백제큰길마라톤대회의 경험을 살려 무엇보다 오버페이스를 하지 않기로 굳게 다짐했다. 그리고 조선일보 춘마는 대한민국 최대의 마라톤축제인 만큼 이에 동참하는

발과 마음과 혼으로 달린다

의미에서 기록경신보다는 '즐겁게 달리기(fun-run)'를 하는 자세로 임했다. 그렇지만 목표가 없으면 자칫 정신적으로 해이해질 것 같아 3시간 45분을 1차 목표로 하고 늦어도 서브-4를 하는 것으로 하였다. 서울보다 약간 싸늘한 듯한 춘천의 날씨는 달리기에 더 이상 좋을 수 없을 정도다. 거기에 청정한 의암호 순환도로 코스와 춘천시민의 호응으로 오늘 많은 선수들이 자신의 최고기록 수립을 목표로 최선을 다 할 것이다.

즐겁게 달리는 것을 목표로

선두그룹이 출발한 지 10분 정도 지나서야 출발선에 놓여 있는 계시용 매트를 밟을 수 있었다. 거기에서 나는 '삐' 하는 전자음과 동시에 백오 리 대장정의 막이 오르는 것이다. 스탠드 관중들의 박수를 받으며 운동장을 빠져나간다. 춘마가 열리는 오늘이 1년 중 외부에서 가장 많은 사람들이 춘천을 찾는 날이라 한다. 선수, 가족, 대회관계자 등 모두 6만 명 정도 된다고 하니 춘천으로서는 연중 가장 큰 대목이 아닐 수 없다. 어려운 지방경제의 활성화를 위해서도 중소도시에서 대규모 마라톤대회를 치르는 것이 바람직한 이유다.

출발한 지 얼마 안 돼 오르막이 시작된다. 작년 이 구간에서 지나치게 겁을 먹은 나머지 페이스를 너무 늦춰 기록이 저조하게 되었기에 오늘은 5km 당 26분대의 속도에 맞춰 이 선배님과 함께 오르고 있다. 약 3km 정도라 하는데 초반이고 초행이 아니라서 그런지 생각보다 쉽게 언덕마루에 이르렀다. 오르막이 있으면 반드시 내리막도 있는 법. 5km(0:26:55) 종합사격장 입구 급수대에서 가볍게 목을 축인다.

오르막이 있으면 내리막도 있는 법

계속 내리막이 이어진다. 낙석방지용 터널을 지나가는 주자들이 크게 함성을 지른다. 벌써 의암댐을 통과한 선행그룹 주자들의 긴 행렬이 때마침 울긋불긋 물들어가는 단풍과 어우러져 그 자체가 한폭의 멋진 그림이다. 우리도 어느덧 10km(0:52:20) 붕어섬 초입에 도착한다. 내리막에서 약간 속도를 내서 그런지 계획보다 정확하게 1분 빠른 속도다.

이제 몸이 조금 풀린다. 지금까지는 발이 약간 무거운 듯한 기분이었는데 한결 가벼워졌다. 바로 이때 조심해야 한다. 30km까지는 참아야 한다. 3시간 40분 페이스메이커와 앞서거니 뒤서거니 한다. 좁지 않은 주로인데도 불구하고 주자들로 길이 가득 메워져 있어 더 빨리도 더 늦게도 갈 수 없을 정도다. 물이 서로 앞을 다투어 흐르지 않듯 대열을 따라 무심코 달려갈 뿐이다. 그러다보니 15km(1:17:55) 성어촌 앞을 지난다. 예정보다 2분 5초 빠르다.

16km 지점에서 200m 가량 비교적 가파른 언덕이 나온다. 상체를 약간 굽힌 채 보폭을 줄이고 팔은 이제까지보다 조금 더 힘차게 흔든다. 그리 어렵지 않게 올라왔다. 이제부터는 다시 완만한 내리막길이다. 내리막길에서는 주변 경치를 감상할 수 있는 여유도 생긴다. 신매마을의 고즈넉한 풍광이 이방인의 눈길을 오랫동안 잡아 놓는다. 어깨의 피로를 풀기 위해 팔을 털어본다. 한결 시원해진다. 서상초등학교 앞 20km(1:44:28) 지점이다. 간식대에 있는 찹쌀 초코파이 두 개를 먹으면서 후반에 대비한다.

하프를 1시간 52분에 통과한다. 약간씩 체력이 떨어지고 있음을 느낀다. 23km 지점이다. 지난해 10년 전 같은 직장에 근무했던 이영휘 선배를 우연하게 만났던 곳이다. 여기서부터 춘천댐 지나 26km까지는 지루할 정도의 오르막이 지속된다. 작년 이 선배와 결승선까지 평생 잊혀지지 않을 동반주를 한 추억이 새롭다. 이 선배를 만나지 못했다면 혼자 얼마나 더 고생했을지 지금 생각해도 아찔하다. 오늘은 작년보다 훨씬 시원한 편이라 그리 어렵지 않게 25km(2:13:00)까지 왔다.

평생 잊지 못할 동반주 추억

춘천댐이 바로 지척인데 많은 선수들이 걷는다. 마지막 조금 심한 경사가 걷지 않으려고 애쓰는 선수들의 자존심을 상하게 한다. 시원한 바람을 쐬며 이제까지 올라왔던 길을 내려다본다. 많은 선수들이 힘겹게 올라오고 있다. 오늘 레이스가 작년보다 덜 힘들게 느껴지는 것은 아마도 한 번 달려본 코스이기 때문이리라. 이제 조금만 더 가면 주로 내리막과 평탄한 길이 계속될 것이다. 오늘의 마지막 오르막이다. 희망을 갖고 달리자. 내리막길이 시작되는 데에서 자원봉사자들이 간식용 초콜릿을 나누어준다. 에너지를 보충하기에 좋을 것 같아 고맙게 하나 받아든다. 내리막길에 강한 이 선배님을 간신히 따라붙어 30km(2:41:02) 매트를 동시에 밟는다. 드디어 계획보다 1분 처지기 시작한다.

오늘 춘마를 위해 그동안 나름대로 열심히 훈련해 왔다. 지난 8월 중순 이후 지금까지 매 2주마다 각종 풀코스 대회에 참가하고 있고 이러한 일정은 11월 말까지 계속될 것이다. 실전과 훈련이 거의 동시에 이루어지고 있는 것이다. 주변에서는 오십 넘은 나이에 무리라고 잦은 대회참가를 만류하고 있지만 그들은 이 달리기의 참맛을 아직 모르고 있기 때문이리라. 이렇게 대회에 자주 참가하다보니 그렇지 않을 때보다 건강 관리에 훨씬 더 철저해진다. 이러한 것이 다 달리기를 통해 얻을 수 있는 값진 가치다.

달리기를 통해 얻을 수 있는 가치

'마라톤의 시작'이라는 30km 지점이다. 이제까지는 앞으로의 12km를 달리기 위해 몸을 푼 것에 불과하다는 것이다. 이 선배님과 크게 '힘!'을 외치며 서로를 격려한다. 이 선배님의 컨디션이 좋아 보인다. 발걸음이 가볍다. 조금씩 앞서 나가는데 얼마 안 되는 거리차가 안 좁혀진다. 계속 이 선배님의 연두색 모자를 보고 달린다. 길까지 넓고 곧게 뻗어져 있어 더 지루하다. 스피드가 떨어져 가고 있음을 온몸으로 느끼고 있다. 기록을 단축시키기 위해서는 지금부터 힘을 내야 하는데 발은 점점 무거워지고 팔놀림도 둔해졌다. 그러는 사이 또 5km를 달려 갱생보호소 앞 35km 지점을 지나간다. 32분이 걸렸다. 예정보다 매 km마다 1분 꼴로 늦어지고 있는 셈이다. 이미 오늘의 1차 목표 달성은 물 건너갔다. 이제 서브-4가 목표다.

나 자신과 처절하게 싸우고 있다. 6km 남짓 남았다. 평소 자주 달리던 양재천 영동4교에서 잠실 선착장까지의 거리라고 생각하니 힘이 솟는다. 37km 소양2교를 지난다. 카메라맨이 연방 셔터를 눌러대지만 멋있게 포즈를 취할 여유도 없다. 시원한 호수바람이 이마의 땀을 식혀준다. 이제 춘천역을 향해 오른쪽으로 난 약간 경사진 대로만 달리면 된다. 그런데 언제부터인가 앞서 가던 이 선배님이 안 보인다. 나를 버리고 멀찌감치 간 것인가. 더욱 분발하면서 혼자 고군분투 한다. 시간이 흐르면 남은 거리도 짧아지는 법. 옛 시외버스터미널이 있었던 40km 급수대를 향해 힘차게 좌회전한다. 작년에 하도 덥고 갈

중이 심해 무척 힘들어 하던 곳이다.

나 자신에 대한 포상

이제 2km밖에 안 남았다. 연도 시민들의 박수에 더욱 힘이 난다. 워낙 많은 선수들이 참가하여 거의 막바지인 지금까지도 무더기로 달리고 있다. 드디어 오른쪽에 운동장이 보이기 시작한다. 누군가가 바로 앞에 있는 다리만 건너면 된다고 크게 외친다. 운동장에 가까이 갈수록 발놀림은 점점 빨라진다. 운동장 입구에서 이 선배님 부인이 내 이름을 부르며 응원한다. 나는 손짓으로 이 선배님께서 먼저 갔다고 표시를 해준다. 운동장 트랙이다. 모든 선수들이 마치 100m 달리듯 스퍼트 한다. 미리 마음먹은 대로 주먹을 불끈 쥔 오른팔을 치켜 올린 자세를 취하며 미소를 머금은 채 결승선(3:57:36)을 밟는다. 백오 리를 쉼 없이 달려온 나 자신에 대한 포상이다.

결승선에서 내가 들어오기를 기다리고 계실 것이라는 이 선배님이 안 보인다. 나중에 알고 보니 갑자기 다리에 힘이 빠지고 현기증이 나 38km부터 걷게 되었는데 내가 못 보고 지나친 것이다. 30km 이후 약간 무리를 해 체력의 한계에 부딪힌 것이다. 그나마 그것을 이 선배님 특유의 강한 정신력으로 극복한 것이다. 마라톤은 그때마다 개인의 컨디션과 대회 여건이 다르고 그에 따른 변수가 있어 하면 할수록 더 어려운 것 같다. 그래서 마라톤의 매력(魅力)에 빠져 아직도 잘 모르는 그 어떤 마력(魔力)에 의해 '달리기 세상'에 점점 더 끌려 들어가는 나 자신을 매일 아침 발견한다.
(2004. 10. 24)

자만(自慢)은 금물이다

'마라톤의 벽'을 다시 한번 실감한 대회였다. 35km 이후 어떻게 그렇게 급격하게 페이스가 떨어지게 되었는지 도저히 이해가 안 간다. 최근의 잦은 대회 출전으로 인해 근육의 피로가 덜 회복되었기 때문일까, 전반부에 오버페이스를 한 것일까, 달리면서 적절한 영양보충을 못한 때문일까, 아니면 이 모든 것이 다 해당되는 것일까. 오늘 대회에 나름대로 기대가 컸던 만큼 실망 또한 컸다. 단지 기대했던 기록을 못 내서가 아니다. 자기류(自己流)의 레이스를 펼치지 못했던 것에 대한 회한(悔恨)이고 안타까움이다.

그러나 조지 쉬언(「러너스 월드」 의학담당 편집자, 대표작 「달리기와 존재하기」)의 "마라톤은 엄정한 '경기(play)'인 동시에 즐기는 '놀이(play)'다" 라는 말로 위안해 본다. 마라톤을 직업으로 하는 선수는 전자에, 그렇지 않으면 후자에 무게를 두는 것이 현명하지 않을까. 그럴 때 마라톤과 더 오랫동안 친구가 될 것 같다. 평소 달리기 연습이 내 삶의 일부가 되고 시합에 나가 달릴 때 가장 큰 행복을 맛볼 수 있으면 되는 것 아닌가.

마라톤은 '경기'이자 '놀이'

11월 초순, 일년 중 달리기에 가장 적합한 시기에 열리는 중앙일보 서울마라톤대회다. 영상 5~6도로 약간 쌀쌀하다 싶을 정도의 날씨다. 구름 한 점 없는 하늘인 것을 보니 돌아올 때 더위가 예상된다. 오늘도 만 명에 가까운 풀코스 주자들이 잠실에서 판교를 왕복하기 위해 모였다. 이 중 우리 진달회 회원도 네 명이나 된다. 모두들 열심히 달리자는 다짐과 함께 출발선에 선다. 나는 기록이 비슷한 이창덕 선배님과 함께 선두에서 1/3 되는 곳에 자리를 했다. 출발 대포 포성이 잠실벌에 울려 퍼진다. 9시 정각이다.

오늘 코스는 나름대로 자신이 있었다. 여러 번 달려보았고 또 개인 최고기록도 지난 5월 바로 여기에서 세웠다. 거기에 날씨까지 최적이니 오늘 나의 목표는 단 1초라도 기록을 앞당기는 것이었다. 지난달 춘천마라톤을 완주한 지 비록 2주밖에 지나지 않았지만 그것이 장애가 될 것 같지는 않았다. 1km 5분 25초, 5km 27분 5초, 하프 1시간 54분 17초에 달려 3시간 48분 33초 완주를 목표로 하였다.

이 선배님과는 30km까지 함께 가고 그 이후에는 각자 컨디션에 따라 달리기로 했다. 연도 시민들의 박수를 받으며 기분 좋게 잠실대로 −롯데백화점−송파대로−송파역을 거쳐 탄천교 위 5km(0:25:54) 지점까지 단숨에 왔다. 계획보다 1분 11초 빠르다. 달리던 관성(慣性)과 대회분위기가 있어 속도 통제가 잘 안 된다. 수서역−세곡동 사거리 지나 서울공항 약간 못 미쳐 있는 10km(0:50:55) 지점도 당초 계획보다 3분15초 빠르게 왔다. 페이스 감속은커녕 몸이 점차 풀림에 따라 가속이 붙는다.

마라톤처럼 단순한 동작을 수없이 반복해야만 하는 경기일수록 집중력은 떨어지게 마련이고 좋은 기록을 내기 위해서는 이를 최소화해야한다고 한다. 나는 대회 때마다 그 때에 맞는 화두(話頭)를 정해 정신을 집중하곤 한다. 오늘 나는 얼마 후 수능시험을 볼 딸 준영이와 지금 군(軍)에 가있는 아들 준일이의 건강과 그들의 소원이 이루어지도록 기원하기로 하고 대회에 임했다. 힘들 때 두 아이를 생각하니 한결 정신이 맑아진다.

아들·딸의 건강과 소원성취 기원

한국도로공사 앞 15km(1:16:59) 지점도 계획보다 4분 16초나 빠르다. 잠시 후 엘리트 선수 선두가 지나간다. 시간상으로 보아 25km 지난 지점이다. 아프리카 선수 두 사람이다. 달리는 속도로 보아서는 과연 사람인가 싶을 정도로 빠르다. 가늘고 긴 다리가 인상적이다. 한국의 김이용 선수가 혼자 그들을 힘겹게 따라가고 있다. 그 뒤로 10여 명의 선수들이 무리를 지어 달린다. 작년 대회 챔피언인 에스토니아 선수가 유일한 백인이라 눈에 확 띈다. 올해도 그가 우승했다. 후반 레이스에 아주 강한 선수다.

18km 지점 너더리마을 입구부터 반환점까지 약 3km의 긴 오르막이 시작된다. 이미 반환점을 돈 서브-3 주자들이 반대편 방향에서 계속 내려온다. 모두들 열심히 최선을 다해 달린다. 그렇지 않으면 서브-3라는 대기록을 세울 수 없을 것이다. 개중에는 달리기를 통해 알게 된 사람도 있다. 그들에게 박수를 쳐준다. 그러면 나도 힘이 더 나는 것 같다. 그들의 달리는 자세에 자극을 받아 나도 반환점을 향해 힘차게 달려간다. 하프를 1시간 50분 33초에 통과한다. 여전히 계획을 3분 44초나 앞서고 있다.

오늘 코스는 반환점까지의 전반은 대체로 오르막이 많고 골인지점까지의 후반은 내리막이 많은 것이 특징이다. 그래서 전반에 힘을 비축하고 후반에 아낀 힘을 쓰라고 많은 전문가들이 주문했던 것이다. 왜냐하면 내리막길에서도 힘이 없으면 스피드를 못 내기 때문이다. 수많은 주자들이 반환점을 향해 힘겹게 가고 있다. 진달회의 오명도 회원과 마주치면서 서로 파이팅을 외친다. 잠시 후 진종근 회장도 반가운 낯으로 지나간다. 60대 중반 나이인데도 불구하고 대단한 체력이다. 30km까지 동반하기로 했던 이 선배님은 아까 20km 급수대에서 서로 헤어져버렸다. 이 선배님이 어떻게 달리고 있을까 염려된다.

내리막이라 그런지 25km(2:11:38) 지점까지 쉽게 왔다. 여기서부터 약간 오르막이 시작된다. 한국도로공사 앞에 왔는데 한 시민이 내게 웃으면서 다가온다. 꿀물이라며 컵을 건넨다. 눈물나도록 고맙다. 마시고 나니 힘이 난다. 내가 힘들어 보였던 모양이다. 분당과 연결되는 시흥 사거리−고등 사거리를 지나 30km(2:40:25) 지점까지 주로 내리막이다. 아직까지는 계획보다 앞서 있지만 2분 5초 차이로 줄어들었다. 힘이 부치고 있다는 증거다.

한 시민의 꿀물 응원

20, 25, 30km 지점에서 연양갱, 초코파이, 바나나를 먹어서 아직까지 그렇게 허기지지는 않는다. 서울공항 근처에서 멀리 앞을 보니 세곡동 사거리 지나 오르막에서 많은 선수들이 힘들어하는 모습이 보인다. 얼마 안 있어 내가 갈 길인데 걱정이다. 세곡동 사거리다. 교통통제를 받고 있는 운전자들이 아우성이다. 언제쯤 우리도 선진 외국처럼 연도 시민들로부터 박수를 받으면서 달릴 날이 오게 될까. 힘들게 오르막을 오르니 수서역을 향하는 넓은 직선주로가 뻗어있다. 열심히 달려가고 있는데 누가 내 옆으로 다가온다. 강남마라톤클럽의 김종복 회원이다. 최근 햄스트링(hamstring, 넙적다리뒤근육) 부상 중인데도 많은 대회에 출전해 즐겁게 달리고 있다. 내가 힘들어 하니까 나의 페이스메이커를 할 심산(心算)인 것 같다. 고맙다. 35km(3:10:43) 지점에서 목을 축인다. 그동안 벌어 놓았던 시간을 다 소진하고 오히려 계획보다 1분 8초가 늦어졌다.

36km 지점 수서역을 지난다. 응원인파가 많다. 그중 한 사람이 환하게 웃으면서 내게 달려온다. 진달회의 신현찬 회원이다. '진달회, 파이팅!'이라고 쓴 종이 피켓이 손에 들려져 있다. 여기까지 일부러 응원하러 나온 것이다. 지친 나를 격려해 준다. 힘이 많이 되었다. 그와 헤어지고 여전히 김종복 님이 페이스를 이끌어 준다. 서서히 한계의 끝에 다다르고 있다는 느낌이 든다. 다리가 천근만근이다. 너무 힘들다. 탄천1교 오르막을 거의 기다시피 간다. 삼전동 사거리까지는 평지임에도 불구하고 다리가 안 떨어진다. 잠시 걷는다. 옆에서 김종복 님이 지금 걸으면 안 된다고 계속 달릴 것을 종용한다. 내 정신이 아니다. 가끔가다 헛소리도 나온다. 잠실 주공2단지 40km(3:46:20) 지점을 어떻게 왔는지 모르겠다. 계획보다 10분 가까이 늦었다.

발과 마음과 혼으로 달린다

이제 2km 정도 남았다. 어떻게든 서브-4는 하고 싶었다. 옆의 김종복 님이 힘들 것이라 한다. 뒤에서 대부대의 발자국 소리가 들려온다. '100회마라톤클럽' 고영우 회원의 100회 완주를 축하하는 동반주 그룹이다. 플랜카드를 앞세운 채 진군하고 있다. 마라톤 100회 완주, 대단히 경하할 일이다. 이제까지 마라톤에 바친 열정에 경의를 표한다. 신천역 사거리 근처에서 잠시 스트레칭을 한다. 제대로 경기운영을 했으면 종착지가 보이기에 발걸음이 가벼울 텐데 이렇게 힘들어 하고 있다. 천금같은 시간은 자꾸만 흘러간다. 잠실 종합운동장 입구까지 왔다. 600m만 가면 이 고통은 끝난다. 평소에는 아무렇지도 않아보이던 스타디움 입구까지의 얕은 오르막도 무척이나 힘들다. 드디어 메인스타디움 트랙이다. 마지막 300m다. 전력질주를 한다. 꽤 멀다. 결승아치를 보고서야 미소가 나온다. 또 해낸 것이다. 양팔을 높이 치켜들고 자축을 한다. 함께 달려준 김종복 님과 뜨거운 포옹을 한다. 내 스톱워치는 4시간 1분 30초를 지나고 있다. 비록 서브-4는 못했지만 마라톤에서도 자만은 금물임을 몸으로 배운 대회였다.

(2004. 11. 7)

열심히 달린 한 해, 달릴수록 어려운 마라톤

2002년 가을, 달리기를 시작한 지 얼마 안 됐을 무렵의 얘기다. 동대문운동장 근처 체육용품점으로 운동화를 사러갔다. 옆에 있던 손님이 밑창이 다 헤진 운동화를 주인에게 보여 주기에 내가 대체 얼마나 달리면 운동화가 그렇게 되느냐고 물었더니 그해 여덟 번을 달렸다고 해서 거의 뒤로 자빠질 뻔했던 기억이 난다. 물론 그 당시 나는 풀코스를 한 번도 달려보지 않았을 때다. 그러던 내가 올해만 풀코스 아홉 번에 하프 여섯 번을 달렸으니 이제 나를 보고 놀랄 사람들도 있을 것 같다.

올 풀코스 9회, 하프 6회 완주

2004년 마라톤 시즌을 마감하는 풀코스 마지막 대회다. 2주 전 중앙일보 마라톤에서 하도 혼나 오늘은 마음을 비우고 가급적 즐겁게 달리기로 했다. 이제까지의 짧은 마라톤대회 참가경험으로 볼 때 소위 용 쓴다고 기록이 좋아지는 것이 아님을 깨달았기 때문이다. 더군다나 처음 달리는 코스에 무모하게 도전하면 지난 9월 초 원주대회 막바지가 재판(再版)될까 두려웠다. 달릴수록 마라톤이 점점 더 어려워지지만, 바로 여기에 마라톤의 매력이 있는 것 같다.

11월 하순, 약간 쌀쌀한 것이 달리기에 아주 기분 좋은 날이다. 대부분의 선수들과 달리 나는 민소매셔츠에 반바지를 입었다. 조금 달리다보면 더워져 긴 옷은 거추장스러워질 것이라고 생각했다. 마라톤 시즌 거의 막바지에, 그것도 지방 소도시 양평에서 개최되는 대회임에도 불구하고 강상(江上)체육공원에는 제법 많은 선수들이 모였다. 선수들의 얼굴에는 마라톤 시즌이 끝나가는 것을 못내 아쉬워하는 표정이 역력하다. 그런 만큼 오늘 올해 농사의 대미를 멋있게 장식하려는 듯한 각오가 출발선상에 선 선수들의 모습에서 강하게 엿보인다.

오늘은 전반과 후반의 시간차를 가급적 줄이기 위해 특히 전반 초반에 천천히 달리기로 마음먹었다. 그러면 35km 이후에도 급격하게 기력이 떨어지지 않은 채 레이스를 이끌어 나갈 수 있다는 것이다. 그

발과 마음과 혼으로 달린다

러한 생각으로 달리니 한결 마음이 편하고 달리는 것이 즐겁다. 더군다나 초반 주로는 약간 내리막과 평지가 계속 이어지고 있어 발걸음이 가볍다. 올해 마라톤 풀코스에 입문해 벌써 다섯 번을 완주한 이창덕 선배님의 몸놀림도 오늘 컨디션이 좋은 듯 한결 경쾌하다.

5km(0:26:22) 지점을 지나는데 오르막이 끝남과 동시에 긴 내리막이 시작된다. 돌아올 때를 계산해 보니 37km 지점이다. 한창 힘들 때 쉽지 않은 오르막이 있게 되는 셈이다. 그런 것을 생각하니 내리막이라 하지만 반갑지 않다. 대회 홈페이지를 통해 코스에 대한 높낮이를 보았지만 항상 실제와는 큰 차이가 있다. 그래서 마치 길을 알면 쉽게 운전을 할 수 있는 것처럼 주로가 머릿속에 그려지면 그만큼 레이스 운영에 도움이 되는 것이다. 하지만 마라톤이 결코 짧은 거리가 아니기에 매번 사전 코스 답사를 하는 것은 아마추어 러너들에게는 벅찬 요구라 할 수 있다.

이 선배님과 열심히 달리고 있는데 바로 앞에 고영우 님께서 가신다. '100회마라톤클럽' 소속으로 바로 2주 전 중앙일보마라톤에서 풀코스 100회 완주라는 위업을 이루신 분이다. 오늘은 '달리는 의사들' 유니폼을 입고 달리신다. 먼저 100회 완주를 축하한다는 인사말을 건네면서 함께 달린다. 달리는 자세가 안정되어 있다. 연세를 물으니 나이대신 39년생이라 하신다. 언뜻 셈해도 65세다. 내가 옆에 계신 이 선배님을 소개하면서 35년생이라 하니 오히려 대단하다고 말씀하신다. 물론 주변에 함께 가던 분들도 모두 놀란 표정이다.

65세 풀코스 100회 완주자와 동행

출발할 때 약간 한기를 느끼던 몸은 이제 완전히 데워졌다. 짧은 복장을 하길 잘했다는 생각을 한다. 그런데 손만은 여전히 시리다. 미처 장갑을 챙기지 못했던 것이다. 날이 찬 편이라 땀이 덜 나고 갈증도 안 나 좋다. 아까부터 소피(所避)를 보고 싶은 생각이 있는데 그냥 참고 가기로 한다. 17km 지점쯤 왔을까 선두가 지나간다. 출발한 지 1시간 30분이 지난 것을 보니 1시간 15분경에 반환점을 돌았던 것 같다. 대단한 스피드다. 같이 출발했는데 벌써 8km나 차이 나는 것이다. 2위 그룹과 1분 이상 벌어져 있다. 과연 그 선수가 1위로 들어왔을까 궁금하다.

반환점이다. 여기까지 오는 동안 크고 작은 고개들이 4~5개 정도 있었는데도 불구하고 별 어려움 없이 왔다. 오늘은 내리막에서 평소보다 보폭을 좀 넓게 한 때문일까, 1시간 50분 24초에 통과한다. 이 정도면 오늘 마음속 목표인 3시간 49분은 무난할 것 같다는 생각이 든다. 이 선배님도 약 15초 간격으로 반환점을 돈다. 같이 가야할 것 같다는 생각이 들어 약간 페이스를 늦춘다.

25km(2:12:34) 지점쯤까지 이 선배님과 함께 달리다 페이스를 당겨도 될 것 같아 내가 약간 앞서 나간다. 아직까지 컨디션이 괜찮다. 혼자 나름대로 열심히 달린다. 한 30km(2:41:50) 왔을까. 누군가가 뒤에서 빠른 속도로 따라오는 것 같다. 놀랍게도 이 선배님이다. 한참 뒤에 떨어져 있을 줄 알았는데 나를 목표로 열심히 달린 것이다. 내가 못 따라갈 것 같아 힘 있으면 먼저 가시라고 하니 그럴 정도는 아닌 모양이다. 두 사람이 km 당 5분 30초 속도로 달린다. 30km도 지났으니 앞서 간 선수들도 많이 지쳐 있어 우리가 그들을 추월해도 우리를 따라오지 못하고 있다. 힘들 때 이 선배님과 함께 달릴 수 있어 오늘 레이스에 많은 도움이 되었다.

33km를 지나고 있는데 100회마라톤클럽의 석병환 님이 발자국 소리도 내지 않은 채 바람처럼 앞서간다. 내가 '석병환 님, 힘~!' 하고 외치니 손인사로 대신한다. 33년생이니 올 72세다. 올해 들어 여러 대회에서 그와 조우했건만 그때마다 30km 이후에서 나를 추월해 홀연히 사라지곤 했다. 전반보다 후반 성적이 좋은 주법의 소유자다. 오늘도 전반을 1시간 57분에 돌았고 3시간 48분에 완주했으니 후반을 1시간 51분에 달린 셈이다. 기록도 항상 3시간 40분대로 안정되어 있다. 67세부터 달리기를 시작해 달린 지 불과 5년밖에 되지 않았는데 오늘 101회째 완주라고 한다. 달리면 나이도 잊혀지는 것일까. 석병환, 이창덕, 고영우 세 분의 노익장을 오래오래 보고 싶다.

세 분의 노익장 만세!

35km(3:11:35) 지점이다. 30km(2:41:50)까지는 계획보다 2~3분씩 앞섰는데 이제는 오히려 그만큼 뒤처지고 있다. 여전히 힘에 부치지만 몸 컨디션이 2주 전 중앙마라톤 때보다는 훨씬 낫다. 이제 7km밖에 안 남았다. 예의 37km 오르막에 다다르니 많은 선수들이 걷는다. 그러나 나는 '오늘은 걷지 않겠다' 라고 굳게 다짐한대로 걷지는 않는다. 허리를 약간 숙이고 팔을 이제까지보다 경쾌하게 흔들려고 노력하다 보니 고갯마루에 올라왔다. 이제부터는 그리 어려운 곳은 없다.

40km(3:43:53)를 힘들게 통과했다. 35km 이후 예정보다 km 당 1분씩 더 걸렸다. 35km 이후의 문제점은 여전히 해결되지 않고 있다. 이제 다 왔다. 결승선이 있는 강상체육공원까지의 약간 경사진 오르막도 그렇게 힘들 수가 없다. 시골이라 도로변에 사람도 없고 있어도 소 닭 보듯 한다. 강상체육공원에 들어서니 그때서야 나 홀로 달리고 있는 것이 아니라는 것을 알 수 있을 정도로 주변이 시끌벅적하다. 결

제1회 경인일보 남한강 전국 마라톤 (2004. 11. 21)

승선 바로 앞에서 이 선배님 부인이 환한 얼굴로 반갑게 맞이한다. 이제 모든 것이 끝났다. 활짝 웃는 표정으로 결승선을 통과한다. 3시간 58분 17초의 기록이다. 간신히 서브-4를 했다.

지난 9월 이후 다섯 번째 풀코스였다. 그 사이 산악마라톤대회도 있었고, 하프대회에도 출전했다. 나 자신도 무리인줄 알았지만 그래도 내 체력을 시험해 보고 싶었다. 그리고 이 모든 것을 이겨낸 데 대해 자긍심과 성취감을 느낀다. 이렇듯 그동안 대회에 바지런히 참가하다 보니 아무래도 훈련은 게을리할 수밖에 없었다. 실전과 훈련을 동시에 했다고 할 수 있다. 올해 마라톤 시즌은 내주 천안에서 있을 하프대회로 끝난다. 그 후에는 내년 시즌을 준비하기 위해 본격적이고 체계적으로 훈련할 예정이다. 그리고 선별적으로 대회에 참가해 보스턴마라톤 참가자격(50~54세 : 3시간 35분)을 따고 싶다.

(2004. 11. 21)

자신 있게 개인 최고기록에 도전하다

천안 종합운동장은 예상했던 것보다 멋있었다. 작년에 완공됐다고 한다. KTX역이 생긴 후 천안이 부쩍 발전하고 있다는 느낌이 들었다. 내가 천안에서 경주를 한다니까 이곳에 살고 있는 과거 직장동료 서병욱 씨가 이른 아침부터 운동장에 나왔다. 진달회 이창덕 선배, 박영숙 여사와 함께 스트레칭으로 간단히 몸을 풀었다. 칠순의 이 선배님은 올해만 여섯 번 풀코스를 완주했고, 박 여사는 오늘 세 번째 하프 도전이다. 모두 최선을 다해 달리자고 다짐한다. 11월 하순치고는 날씨도 달리기에 아주 좋다. 출발 전 한참 고민하다 상하의를 짧게 갖췄다. 10시 정각 출발 총성과 함께 일제히 운동장을 빠져나간다. 족히 3,500명은 돼 보인다. 지방대회치고는 적지 않은 선수 규모다.

오늘은 처음부터 마음먹고 달렸다. 그렇지 않으면 기록단축이 어렵다는 것을 그간의 경험으로 알고 있다. 올 하반기 풀코스대회에 자주 출전했기 때문에 하프코스는 왠지 자신이 있었다. 출발한 지 얼마 되지 않았는데 오르막이 시작된다. 이 선배님을 찾으려고 뒤를 흘낏 돌아보니 언뜻 안 보인다. 그렇지만 내 뒤 어디선가 나를 목표로 열심히 달리고 계시리라 생각하고 혼자 치고 나간다. 내 주변 다른 선수들도 얼마나 잘 달리는지 모른다. 물 마실 시간도 아까워 5km(0:23:15) 급수대를 그냥 지나친다.

7.5km 농수산물도매시장 앞을 지나면서 이제까지 끼고 왔던 장갑을 벗어 던진다. 몸이 어느 정도 데워진 데다 전방에 오르막이 있어 더 분발해서 달리기 위해서다. 10km(0:47:18) 급수대에서 가볍게 목을 축인다. 주로 곳곳에 심심치 않게 오르막이 있다. 보폭은 짧게 하면서 경쾌하게 팔치기를 하니 쉽사리 올라간다. 내리막에서는 팔을 약간 내려 쉬게 하고 보폭을 조금 넓힌 채로 달리니 효과적이다. 이러한 달리기 요령을 터득했다 할지라도 실전에 적용하려면 많은 경험을 요한다. 이 모든 동작을 마치 기계가 움직이듯 자동화해야 하니 많은 훈련 외에는 별 뾰족한 방법이 없는 것이다. 15km(1:11:25) 지하차도

앞 내리막을 열심히 달리고 있는데 서병욱 씨가 보인다. 이 근처에 사무실이 있어 여기까지 응원 나온 것이다. 팔을 높게 들어 박수에 화답한다. 오늘 얼마나 큰 힘이 되었는지 모른다.

오른쪽으로 도니 큰 길이 나온다. 하프코스에서 15km 이후가 나에게는 풀코스의 30km 이후에 해당하는 제일 힘든 구간이다. 그간 하프마라톤 구간별 기록을 분석한 결과이다. 그런만큼 오늘은 각별히 정신집중을 한다. 요즘 집에서 아침저녁으로 발목펌프운동(주: 통나무에 아킬레스건 부위를 가격함으로써 전신의 혈액순환을 돕게 하는 운동)을 하고 있어선지 아킬레스건이 탄력이 있어 다리의 움직임과 호흡이 박자가 잘 맞는다. 17.5km 반환점까지 약간 경사진 오르막이 계속된다. 반대 방향에서 달리는 주자들은 힘차게 내리막을 달린다. 반환점을 돈 후 300m 지점에서 이 선배님을 만나 서로 파이팅을 외치며 스쳐간다. 출발하자마자 헤어진 후 처음으로 만나는 것이다. 이 선배께서는 아직까지 컨디션이 좋아 보인다.

발목펌프운동의 효과

20km(1:35:23) 지점을 통과한다. 오른쪽으로 종합운동장이 보이기 시작한다. 계속 내리막 주로라 스피드를 내본다. 드디어 운동장 입구다. 내 스톱워치는 1시간 38분대를 막 지나고 있다. 잘하면 1시간 40분 안에 골인할 수 있을 것 같다. 젖 먹던 힘까지 보탠다. 보기보다 스타디움이 멀다. 앞서 가던 많은 선수들을 앞지른다. 스타디움에 들어선다. 그런데 이게 웬일인가. 들어서자마자 있으리라 생각했던 결승선이 트랙 3/4을 돌고 나서야 있다. 맥이 풀렸다. 이미 1시간 40분을 넘겼다. 그래도 전력질주를 한다. 오른손 주먹을 불끈 쥔 자세로 결승선을 통과한다. 1시간 41분 23초다. 하프마라톤 개인 최고기록

을 경신했다. 내가 골인한 지 3분 후 이 선배님께서 들어오셨다. 전혀 지친 기색이 안 난다. 이제 하프코스에는 완전히 자신 있는 표정이다.

함께 출발했던 박 여사가 어떻게 달려오는지 궁금했다. 나는 물병 하나를 챙겨들고 마중 나갔다. 2시간 이후 대 주자들이 마지막 안간 힘을 다한다. 모두들 가식이라고는 전혀 없는 인간 본연의 모습을 보이고 있다. 그러한 그들과 마주보며 달리는 것이 영 미안하다. 19km 지점쯤 왔을까. 멀리서 박 여사의 모습이 보이기 시작한다. 매우 지친 모습이다. 오늘 2시간 10분 골인을 목표로 달렸을 텐데 이상한 생각이 들었다. 만나서 물어보니 7km 지점 이후 왼발에 물집이 생겨 레이스를 망친 것이다. 약간 두터운 양말을 신은 것이 탈이 되었다. 운동장에 들어왔다. 2시간 28분대였다. 2시간 30분을 넘기지 않은 것이 다행이었다.

실패로부터 배운다

본인으로서는 오늘 레이스에 거는 기대도 컸을 텐데 목표를 달성하지 못해 실망도 컸을 것이다. 그러나 현명한 사람은 실패로부터 배우는 것이다. 1968년 보스턴마라톤 우승자 앰비 버풋의 말은 우리에게 많은 것을 시사해 준다. "나는 달리기뿐 아니라 인생에서도 멈추지 않고 계속 앞으로 나아가는 한 실패는 없다는 것을 배웠다. 달리기에서는 속도나 금메달이 중요한 것이 아니다. 결코 멈춰서는 안 된다는 것, 그것이 중요하다. 우리는 살아가면서 인생의 어느 길목에서 어려움에 부닥칠지도 모른

전국 동호인 대항 마라톤 (2004. 11. 28)

다. 하지만 세상에는 하나가 아니라 여러 가지 길이 있다. 사실 무한
하다. 절대로 멈추지만 않는다면, 우리는 언젠가 진정 승리하는 길을
찾을 수 있을 것이다."

(2004. 11. 28)

하프 개인 최고기록을 세우다

오늘 경주는 각별한 의미가 있다. 우리 진달회의 송년회를 겸하고
있기 때문이다. 진달회는 불과 2년 반 전 동네에 있는 진선여고 운동
장에서 달리기로 만난 사람들의 모임이다. 그간 여러 번 대회에 함께
출전하더니 이제는 저물어 가는 한 해를 그냥 보내기 아쉬워하는 자
리를 마련할 정도가 되었다. 요즘처럼 나와 가족 정도밖에 모르는 세
태에서 이렇게 생면부지의 이웃과 함께 정을 나눌 수 있다는 것만으
로도 나는 행복하고 자랑스럽다. 그러다보니 이제는 운동을 떠나 이
'이웃 가족들'의 안부가 궁금해 새벽마다 발걸음을 운동장으로 옮길
지경이 되었다. 바로 이것이 나로 하여금 별 재미있는 운동이라 할 수
없는 달리기를 꾸준하게 하도록 하는 원동력인지도 모른다.

달리기의 원동력

12월 중순이건만 마치 3월 초순 정도의 날씨로 달리기에는 그만이
다. 오죽하면 우리 동네 공원의 진달래가 꽃망울을 터뜨렸을까. 어떻
게 입고 달려야 할지 고심하다가 달리기 시작하면 곧 더워질 것 같아
위아래 모두 짧게 입기로 한다. 10시 정각 출발 총성과 함께 여의도
야외음악당을 떠난다. 오십여 리의 결코 짧지 않은 달리기 여정이 시
작된 것이다. 오늘의 목표는 1시간 39분대로 진입하는 것이다. 이를

위해 페이스 차트도 이제까지보다 더 세분해서 만들었다. 어젯밤에는 지난 11월 열렸던 중앙일보 서울국제마라톤 녹화테이프를 보면서 오늘 레이스를 머릿속으로 그려봤다.

달리는데 한쪽 옆이 허전하다. 올해 줄곧 나의 달리기 파트너였던 이창덕 선배 자리다. 참가신청은 했는데 다른 사정이 있어 함께 달리지 못하게 되었다. 페이스가 비슷해 레이스 운영에 서로 많은 도움이 되는데 못내 아쉽다. 나는 사계절 중 겨울 달리기를 가장 좋아한다. 땀이 안 나는 것도 좋아하는 이유 중 하나지만 그 무엇보다도 싸한 겨울바람을 맞으면서 달리는 기분은 무어라 형용하기 힘들다. 순식간에 5km(0:23:14) 동작대교까지 왔다. 예정보다 6초 빠르다. 물마시고 싶은 생각도 없고 시간도 아까워 그냥 급수대를 통과한다.

한강 여의도 시민공원 코리아 마라톤 아마추어 하프 페스티벌 (2004. 12. 12)

겨울 달리기가 좋다

6.5km 지점 서울마라톤클럽 본부석을 지난다. 칠순도 훨씬 넘기신 박영석 회장님을 비롯한 회원들이 달리는 선수들을 격려한다. 달리기를 하면 이렇게 서로 벽이 없어지는 것일까. 성원에 힘입어 반포대교 진입 오르막을 힘차게 오른다. 자동차로 올림픽대로를 전속력으로 달리고 있는 사람들의 눈에는 우리가 어떻게 비칠까 혼자 생각해 본다. 41분쯤 지났을까, 선두가 달려온다. 9km 표지판이 저 앞에 보

인다. 선두주자들이 띄엄띄엄 달려온다. 동호대교 밑 10km(0:47:03) 지점이다. 550m 남은 반환점을 48분대에 통과해야 하는데 안 될 것 같다. 전력을 다해 반환점을 지난다.

길 때도 올 때 페이스를 유지해야 간신히 1시간 39분대로 골인할 수 있다. 반환점을 돌아 동호대교를 향해 내려오는데 뒤에서 한 무리가 달려오는 소리가 들린다. 1시간 40분 페이스메이커가 이끄는 그룹이다. 잘 됐다 싶어 따라 붙는다. 급수대에서 물컵을 집어들고 달리면서 간단히 목만 축인다. 12km 지점이다. 페이스메이커와 같이 가면 달리기에 대해 배우는 것이 많다. 오늘 페이스메이커는 하프의 경우 15km 이후 힘들어지기 때문에 아직까지는 현재 달리고 있는 페이스가 힘들지 않고 편안하게 느껴져야 한다고 한다. 정말 그들은 그렇게 달리는 것 같다. 그런데 나는 벌써 약간 힘에 부치고 있다는 느낌이다. 그래서 그런지 점차 간격이 벌어지더니 14km 채 안 돼 그들과 헤어져버렸다.

누군가 잘 달리는 사람과 함께 동반주를 해야 되겠다는 생각을 하던 차에 남녀 한 쌍이 내 뒤에서 따라왔다. 내가 오늘 앞서 간 여자를 못 보았기에 여자 1등이냐고 물으니 고개를 젓는다. 옆에서 남자가 페이스메이커를 하는 것 같은데 두 사람 다 자세가 좋다. 이들을 놓쳐서는 안되겠다는 생각에 뒤에서 바짝 따라 붙는다. 그들과 같이 반포대교 내리막을 내려가고 있는데 뒤에서 한 '노인 선수'가 그들의 어깨를 짚으며 아는 척한다. 같은 클럽 소속이다. 그런데 그의 달리는 모습이 엄청 재밌다. 마치 경보선수처럼 뒤뚱거리면서 달리는데 속도가 장난이 아니다. 순식간에 우리를 제치고 앞서 간다. 나중에 그의 기록을 확인해 보니 1:37:27 였다. 한번 벤치마킹해 볼 만한 자세라고 생각해 본다.

벤치마킹해 볼 만한 경보식 주법

　16km 동작대교 밑이다. 빠른 동작으로 달리면서 물 한 컵을 집어
든다. 멀리 63빌딩도 보인다. 5km밖에 안 남았다. 그렇지만 시간관
리에는 가장 중요한 구간이다. 정신집중의 끈을 계속 팽팽하게 당겨
놓은 채 아까 그 한 쌍의 남녀와 앞서거니 뒤서거니하며 달린다. 얼마
전까지 서로 얘기하면서 가더니 이제 힘들어졌는지 아무 말도 하지
않는다. 가끔가다 뒤에서 우리를 앞서 가는 선수도 있지만 우리도 그
만큼은 추월하는 것 같다. 예상 페이스보다 약 1분 늦다.

　63빌딩 앞이다. 남은 1km를 3분 35초 이내로 주파해야 하는데 불
가능한 얘기다. 이미 물 건너갔다 생각하니 약간 기운이 빠진다. 그래
도 최선을 다한다. 응원하는 사람들이 그녀를 보고 여자 3등이라고 외
친다. 한 50m 앞에 여자 2등이 보인다. 따라잡을 수 있을 것 같은데 거
리가 안 좁혀진다. 드디어 여자 3등과 동시에 결승 테이프를 끊는다. 1
시간 41분 11초의 기록이다. 666명 완주자 중 191등을 했다. 목표에는
못 미쳤지만 2주 전보다 12초 빠른 개인 최고기록을 세웠다.

　이로써 2004 달리기 시즌은 막을 내렸다. 달리기 경력 3년 차인 올
한 해 풀코스 9회, 하프코스 8회, 50km 1회, 22km 산악마라톤 1회 등
나름대로 열심히 달렸다. 이러한 가시적인 성과도 중요하지만 달리기
를 통해 얻은 무형의 값진 가치 － 인내, 끈기, 협동, 희생, 정진, 용기
등 － 가 더 소중하다고 생각한다. 이렇게 체득한 모든 것을 밑거름으
로 2005 시즌에는 더욱 분발하여 개인적인 성장과 사회적인 기여라
는 두 마리 토끼를 동시에 잡고 싶다.　　　　　　　　(2004. 12. 12)

제3장

즐겼노라

●
●
●

"자신이 가는 길에서 즐거움을 느끼지 못한 사람이
목표를 이루는 법은 없다.
과정이 즐겁지 않으면 결승선에
도착하기도 전에 포기하고 말 것이기 때문이다.
가는 길을 즐겁고 편안하게 만들어주는 것이 있다면
나는 무엇이든지 해 볼 것이다"

앰비 버풋 (Amby Burfoot)
1968년 보스턴마라톤 우승자

●
●
●

도대체 마라톤이 무엇이기에

2005년 마라톤 시즌을 여는 첫 대회다. 오는 3월 대망의 동아마라톤을 정확하게 한 달 앞둔 시점에서 훈련 삼아 달릴 생각으로 신청한 대회다. 지난겨울 추위를 핑계로 체계적인 훈련을 못해 연습량이 부족한 것이 영 마음에 걸린다. 그래도 작년 12월 이후 오래간만에 대회장에 나오니 마음이 설렌다.

'우리 역사는 우리가 지킨다'

이름하여 '아! 고구려 역사 지키기' 마라톤대회다. 근래 들어 중국이 고조선사, 고구려사, 발해사를 한국사가 아닌 중국사라고 주장하는 시점에서 '우리 역사는 우리가 지킨다'는 기치(旗幟)를 내건 대회다. 항상 그러하지만 대회장 분위기는 활기차다. 제1회 대회임에도 불구하고 많은 선수들이 모여 있다. 그동안 여의도 둔치의 상징이라 할 수 있는 야외음악당이 철거돼 넓은 벌판이 더 황량해 보인다.

오늘은 당초 전후반을 1시간 52분 페이스로 3시간 45분을 목표로 달리려고 했으나 '강마'의 김용수 팀장이 훈련 삼아 전후반 2시간씩 4시간에 완주하는 것이 좋겠다고 권하기에 그렇게 하기로 한다. 게다가 처음 5km는 30분 페이스로 달리고 그 후 약간 속도를 높여 나가자고 한다. 김 팀장을 포함해 '강마'의 박홍구, 박경수 회원 등 네 명이 함께 달리기로 했다.

추위에 대비해 상하 긴 훈련복 차림이다. 이제까지 대회 출전한 이래 처음 있는 일이다. 오늘과 같은 코스에서 열렸던 지난 2003년 3월 서울마라톤대회에서 짧은 옷을 입고 달렸다가 후반에 쥐가 나는 바람에 간신히 완주한 기억이 새롭다.

네 명이서 천천히 얘기하면서 달리니 그렇게 즐거울 수가 없다. 바로 이것이 아마추어들이 지향해야 한다는 펀런(fun-run)인가. 동작대교 밑 5km지점을 예정대로 30분 약간 못미처 통과한다. 옆에서 우리를 이끌고 있는 김 팀장이 약간 속도를 낸다. 이제 몸이 데워졌기 때문이란다. 달리기 경력은 길지 않다고 하지만 달리기에 대해 보통 해박하지 않다.

2월 중순이라 그런지 한강변 주로가 한산한 편이다. 이제 앞으로 한 달 후면 봄나들이에 나선 사람들로 복잡해질 것이다. 해가 갈수록 한강둔치를 이용하는 사람들이 증가하는데 반해 안전대책은 거의 무방비 상태다. 각자가 서로서로 조심할 수밖에 없는데 달림이들은 자전거나 인라인을 타는 사람들에 비해 약자에 속한다. 무언가 정책적인 배려가 있어야겠다.

반환점인 광진교가 눈앞에 보인다. 벌써 많은 사람들이 돌았다. 옆의 김 팀장이 갑자기 다리 통증 때문에 반환점에서 기권하겠다 한다. 후반까지 함께 달렸으면 했는데 안타깝다. 반환점을 계획대로 1시간 59분에 돈다. 여러 가지 먹거리들이 준비되어 있다. 그중 작은 만두가 가장 인기를 끈다. 세 개를 먹고 초코파이 한 개를 집는다. 이제 우리 일행은 세 명이 되었다. 힘든지 모두 말이 없어졌다. 25km쯤 왔는데 그들의 페이스를 따라가지 못하겠다. 점점 처지더니 결국 보이지 않는다. 혼자가 되니 더 힘들어진다.

발과 마음과 혼으로 달린다

인간승리를 보여준 영화 '말아톤'

체력이 많이 떨어졌음을 느낀다. 허기져온다. 아침 10시에 출발했으니 그럴만도 하다. 급수대마다 있는 초코파이를 한 개씩 먹는다. 얼마 전에 본 영화 '말아톤'에서 주인공 초원이가 끔찍하게도 좋아하던 바로 그 초코파이다. 영화를 보면서 눈물도 많이 훔쳤다. 마라톤을 통해 자폐증 아들에게 삶의 희망을 주려는 어머니의 자식에 대한 애틋한 사랑을 그린 감동적인 영화였다. 마라톤을 주제로 인간승리를 보여준 것으로 장애인들에게는 용기를, 비장애인들에게는 감사할 줄 아는 삶을 살도록 가르쳐주는 작품이었다.

후반에 들어서면서부터 이제까지 강풍이 계속된다. 아직까지 손이 시려울 정도로 바람이 매섭다. 긴 옷 입고 오기를 잘했다고 생각해 본다. 짧은 옷을 입었다면 맞바람으로 인해 체온은 계속 떨어질 것이고 그것이 피로한 근육을 더욱 경직되게 만들어 쥐가 생기게 하는 것이다. 며칠 전 새로 산 나이키 운동화도 마음에 든다. 가벼워 착용감이 좋을 뿐만 아니라 충격흡수도 잘 하는 것 같다.

여의도에 가까이 갈수록 더 힘들어진다. 보통 38km 이후면 희망이 생겨 힘이 나는데 오늘은 그렇지 않다. 나름대로 정신을 집중하면서 고통을 참아낸다. 63빌딩 앞 마지막 1km다. 바람이 더 세차게 분다. 한 발 떼기도 힘들다. 그래도 결승아치가 보이니 힘이 난다. 이제 다 온 것이다. 오늘 경기는 끝났다. 이런 힘든 마라톤을 왜 하느냐 하지만 한 달 후에는 어김없이 광화문 한복판에 또 서 있을 것이다. 정말 모르겠는 것이 마라톤이다.

오늘 경기 운영은 성공적이지 못했다. 전반은 예상대로 1시간 59

분에 통과했건만 후반은 15분이나 늦었다. 오늘 레이스 한 번으로 결론 내리기에는 이르지만 나는 나대로의 경기 운영을 해야겠다. 오는 3월 동아마라톤에서는 전반을 하프 최고기록보다 10분 늦춘 1시간 51분에 끊고 후반 레이스를 컨디션에 맞춰 달려 3시간 45분 목표로 달려야겠다. 나 자신에 맞는 레이스 운영 감각을 찾은 데 대해 만족한다.

(2005. 2. 13)

'말아톤' 배형진 군과 함께

즐겁게 열심히 달린 한판이었다. 또 세웠던 목표도 그대로 이뤘다. 이보다 더 멋진 일이 무엇이 있겠는가. 당초 오늘 대회에는 1주일 후 동아마라톤도 있고 해서 자원봉사를 신청했었다. 그랬던 것이 대회 주최 측 박영석 회장님의 권유로 하프를 달리는 것으로 계획이 변경되었다. 결과적으로는 달리기를 했던 것이 잘 되었다는 생각이 든다.

서울마라톤대회. 언론사나 지방자치단체가 아닌 일반 마라톤클럽이 주최하는 대회 중 가장 운영을 잘 한다는 대회다. 내가 세 번째 참가하는 유일한 대회다. 기록순에 따라 B조에서 출발 준비를 하고 있는데 주변이 어수선하다. 영화 '말아톤'의 실제 주인공인 배형진 군이 언론과 인터뷰를 하기 때문이었다. 지난 1월 실로 감명 깊게 본 영화였다. 자폐증이 있는 배 군이 어머니의 도움으로 온갖 어려움을 극복하고 마라톤에서 그 어렵다는 서브-3를 한 인간승리의 스토리다. 오늘 그 실제 인물하고 같이 달린다. 달리기를 하다보니 참 여러 가지 재미있는 일도 많이 생긴다.

올 겨울은 유난히 긴 듯
하다. 3월 초라 하지만 쌀쌀
하기 그지없다. 그래도 여
러 건각들과 함께 하고 있
으니 견딜만하다. 오늘은
동아마라톤 연습주로 삼아
km 당 5분 페이스로 1시간
45분 완주가 목표다. 하프
코스는 가양대교 방향으로
달린다 한다. 아마도 풀코

영화 '말아톤' 중에서

스와 겹치지 않기 위함인 것 같다. 부지런히 달려야 5분 페이스를 유
지할 수 있다. 잠시라도 집중력이 떨어져 정신이 산만해지면 안 된다.
여기에 달리기에 또 다른 매력이 있는 것 같다. 어떤 일에 몰두(沒頭)
한다는 것, 대단히 멋있는 일 아닌가. 오늘 레이스 결과를 분석해 보
면 그러한 것이 보인다.

전후반 별로는 후반이 전반보다 52초 늦었다. 그 결과 5km 구간별
기록도 후반이 약간 떨어졌지만 24~25분대를 꾸준히 유지했다.
5~10km 구간대의 기록이 가장 좋았고, 15~20km에서 제일 떨어졌
다. 후반에 갈수록 체력이 떨어진 결과다. 그러나 전체적으로는 안정
적인 레이스 운영이었다고 생각한다. 문제는 이러한 페이스가 마라톤
에서도 이어져야 한다는 데 있다. 이를 위해서는 아무래도 꾸준한 연
습밖에 다른 왕도가 없는 것 같다. 올해 농사는 이제부터 시작이다.
가을에 풍성한 수확을 얻기 위해 연초인 지금부터 부지런히 준비해야
하겠다.

(2005. 3. 6)

꽃샘추위 속에 600년 고도(古都)를 달리다

얼마나 기다렸던가, 오늘을! 지난겨울 혹한에도 불구하고 그 얼마나 많은 나날을 매일 새벽 달리기 연습을 하였던가. 그 모든 노력이 바로 작년 내게 처음으로 서브-4라는 자랑스러운 추억을 갖게 한 오늘의 동아마라톤을 위한 것이 아니었던가.

3월 중순이건만 꽃샘추위가 기승을 부린다. 수은주가 영하 4도를 가리키고 있다고 하니 달리기에는 적합한 날씨가 아니다. 2만여 명이 운집한 광화문 일대는 가히 장관(壯觀)이다. 오늘따라 광화문을 지키고 있는 이순신 장군이 더 늠름해 보인다. 장군께서 목숨 걸고 지킨 나라를 과연 우리는 지금 제대로 보존하고 있는가. 장군에게 면목이 없다. 나라 안팎으로 어려운 이 시대에 정말 필요한 우리의 영웅상이다.

짐을 맡기고 나니 몸은 홀가분한데 추위가 장난이 아니다. 위는 스톰파카를 걸쳐 괜찮은데 쇼트 팬츠 차림의 아랫도리는 영하의 추위를 견디기에 무리다. 다리근육이 굳을 것 같아 제자리에서 자꾸 몸을 움직여본다. 발도 시려 온다. 오늘 함께 달릴 이창덕 선배는 위아래 긴 차림이다.

출사표까지 던진 이창덕 선배님

오늘을 위해 가족을 포함한 몇몇 지인들에게 출사표(出師表)까지 던지신 이 선배님이다. "(…) 벌써 고희의 나이에 50km 한 번, 42.195km 여섯 번, 21.0975km 일곱 번을 한 번도 기권하지 않고 완주했으니 나 스스로 생각해도 대견스럽고 어깨가 절로 으쓱거려진답니다. 매 대회마다 마의 벽인 후반에서는 인간체력의 한계선을 넘나드는 반갑지 않은 고통이란 손님 때문에 내가 달리는지 남이 달리는지 조차도 모를 정도의 마비지경을 느끼곤 한답니다. 이 세상인가, 저 세상인가 조차도 구분이 안 될 무념의 경지에 이른답니다. (…) 지성(至誠)이면 감천(感天)이요, 진인사대천명(盡人事待天命)이라듯 오로지 최선을 다하는 일만 남았네요. 더군다나 내일 티 한 점 없이 선하고 착한 사랑하는 예쁜 나의 아내가 골인지점 통제요원으로 자원봉사하기 때문에 더더욱 분발해야겠다는 소명의식이 강렬하게 느껴진답니다. 최선을 다한 후 건강한 모습과 좋은 기록을 나의 가까운 여러분들에게 선사하고, 결승점에서 애타게 기다리는 따스한 아내 가슴에 포근히 안기렵니다."

오늘 대회에 임하는 이 선배님의 결연한 각오와 자세가 잘 나타나 있다. 나를 통해 달리기 세상에 입문한 지 불과 1년 반 만에 세운 대기록이다. 나는 이런 이 선배님을 혼자 달리게 할 수 없어 주최 측의 양해를 구하고 같은 그룹에서 출발해 함께 달리기로 했다. 그렇게 하는 것이 백오 리 멀고 먼 길을 서로 조금이라도 덜 힘들게 달릴 수 있을 것 같아서였다.

오전 8시, 엘리트 선수들의 출발 총성이 울린 지 20분 만에 드디어 우리 C 그룹이 출발할 차례가 왔다. 주변에 있는 동료 선수들의 표정에는 자못 긴장감이 엿보인다. 그렇다. 우리는 우리나라 인구 천 명 중에 한 명 꼴로 있는 마라토너다. 이 얼마나 자긍심을 가질 만한가. 출발 직전 지난 겨우내 신세를 졌던 파카를 길섶으로 벗어 던진다. 나중에 깨끗하게 세탁해 우리의 이웃들에게 전해질 것이라 한다. 그래서인지 출발부터 기분이 좋다.

오늘 목표는 3시간 45분이다. 그 다음은 3시간 49분 개인 최고기록을 경신하는 것이고, 최종 목표는 3시간 50분 초반대 완주다. 이를 위해 25km까지는 5km 당 26분 30초, 그 이후는 27분에 끊어야 한다. 결코 쉽지 않은 목표다. 그러나 목표는 조금 높게 잡아야 한다고 하지 않던가. 나는 이러한 목표가 없으면 왠지 더 힘들 것 같아 항상 번호판에 5km 당 예상기록을 붙이고 달린다.

오늘 말고 우리가 언제 어떻게 600년 고도(古都) 수도 서울 한복판을 달릴 수 있겠는가. 마라토너들만의 대단한 특권이다. 완전히 교통 통제된 대로를 전국에서 몰려든 건각들과 함께 활주한다. 이 기분을 어이 필설로 다 표현할 수 있으리오. 지금은 서울시의회가 된 옛 국회의사당, 서울시청, 숭례문 등 우리나라 역사의 한복판을 달리고 있다. 작년과 다르다면 청계천 복원공사가 이제 거의 마무리 단계에 접어들었고, 시청 앞에 서울광장이 들어 서 주변 경관이 훨씬 다듬어졌다는 것일 게다. 내년에는 새로 복원된 청계천 변을 달리게 될 것이라고 하니 벌써부터 기대가 크다.

청계천 변 달릴 내년 동아마라톤

숭례문을 끼고 도니 도로 반대편에는 서울역 방향으로 가기 위해 늘어선 차량들의 행렬이 끝이 안 보인다. 우리들에게 대놓고 싫은 소리는 하고 있지 않지만 얼마나 짜증이 나겠는가. 역지사지(易地思之)의 입장에 서면 금방 이해 될 수 있는 일이다. 이미 지상을 통해 교통통제가 공지되었긴 하지만 어쩔 수 없이 움직여야만 되는 그들에게 미안할 따름이다.

을지로 입구다. 벌써 서울운동장 인근 반환점을 돌아온 선두 선수들의 달리는 모습이 그렇게 힘차고 멋있을 수 없다. 옆에 함께 달리고 있는 이 선배님의 숨소리가 예전보다 많이 골라졌음을 느낀다. 달리기 초기에는 숨이 거칠었는데 지금은 그렇지 않다. 그만큼 심폐기능이 향상되었다는 증거일 것이다. 나도 며칠 전 혈압을 쟀는데 약간 높았던 수치가 정상으로 돌아와 달리기를 꾸준히 한 보람을 실감하고 있다.

동대문운동장 옆 반환점을 돌고 국립의료원 앞 5km(0:26:53)지점을 지난다. 계획보다 23초 늦었다. 그런대로 초반 레이스 운영을 잘한 것 같다. 물 한 모금을 마신다. 추위는 여전하건만 벌써 몸이 약간 더워져 온다. 시리던 발도 다 풀렸다. 다만 아직 장갑 낀 손의 감각은 정상이 아니다. 장갑 양쪽에 하나씩 넣어 가지고 온 카보샷도 잘 있다. 25km 이후 나를 지탱해 줄 에너지원이다. 소지하기 불편해서 그렇지 30km 이후 에너지 고갈상태에서 확실하게 효험을 보고 있다. 젤 상태로 되어 있어 바나나나 초코파이보다 섭취하기에 편하고 달리면서 먹을 수 있어 시간도 많이 아낄 수 있는 장점이 있다.

반환점을 향해 달려가는 선수들의 행렬이 끊이질 않는다. 오늘 마지막 조에서 출발한 우리 동네 박영숙 선수의 모습이 보이는지 찾아본다. 하프 2회 완주 이후 나의 권유로 오늘 처음으로 마라톤에 도전하고 있는 것이다. 오십 후반의 나이로는 대단한 결단이다. 혼자 달리게 한 것이 계속 마음에 걸린다. 아무쪼록 박 여사의 무사완주를 기원해 본다.

후미 주자들의 달리는 자세나 표정에는 선두주자들 사이에 있는 남과 경쟁하는 모습이 도통 보이지 않는다. 오직 자신과의 경쟁이며 기록보다는 완주가 목표인 것 같은 그들이다. 일등은 있지만 완주만 하면 모두가 우승자라고 생각하는 이상한 경기, 일등보다는 오히려 꼴찌에게 더 많은 갈채를 보내는 비상식적인 게임, 바로 마라톤이다. 이외에도 내가 특별히 마라톤을 좋아하는 이유는 하나 더 있다. 달릴 때만큼은 속세의 모든 잡념에서 벗어난 완전한 자유인(自由人)이 되기 때문이다.

꼴찌에게 더 많은 갈채를 보내는 마라톤

워밍업이 되어서인지 속도가 점점 빨라지는 것 같다. 종각 앞을 통과한다. 종로로 접어드니 많은 사람들이 우리들에게 박수를 치고 있다. 그들이 있기에 더 힘이 난다. 그렇게 멀어 보이는 종로통도 순식간에 지나고 벌써 10km(0:51:53)지점인 동대문을 지난다. 예정보다 1분여 빠른 속도다. 급수대에서 그간 동행하던 3시간 45분 페이스메이커를 앞질렀다. 12.5km를 지나는데 갑자기 옆에 달리던 이 선배님께서 화장실에 들러 가겠으니 나보고 먼저 가라고 하신다. 순간 어찌할 바를 몰랐지만 일단 헤어지기로 하고 혼자 달리기 시작한다.

달려보면 자기한테 적합한 속도가 있는 것 같다. 그 속도보다 빨리 가는 것은 물론 어렵지만 그렇다고 천천히 달리는 것도 그리 쉬운 일이 아니다. 그간의 많은 연습과 훈련이 모든 자율신경을 통해 체내에 입력되어 있는 것 같다. 오늘 대회를 위해 지난겨울 특별히 체계적인 연습을 한 것은 아니다. 다만, 한 달 전에 풀코스대회에 출전했고 그후 두 번의 하프대회에 참가하는 등 실전위주로 훈련을 했다. 과유불급(過猶不及)이라고 하지 않았던가. 지난주에는 근육이 피로하지 않도록 가급적 쉬면서 몸 컨디션을 조절했다. 그래서인지 오늘 대한민국의 모든 마라토너들이 달리고 싶어 하는 메이저 대회에 전혀 흥분

하지 않고 내 페이스대로 달리고 있다.

어느덧 잠실대교 중간쯤에 있는 하프(1:49:48)지점을 지난다. 작년보다 3분여 빠른 기록이다. 오버페이스 한 것 같지는 않다. 한강 바람이 세차게 불어온다. 몸이 날아갈 것만 같다. 오늘따라 한강 물이 유난히 검푸르게 보인다. 잠실대교 남단 내리막길에서 약간 속도를 올려본다. 잠실 사거리에서 좌회전해 올림픽공원 평화의 문 앞에서 예의 3시간 45분 페이스메이커가 대부대를 이끌고 앞서 나가기 시작한다. 예정 페이스보다 약간 빠른 것 같다. 이제 그를 따라 잡기는 힘들게 생겼다.

26km 천호동 사거리에서 우회전하니 오르막길이 나타난다. 오르막이라 하더라도 별로 겁나지 않는다. 반드시 그만큼의 내리막이 있기 때문이다. 갑자기 머리에 차고 있던 머리띠가 무겁게 느껴진다. 벗어 땀을 짜보려고 하니 나오지도 않는다. 이제 앞으로 땀도 별로 날 것 같지 않아 그냥 벗어 버린다. 한결 시원하고 몸이 가벼워진 듯한 기분이다.

머리띠조차 무겁다

길동 사거리에서 우회전해 올림픽공원 한국체대 입구 30km를 향한다. 오늘 대회에서 처음 적용하는 중간 제한지점이 있는 곳이다. 대회규정상 12시 10분까지 그곳을 통과하지 못하면 무조건 회송차량에 탑승해야 한다. 진달회 박 여사도 여기서 멈춰서야 했다. 주자들의 안전을 고려한 일리 있는 제도다. 왜냐하면 마라톤은 30km부터 인간의 한계와 처절하게 부딪혀야 하기 때문이다. 일반적으로 30km까지보다 그 이후 12km가 더 힘들다고 한다. 내 경험으로 봐도 그렇다.

30km(2:38:55) 급수대에 도착하니 많은 선수들이 간식과 음료를 여유 있게 즐긴다. 나는 스포츠 음료만 한 모금 마시고 계속 나간다. 오늘 컨디션이 괜찮은지 아니면 추위 때문인지 별로 갈증이 안 난다. 여기까지는 3시간 45분 페이스로 왔다. 이제부터 40km까지가 문제다. 32km쯤 왔을까 갑자기 오른손 장갑 안에 있는 카보샷 때문에 오른팔을 제대로 움직일 수 없다. 당초 35km지점에서 섭취하려 했던 계획을 바꿔 먹어버린다. 한결 힘이 나는 것 같다. 가락동시장 사거리에서 우회전하는데 응원하는 사람들이 이제 다 왔다고 한다. 앞으로 8km도 족히 더 남았는데 말이다. 아마도 지쳐있는 우리들의 힘을 북돋워 주려고 그러는 것일 게다. 하여튼 고마운 분들이다.

탄천교 위에 있는 35km(3:08:32)지점을 지난다. 맞바람이 얼마나 부는지 제대로 나아갈 수 없다. 왼쪽으로는 삼성병원이 보이고 약간 경사진 오르막길이 계속된다. 고개를 푹 숙인 채 아예 걷는 주자들도 제법 많다. 전반 오버페이스의 대가를 치르고 있는 것이다. 삼성병원 사거리에서 오른쪽으로 돌아 대청역으로 향한다. 길이 좁아 사람들의 박수소리가 더 크게 들린다. 대모산입구역까지의 오르막이 주자의 숨을 턱에 차게 만든다.

영동대로로 접어들었다. 학여울역으로 이어지는 내리막길을 힘차게 달려 내려간다. 이제 얼마 안 남았다. 우성아파트에서 우회전하면 나타나는 탄천2교 오르막길이 마지막 고비다. 탄천2교를 힘겹게 오르니 이어지는 내리막길에 있는 40km(3:38:56) 표지판이 눈에 크게 들어온다. 기록상으로 개인 최고기록도 가능할 것 같아 급수대도 그냥 지나친다. 갈증이 덜 나는 것 보니 덜 지쳤다는 증거다. 마음은 가벼운데 다리가 마음만큼 안 따라준다. 종합운동장 사거리에서 좌회전하니

발과 마음과 혼으로 달린다

1km 남았다 한다. 연도 시민의 박수와 환호로 점점 힘이 솟는다.

드디어 잠실 종합경기장 입구다. 양쪽에 설치된 노란색 가드레일과 응원 나온 사람들이 한눈에 꽉 찬다. 평소 같으면 별 것 아닌 오르막인데 주자의 마지막 에너지를 다 쏟아 붓게 한다. 스타디움 트랙의 푹신한 감촉이 너무 좋다. 이제 300m만 달리면 된다고 생각하니 조금 더 기록을 단축시키지 못한 데 대한 아쉬움이 남는다. 결승선 아치가 눈앞에 들어온다. 어떤 포즈를 취할까 잠시 생각해 본다. 마라톤을 하면서 가장 행복할 때가 결승선을 통과하기 직전인 바로 이 순간이다. 이제까지의 고통은 어디론지 다 사라져버렸다. 마라톤이라는 영약(靈藥)이 지니고 있는 비밀이다. 양손을 높이 치켜들고 무한한 성취감을 느끼면서 결승 매트를 밟는다. 내 충실한 스톱워치는 3시간 52분 18초를 가리키고 있다.

(2005. 3. 13)

마라톤은 정직 그 자체다

나와의 힘든 레이스였다. 최근 잦은 저녁모임으로 인한 체중 증가, 훈련 부족, 대회에 대한 긴장감 결여 등이 그 원인으로 분석되었다. 이러한 자세로는 어느 스포츠에서건 좋은 결과를 바랄 수 없다. 하물며 그것이 마라톤인 경우에는 더하다. 마라톤만큼 정직한 운동은 없기 때문이다.

처음 5km를 23분 52초 만에 통과할 정도로 출발은 좋았다. 그런데 늘 그것이 화근이다. 아무리 페이스 차트를 붙이고 달린들 초반 그것대로 할 수 있을 때 지키지 못한다면 무슨 소용이 있나. 그리고 후반에 가서는 힘에 부쳐 그대로 할 수 없는 지경이 되는 과정을 언제까지 반복하나, 정말이지 자책하지 않을 수 없다.

이제까지 나의 개인 최고기록은 작년 바로 이 대회에서 세운 것이다. 약간의 가랑비가 내리는 바람에 오늘보다 훨씬 시원했던 기억이 난다. 그날은 전반 무리하지 않고 달리다가 그 페이스를 끝까지 유지할 수 있어 좋은 기록이 나온 것 같다. 오늘 코스는 작년과 약간 다르다. 작년에는 잠실 롯데호텔 사거리에서 바로 우회전해서 가락동 방향으로 갔는데 올해는 올림픽공원 평화의 문까지 갔다가 다시 가락동 쪽으로 진행하는 것으로 변경되었다. 그만큼 새로운 맛은 있다.

개인 최고기록을 세웠던 대회

참가 선수 모두들 잘 달린다. 내 옆에서 달리고 있는 이창덕 선배님의 컨디션도 아주 좋아 보인다. 반면, 나는 평소보다 체중이 1kg 증가한 탓인지 몸이 무거움을 스스로 느낀다. 10km 통과지점에서 카보샷을 먹는 바람에 랩타임을 찍지 못했다. 12km를 1시간 1분 2초에 통과했으니 아마도 10km는 50분대에 지나간 것 같다. 분위기에 휩쓸려 그만 오버페이스를 한 것이다.

17.5km지점에서 반환점을 돌아 나온 선두그룹을 만났다. 1시간 30분 경과된 시간이다. 모두 대여섯 명 정도가 전력 질주한다. 오늘 결국 선두그룹을 리드하던 아프리카 소국 부룬디공화국의 도나티엔 선수가 2등을 7분 여차로 따돌리고 2시간 28분 17초라는 좋은 기록으로 우승했다 한다. 그는 지난해 유엔 난민고등판무관실에 구호난민을 신청했다. 올해 난민 신청이 받아들여질 거라 한다. "한국이 너무나

좋다. 한국에서 영원히 살았으면 좋겠다"는 그의 소원이 이루어지길
바란다.

　　판교 삼거리에서 반환점으로 가는 약간 경사진 오르막길을 오르는
데 제 속도가 안 난다. 초반 오버페이스한 결과가 나타나기 시작하는
것이다. 하프보다 약간 더 멀리 있는 반환점을 1시간 52분 8초에 통과
한다. 이제까지 내 페이스를 지켜 후반에도 이 정도를 유지한다면 아
주 바람직한 기록이다. 그러나 나는 벌써 많이 지쳐있다. 날씨가 더운
것도 이에 한몫 거든다. 계절은 봄이건만 기온은 여름 날씨다. 이상기
온이다.

　　반환점을 막 돌아 나오는데 앞서 간 이 선배님을 만났다. 발걸음이
경쾌한 것이 오늘 개인기록을 내실 수 있을 것 같다. '힘!'을 외치면서
선전을 다짐해 본다. 이 선배님과는 점점 거리차가 나는 것 같다. 약
23km지점 판교 삼거리부터 32km 세곡동 사거리까지의 넓고 거의 곧
게 뻗은 길이 계속된다. 이런 길일수록 더 지루하게 느껴지기 마련이
다. 후반 접어들어 레이스 운영에 중요한 구간이다. 이곳을 힘들지 않
게 달리는 것이 오늘 레이스 성패의 관건이다. 왜냐하면 32km 이후
에는 누구나 다 힘들기 때문이다. 오늘 나는 바로 여기에서 전반에 벌
어 놓은 것을 다 소진했다. 25km를 2시간 11분 15초에 통과했는데
30km를 2시간 41분 16초에 지나갔으니 5km를 무려 30분에 걸쳐 달
린 것이다. 레이스 초반과 비교해 볼 때 엄청난 차이다.

　　32km 세곡동 사거리를 지나는데 연도에서 응원하던 사람이 스포
츠 음료를 건넨다. 한 모금 마시니 좀 낫다. 지치면 지칠수록 갈증은
더 나는 법. 언덕을 힘겹게 넘으니 35km 수서역까지 약간의 내리막

길과 평지가 이어진다. 35km를 3시간 13분 44초에 지나갔다. 앞으로
도 7km나 남았다. 마지막 2km를 빼고 5km 남은 셈이라고 생각하며
달린다.

두 번째 반환점이 있는 37.5km 지점을 향해 간다. 허리는 점점 더
숙여진다. 힘이 다 빠졌다는 증표다. 이 선배님은 벌써 반환점을 돌아
지나갔겠지 라고 생각하고 있는데 갑자기 뒤에서 나타나신다. 30km
이후 다리에 쥐가 나서 그만 늦어졌다고 하신다. 그런데도 불구하고
아직 발걸음은 가볍다. 전혀 쥐가 난 선수 같지 않다. 나보다 불과
30m 정도 앞에 달리는데 그 거리를 못 좁히겠다. 이게 바로 30km 이
후의 마라톤인 것이다.

40km 지점 잠실 2단지 사거리다. 3시간 47분 59초를 지나고 있다.
이제 2km밖에 안 남았다. 그런데도 아직 너무나 많이 남았다는 생각이
든다. 오늘 최종 목표인 서브-4를 하기 위해서는 불과 12분밖에 안 남
았다. 지금 체력으로는 도저히 가능하지 않은 목표라 생각하니 맥이 더
풀린다. 그래도 열심히 결승선을 향해 달린다. 운동장 입구다. 약간의
오르막이 그렇게 힘들 수 없다. 관중들이 힘내라고 응원한다. 앞서 가
시던 이 선배님이 갑자기 속도를 줄이신다. 나와 함께 메인스타디움에
들어가기 위해서다. 이 선배님의 '큰 그릇'에 머리가 숙여진다. 바로 앞
에 이 선배님 부인이 환한 웃음을 짓고 계신다. 두 분이 손을 잡고 재회
의 기쁨을 만끽하신다. 너무나 보기 좋고 아름다운 모습이다.

'큰 그릇' 이창덕 선배님

메인스타디움에 들어왔다. 이 선배님과 트랙을 함께 돈다. 여전히
발이 무겁다. 마지막 직선 주로다. 정말 다 온 것이다. 카메라 앞에서

이 선배님과 두 손을 치켜들고 완주의 기쁨을 누린다. 4시간 하고도 3분 8초가 지났다. 오늘 선전을 하신 이 선배님과 깊은 포옹을 한다.

마라톤 42.195km. 결코 간단치 않은 거리다. 바로 어제 군 복무 중인 아들 준일이가 있는 포천까지 면회 가면서 거리를 재보았다. 강남 테헤란로에서 출발해 동부 간선도로를 지나 의정부를 관통하여 포천시 경계까지가 약 42km다. 길이 안 막힌 상태에서 차로도 한 시간이 넘는 거리다. 이를 자기의 심장과 두 다리만을 믿고 달리는 것이다. 마음을 비워야만 하는 이유다.

누군가가 마라톤은 스포츠가 아니라 다이내믹한 참선이요 철학이라고 했다. 공감이 가는 말이다. 참선하는 겸허한 마음과 자기를 찾으려는 진지한 자세를 견지하지 않으면 완주할 수 없는 게 마라톤이 아닌가 생각해 본다. 완주만 하면 모두가 승자이고 매사에 자신감을 갖게 하는 마라톤, 내 건강이 허락하는 한 앞으로도 오랫동안 수행하고 싶다.

(2005. 4. 24)

불청객, '쥐님'의 방문을 받다

계절의 여왕이라는 5월 그리고 초순, 이른 새벽부터 무려 두 시간이나 여행한 끝에 대회장인 임진각에 도착했다. 1만여 명의 달림이들과 가족들이 광장을 가득 메우고 있다. 잔뜩 찌푸린 하늘에 바람까지 제법 불어댄다. 마라톤을 하기에는 더없이 좋은 날이다. 당일 날씨가 기록에 미치는 영향이 마라톤만큼 큰 경기는 없을 것이다. 장거리를 오랜 시간 동안 달려야 하기 때문일 것이다.

지난 2002년 10월, 파주시 봉일천부터 임진각까지의 하프대회를 힘겹게 달린 기억이 난다. 그때는 마라톤 풀코스를 달리기 전이다. 당시 풀코스 주자들을 보면 그야말로 존경하는 마음이 저절로 날 때였다. 하프만 달리고 들어와도 반 초죽음이 되는데 어떻게 그만큼을 더 달릴 수 있는지 감히 상상이 안 갔다. 그러던 내가 불과 2년여 만에 20회 정도 풀코스를 완주했으니 내 자신이 생각해도 대견하다.

시도해 볼 만한 워크 브레이크 주법

오늘도 초반 컨디션은 너무나 좋았다. 고희를 넘긴 나의 마라톤 파트너 이창덕 선배님과 어깨를 맞대고 달리는 나는 레이스의 매력에 도취되었다. 초반 5km를 27분에, 그리고 25km까지는 26분 페이스로 달리기로 해 한동안 그대로 잘 나갔다. 15km 지점쯤에서는 3시간 40분 페이스메이커도 추월할 정도였다. 내심 오늘 개인 최고기록 경신은 시간문제라고 생각했다.

그러던 것이 18km 정도 지났을까, 제법 긴 오르막길에서 갑자기 오른쪽 종아리 근육이 뻣뻣해짐을 느낀다. 우려가 현실로 나타난 것이다. 2주 전 있었던 경향마라톤에서도 30km 이후에 그러한 증상이 있다가 잘 넘어갔는데 오늘은 예감이 안 좋다. 고개를 넘자 오른쪽으로 파주 종합운동장의 위용이 한눈에 들어온다. 그 내리막길에서 인라인 도우미에게 스프레이를 청한다. 기분상 약간 위안이 될 뿐 뒷다리가 뻐근한 것은 여전하다. 20km 조금 못미쳐 있는 반환점을 이 선배님과 함께 돈다. 내 다리 상태가 점점 나빠지는 것을 느낀다. 반면 이 선배님의 발걸음은 경쾌해 보인다.

23km 지점이다. 아까 출발선에서 오래간만에 만났던 김기정 선배가 나를 추월해 지나가면서 "파이팅!"을 외친다. 2003년경 나의 권유로 달리기를 시작한 분이다. 등산을 많이 해 체력이 뒷받침되어 있었기에 나보다도 다섯 살 정도나 연상으로 육십이 가까운 나이지만 얼마든지 가능하리라 판단되었기에 권했던 것이다. 마라톤 시작 이래 체중이 무려 7kg 정도나 줄어들었다 한다. 평소 연습량이 많음을 보여주는 지표다.

그는 제프 갤러웨이(주: 1972년 뮌헨올림픽 미국 대표선수)가 주창하는 '워크 브레이크(walk brake)'의 충실한 신봉자다. 출발부터 매 1.6km마다 20~30초간 걸으면서 마라톤을 완주하는 것이다. 이렇게 하면 초반 오버페이스를 방지할 수 있고, 달리기 근육과 걷기 근육을 번갈아 가면서 사용하기 때문에 마지막 10km 정도를 남겨 놓고 다리 근육의 피로현상으로 속도가 현저히 떨어지는 것을 미연에 예방할 수 있다는 것이다. 그는 오늘 8분 30초에 1.6km를 달리고 30초간 걷기를 시종일관 반복하면서 전후반 같은 기록으로 계획대로 3시간 47분에 완주했다 한다. 마라톤 기록향상이 제대로 되지 않고 있는 나로서는 진지하게 검토하고 한번 시도해 볼 만한 주법이라고 생각한다.

쥐, 무리한 레이스 운영과 방심 탓

24km쯤 됐을까. 갑자기 오른쪽 뒷다리 근육이 경직되더니 내 의지와는 전혀 상관없이 그만 저절로 서버린다. 제대로 쥐가 난 것이다. 불청객이 찾아 온 것이다. '아! 이래서 마라톤이구나!' 라는 깨달음을 얻는다. 내가 그간 너무 자신을 과신한 것에 대한 회한(悔恨)이 가슴 한가운데로부터 스며 나온다. 과연 내가 마라톤을 진정 겸손하게 대했나. 불과 2주 만에 마라톤을 할 만큼 연습이 충분했는가. 모든 것이 아

닌 것이다. 지금 그에 대한 대가를 혹독하게 치르고 있는 것이다.

그길로 이 선배님과도, 김 선배와도 멀어져 버렸다. 걷기조차도 힘들다. 우선 스프레이를 찾아 뿌려본다. 갓길로 나가 스트레칭도 해본다. 언젠가 쥐가 나면 뒤로 걷는 것이 좋다는 말이 생각나 그대로 해본다. 뒤돌아보는 마라톤 세상이 재밌다. 많은 선수들이 저마다 최선을 다해 달린다. 열심히 달려와 나를 지나간다. 그만 오늘 레이스를 포기하고 싶은 심정뿐이다. 아마도 그때 회송차량이 지나갔으면 타버렸을 것이다.

그러나 차도 안 오고 또 기어서 가더라도 포기는 할 수 없다는 생각에 걷다 달리다를 계속한다. 기록 경신이라는 중압감에서 벗어나니 마음이 편하다. 갑자기 의사인 어느 지인 암 환자의 암을 대하는 자세에 대한 지론이 떠오른다. 어차피 자신에게 찾아온 손님인데 그와 잘 지내는 것이 좋다는 것이다. 그는 그렇게 해 암이라는 악몽으로부터 벗어났다. 내게 찾아온 '쥐님'을 잘 보살피면서 속도를 줄여 천천히 가니 약간씩 호전되어 가는 느낌이 든다.

또 초반의 무리한 레이스 운영으로 탈이 난 것이다. 한두 번도 아니고 같은 잘못을 언제까지나 반복하고 있을 것인가. 무언가 발상의 전환과 커다란 변화를 모색할 때다. 그렇지 않고서는 언제까지나 이러한 악순환은 계속될 것이다. 그간 십수 회에 걸친 마라톤을 완주하면서 한 번밖에 쥐가 안 나 쥐에 대해 방심했다는 것도 그 원인 중의 하나인 것으로 보인다. 이제 이렇게 한 번 혼쭐이 났으니 아무래도 신경을 더 쓸 수밖에 없지 않겠는가. 오늘 경험이 앞으로 있을 마라톤에 좋은 약이 될 것으로 믿는다.

발과 마음과 혼으로 달린다

이제 겨우 24km 지점을 지나고 있으니 앞으로 갈 길이 막막하다. 무려 18km를 더 달려야 하는 것이다. 매 1km마다 있는 표지판이 그렇게 멀리 느껴질 수가 없다. 다리는 여전히 풀릴 기미가 없다. 오르막에서는 아예 걷는다. 한 번 걸으니 그렇게 편할 수 없다. 오직 완주할 수 있기만을 바란다.

30km 지점이다. 4시간 페이스메이커가 대부대를 이끌고 힘차게 지나간다. 이제까지 잘 왔으니 앞으로 12km는 집중력의 문제라고 하면서 대원들을 격려한다. 나도 속으로 맞장구를 친다. 이제 다리는 마비되었는지 별로 감각도 없다. 그냥 관성에 의해 앞으로 조금씩 전진한다는 표현이 맞을 듯하다. 그렇다고 나를 앞지르는 선수들도 그리 많지 않다. 모두들 지쳐 있다는 증거다. 오늘 나는 지난번 경향마라톤대회 때보다 오히려 기력은 더 있다. 힘은 있는데 다리가 탈이 난 것이다. 먹은 것이라고는 10km마다 카보샷을 섭취한 것이 다.

35km 이후 한 선수와 인사를 나눴다. 그도 오늘 평소보다 기록이 안 좋아 집에 가서 무어라 말해야 될지 모르겠다고 걱정을 한다. 내가 처지면 기다렸다가 함께 가려고 노력한다. 고맙기 짝이 없다. 레이스 막바지에는 페이스가 비슷한 선수와 같이 달리고 싶어진다. 힘이 없을 때 서로 의지하는 효과가 있다. 성도 이름도 모르는 사람들이지만 금방 친해진다. 동병상련(同病相憐)일 것이다.

마(魔)의 38km도 지났다. 예의 그 선수와 함께 두 번째 반환점을 향한 오르막을 오른다. 혹시나 이 선배님께서 지나가시나 반대편 내리막길에 눈길을 쏟는다. 힘들게 걸어가고 계시는 모습이 보인다. "이 선배님!" 하고 크게 외치니 알아보고 손을 흔드신다. 나중에 알게 된 것이지만 그 당시 너무나 시장해 거의 탈진상태에 있었다고 하신다.
4시간 안에는 충분히 들어가실 것 같았다.

대한민국 70대 랭킹 1위가 목표

42km 표지판이 저 앞에 보인다. 드디어 다 온 것이다. 힘들게 달린
만큼 보람도 더 크다. 만면에 미소가 저절로 지어진다. 언도에서 흰
분이 내 번호를 부르면서 응원한다. 운동장 트랙이 아닌 도로에서 결
승 아치를 향해 직선주로를 달리는 맛이 색다르다. 언제 쥐가 났느냐
는 듯 힘차게 골인한다. 4시간 9분대다. 예상했던 것보다는 좋은 기록
이다. 이 선배님과 부인께서 반갑게 맞이하신다. 이 선배님은 오늘 개
인 최고기록을 1분 가까이 경신한 3시간 55분으로 완주했다. 과연 대
한민국 70대 랭킹 1위를 목표로 하는 선수답다. 이 선배님의 개인기
록 경신을 진심으로 축하한다.   (2005. 5. 8)

이론대로 안 된 워크 브레이크(walk brake)

작년 11월 한 번 달려본 코스이기에 어느 정도 자신감을 갖고 대회
에 임했다. 대회장 분위기도 전혀 낯설지 않았다. 모든 여건이 좋았
다. 그러나 6월 초의 양평은 11월과는 너무 판이했다. 역시 달리기에
는 추위보다는 더위가 강적이다.

이보다 더 힘들 수는 없다. 안경마저 벗어던진 지도 이미 오래다.
날이 무척 덥다. 아스팔트에서 뿜어 나오는 열기는 마치 한증막에 들
어간 느낌이다. 작년 9월 초 원주대회에서 더위 먹어 고생한 기억이

자꾸 머릿속에 오버랩 된다. 1km가 왜 이렇게 먼가. 가도가도 거리표 지판은 보이지 않는다. 이제 막 30km지점을 지났다. 아직도 10여 km 더 갈 일이 막막하다. 이것이 운동인지 노동인지, 좋아서 하는 취미인 지, 생고생인지 대체 모르겠다. 그래도 언젠가는 끝나겠지 하며 무거 운 다리를 한 걸음 한 걸음 힘들게 옮겨 나간다.

처음 시도한 워크 브레이크

4시간 33분 23초. 3년 전 달리기 시작한 이래 가장 저조한 기록이 다. 부진 원인은 더위와 작전실패다. 오늘 이창덕 선배와 나는 워크 브레이크(walk brake)를 처음으로 시도해 보기로 했다. 이를 위해 양 재천과 한강을 잇는 주로에서 두세 번 연습을 했다. 할 만 한 것 같았 다. 5km를 3회에 걸쳐 자기에게 적당한 시간을 정해 달리기와 걷기 를 반복하는 것이다. 우리는 오늘 5km를 27분에 달리기로 하고, 이의 1/3인 약 1.6km를 8분 15초 동안 달리고 45초를 걸어 9분에 통과하기 로 했다. 지난 5월 임진각 아디다스 대회 때 우연히 만난 김기정 선배 가 이 방법으로 좋은 기록을 내는 것을 보고 오늘 한번 시도해 보기로 한 것이다. 그는 이를 절대적으로 믿고 행하고 남에게 추천하는 '전도 사'다.

처음 5km는 정확하게 27분에 통과했다. 당연한 결과다. 평소 우리 기록보다 늦을 뿐만 아니라 도중에 걷기까지 하니 그야말로 누워서 식은 죽 먹기다. 그 다음 5km는 오히려 2분을 앞당겨 52분 19초에 지 나갔다. 초반부터 걸으니까 우리 뒤를 따라오던 주자들이 우리보고 힘내라고 하면서 지나간다. 그들은 우리가 워크 브레이크 하는 것을 알 리 없다. 우리가 걷는 사이 우리보다 약 100여 m 앞서 간 그들을 따라 잡는 데는 그리 오랜 시간이 걸리지 않았다. 15km(1시간 21분),

20km(1시간 49분)까지는 계획대로 잘 갔다. 하프를 지나니 벌써 11시가 다 되었다. 날이 본격적으로 후끈해지기 시작한다. 아디다스 대회 때 24km지점에서 쥐가 났던 악몽이 머리에 떠오른다. 은근히 걱정이 된다. 오늘만은 제발 재발되지 않기를 기원해본다. 예방하는 차원에서 인라인 자원봉사 도우미로부터 스프레이 서비스를 한번 받아본다. 좀 시원해진다.

20km 통과 후 34분 만에 25km(2:22:55)지점을 지난다. 계획보다 7분이나 늦었다. 그 후 무려 39분 만에 30km(3:01:59)까지 간신히 왔다. 하프 직전에 헤어진 이 선배님은 컨디션이 좋은지 보이지 않는다. 돌아가는 길에 왜 이리 언덕이 많은지. 지금 언덕이라면 아까 반환점으로 향할 때는 내리막길이었다는 것인데 도통 그런 기억이 안 난다. 이미 물을 너무 많이 마셔 지쳐있는 데다 더위에 언덕까지 많아 사방에 온통 어려움뿐이다. 36분 만에 35km(3:38:24)를 지난다. 아까 반환점을 지나면서 워크 브레이크는 그만 뒀다. 언덕만 나오면 걷기 시작한다. 한 번 걷기 시작하니 그렇게 편할 수 없다. 이제는 언덕이 아니라 평지라도 힘들면 걷는다. 나대로의 워크 브레이크를 하고 있는 것이다. 그렇다고 딱히 나를 추월하는 주자도 그리 많지 않다. 다들 걷는 것이다. 모두들 죽겠다고 한다.

실패한 워크 브레이크

앞으로 7km 정도만 더 가면 된다고 생각하니 이제까지보다는 힘이 많이 난다. 많은 주자들을 추월한다. 벗어버렸던 안경도 다시 썼다. 흐릿하던 세상이 훨씬 또렷하게 보인다. 정신이 좀 나는 것 같다. 주최 측이 힘이 없는지 교통통제가 풀린 지도 오래되었다. 당초 약속과 다르다. 갓길로 가니 위험하기 짝이 없다. 그렇지 않아도 힘들어

죽겠는데 자동차 배기가스로 숨도 못 쉴 지경이다. 앞으로는 가급적 소위 메이저 대회만 참가하기로 다짐해 본다. 최근 마라톤 붐을 타고 각종 대회가 우후죽순(雨後竹筍)으로 생기고 있다. 일 년에 약 300여 개의 대회가 우리나라에서 열리고 있다고 하니 지나친 감이 없지 않다. 그러다 보니 대회운영 수준이 천차만별이고 지방에서 주최하는 마이너 대회일수록 그 질이 떨어지는 것이다. 물론 지방대회라고 다 그런 것은 아니지만 주최 측에 따라 그 대회의 질은 많이 달라진다.

골인 지점에 이르는 약간 오르막 직선도로가 마지막 얼마 남지 않은 진마저 다 빼버린다. 그러나 오늘은 걱정하던 '쥐님'의 방문은 없었다. 이제 다왔다는 자원봉사자들의 응원 목소리가 그렇게 고마울 수 없다. 오늘도 어떤 여학생은 주자들에게 부채질까지 해 주었다. 이런 학생들에게는 오늘의 자원봉사가 분명 젊은 날의 값진 경험이 될 것이다. 한편 그렇지 않은 학생들도 있다. 단지 시간을 때워 자원봉사 시간을 벌기 위해 하기 싫은 것을 억지로 하는 것이다. 과연 누구에게 도움이 될 것인가는 불문가지(不問可知)다.

종착점임을 알리는 노란색의 대형아치가 눈앞에 보인다. 약 100여 m의 내리막길이다. 언제 힘들었냐는 듯 웃으면서 무서운 속도로 질주한다. 기분 좋은 마무리다. 이미 들어와 있는 선수에게 물 한 병을 달래 염치도 없이 다 비워버리고 나오는데 매우 지친 모습의 이 선배님이 보인다. 바로 내 앞에 들어오신 것이다. 이 선배님도 오늘처럼 힘들었던 레이스는 없었다고 한다. 그러나 부인의 부축을 받으며 걸어 나오는 이 선배님의 얼굴은 오늘도 또 한번 완주했다는 성취감으로 가득 차 있었다. 고희(古稀)에 달리기를 시작한 지 이제 채 2년이 안 됐음에도 오늘까지 열 번을 도전해 한 번의 낙오도 없이 모두 완주했다는 것만으로도 이 선배님은 철인(鐵人)이라 해도 전혀 손색이 없다. 비록 우리는 오늘 레이스 운영에는 실패했지만 또 한 수 배운 것이다. 우리는 힘든 역경을 넘기며 끝까지 완주한 우리 자신이 너무 자랑스러워 한동안 서로 잡았던 손을 놓지 않았다.　　　　　(2005. 6. 5)

진달회 샛별, 김장식 뜨다

기분 좋은 날이다. 그렇다고 개인 최고기록을 세운 것도 아니다. 바로 내가 공들인 사람이 나를 앞섰을 뿐만 아니라 나에게는 넘을 수 없는 벽처럼 보이는 1시간 30분대로 완주했기 때문이다. 김장식 회원 얘기다. 이제 달리기를 시작한 지 불과 서너 달밖에 안 된 새내기다. 어떻게 보면 타고났다고 할 수 있다. 그렇지 않고서야 오십 넘은 나이로 그 짧은 기간 내에 그런 좋은 기록을 낼 수 있겠는가.

SAKA 주최 보스턴마라톤 제패기념 하프마라톤대회다. 지난 6월 양평대회 이후 출전치 않아 이번 가을 시즌을 앞두고 컨디션 점검과 대회감각을 기르기 위해 참가했다. 코스도 탄천과 한강이 만나는 지점에서 광나루를 왕복하는 나에게는 너무나도 익숙한 곳이다. 우리 진달회에서는 나의 변함없는 파트너 이창덕 선배와 예의 김장식 회원 이렇게 셋이 나갔다.

우리는 동네에서 대회장까지는 워밍업 할 겸 걸어가기로 했다. 일요일이라 그런지 평일 같으면 북적거릴 거리가 한산하다. 평소에도 이랬으면 얼마나 좋을까 하는 생각을 해본다. 전철로는 불과 한 정거장에 불과한 거리지만 걷자니 30분도 더 걸린다. 대회장은 언제나 그렇듯 활력이 넘친다. 아마도 건강한 사람들의 기(氣)로 가득 채워지는 모양이다. 비록 여러 가지 사정으로 달리지는 못하더라도 이런 곳에 와서 함께 자리를 하는 것만 해도 철각들의 기를 가득 받게 되지 않을까. 노인들이나 병약한 사람들에게 권하고 싶은 건강관리법이다.

오늘도 나의 목표는 1시간 40분이다. 이루기 힘든 줄 안다. 그렇지만 목표는 이렇게 좀 높게 잡는 것이라 한다. 김장식 선수에게는 평소 실력으로 보아 1시간 33분을 줬다. 키도 커 보폭이 넓을 뿐만 아니라 달리는 자세와 막판 지구력이 좋은 걸 잘 알고 있기 때문이다. 게다가 달리기 선수에게 없어서는 안 될 승부근성까지 갖췄다. 출발 총성과 함께 어디로 튀어나갔는지 보이지 않는다. 이 선배는 바로 내 곁에서 호흡을 같이 하고 있다.

광진교 조금 못미쳐 5km 지점을 23분 49초에 통과한다. 계획보다 4초 늦다. 9월 초 이른 시간이라 하지만 벌써부터 햇살이 따갑다. 오늘도 레이스가 만만치 않을 것 같다. 광진교 광장에서 강동마라톤클럽 회원들이 양옆으로 도열한 채 우리들에게 박수를 보낸다. 갑자기 힘이 난다. 얼마나 고마운지 모르겠다. 언제부터인지 광나루 가는 길이 예전의 시멘트 포장에서 아스팔트로 바뀌었다. 달리기에 훨씬 부드럽다.

바람의 아들 같은 선두주자

벌써 선두가 돌아오는 듯 헤드라이트를 켠 오토바이가 시야에 들어온다. 42분에 선두가 지난다. 바람의 아들 같다. 그가 신경 쓰건 안 쓰건 간에 존경의 마음을 담아 박수를 보낸다. 광나루 종점을 눈앞에 두고 10km 지점을 지난다. 48분 7초를 가리킨다. 점점 목표치에서 멀어져간다. 50분에 반환해야 하는데 이미 가능치 않은 기록이다. 김장식 선수가 돌아온다. 그와 하이파이브를 한다. 나보다 약 3분 차이는 나는 것 같다. 51분 4초에 반환점을 찍는다. 이 선배도 곧이어 돈다.

엄청나게 많은 선수들이 반환점을 향해 열심히 달리고 있다. 이럴 때 힘이 더 난다. 힘들어하는 얼굴들이 많다. 내게 어려운 시험문제는 역시 남에게도 어려운 것과 같은 이치라할까. 바람을 등지고 간다. 바람을 안고 갈 때는 많은 부담을 느끼는데 지금처럼 등지고 갈 때는 별로 덕 보는 것이 없는 것 같다. 이것 역시 남으로부터 받고 있는 은혜에 대해서는 별로 감사의 생각을 하지 못하는 세상사와 비슷하다. 점점 집중력이 떨어진다. 팔을 더 힘차게 흔들어 속도를 내보려고 애쓴다. 광진교 지나 15km 지점을 1시간 13분 51초에 통과한다.

날은 점점 더워져간다. 힘은 있는 것 같은데 속도가 안 난다. 연습 부족일까. 아니면 내가 최선을 다하고 있지 않나. 둘 중에 하나다. 17km쯤 왔을까. 떨어졌다 붙었다 하던 이 선배가 처지기 시작한다. 약간 지친 기색이다. 그래도 이제 얼마 안 남았다. 풀코스 같으면 아직 시작도 안한 것과 마찬가진데 말이다. 20km를 지나는데 벌써 오늘의 목표인 1시간 40분 33초를 지난다.

1km쯤 남았다. 앞서 가던 선수들도 힘든지 속도가 나지 않는다. 아까 10km 지점에서 파워젤을 먹은 덕일까, 막판에 많은 선수들을 추월한다. 벌써 노란색 결승 아치가 바로 눈앞이다. 대회진행자의 열띤 중계 목소리가 한강 변에 울려 퍼진다. 마지막 100m 남았을까. 있는

힘을 다해 전속력으로 골인한다. 내 초시계는 1시간 46분 42초를 가
리키고 있다.

먼저 들어와 있던 김장식 선수가 반갑게 나를 맞는다. 채 숨도 가
누기 전에 몇 분에 골인했느냐고 묻는다. 44분이라 대충 답한다. 나중
에 공식기록을 확인한 결과 1시간 39분 57초였다. 우리 진달회에 샛
별이 뜬 것이다. 첫 출전에 30분대라니 정말 믿기지 않는 기록이다.
축하해 마지않는다. 곧 이어 들어올 것 같았던 이 선배가 시야에 안
들어온다. 아마도 마지막에 좀 지치신 것 같다. 약 4분 후 이 선배가
부인과 함께 손을 맞잡고 피니시 라인을 통과한다. 언제보아도 아름
다운 그림이다. 장내 아나운서에게 72세 어른이라 하니 믿기지 않는
모양이다. 우리 진달회의 영원한 자랑이다.   (2005. 9. 11)

청계천 따라, 옛 추억 따라 …

청계천이 열렸다. 내가 '국민학교' 1학년 때인 1958년 복개작업을
시작했다 하니 무려 47년 만의 일이다. 전혀 그 이름과 안 어울리게
더러움과 어둠의 상징이었던 곳이 빛을 보게 된 것이다. 불과 2년 3개
월 만에 600년 수도 서울 한복판의 얼굴이 완전히 바뀌었다. 한강 다
리 한두 개 정도, 지하철 3.5km를 건설할 수 있다는 3,900억 원이 들
었다 한다.

청계천 복원은 단순한 토목공사가 아니다. 그것은 인간이 자연을
대하는 패러다임의 변화다. 산업화라는 기치(旗幟)에 눌려 마구 훼손

되었던 자연에 대한 경외심(敬畏心)의 발로(發露)다. 벌써 잉어, 피라미, 송사리, 미꾸리, 메기, 버들치 등이 보이고 백로, 황조롱이들의 보금자리가 되고 있다고 한다. 앞으로 좀더 자리 잡히면 쇠오리, 흰뺨검둥오리 등과 같은 철새도 도래할 것이라 한다. 반가운 소식이다. 복원되자마자 3일 동안 무려 200만 명의 시민이 다녀갔다 한다. 얼마나 자연이 그리웠으면 뻔히 '콩나물 나들이'기 에상되었음에도 불구하고 나섰겠는가. 콘크리트 숲에 숨 막혀 살고 있는 시민들은 도심에 생겨난 '오아시스'가 보고 싶었던 것이다.

도심의 오아시스, 청계천

시청 앞 서울광장. 무려 1만여 명이 서울시가 주최하는 청계천 복원기념 달리기대회에 참가하느라 운집해 있다. 불과 2년여 전 서울시가 이곳에 아스팔트 포장을 뜯고 잔디를 심었다. 차량들이 홍수처럼 몰려다니던 곳에 자연의 옷을 입힌 것이다. 서울시 친(親)자연주의 시책의 전주곡이었던 셈이다. 선수들은 광장에서 각자 달릴 채비를 하느라 분주하다. 달리기 대회장이면 어느 곳에서나 볼 수 있는 활기찬 광경이다.

이창덕 선배를 비롯해 부인 이영자 여사, 박영숙 여사, 김장식, 김종석 님 등 진달회 회원들도 그 대열에 합류했다. 우리들은 함께 모여 스트레칭으로 몸을 푼 후 출발 준비를 하고 있다. 지난 6월 양평대회 이후 무려 4개월 만에 달리는 풀코스 출전이라 그런지 자못 긴장된다. 평소 같으면 얼씬도 못할 무교동 거리가 약 3천여 명의 선수들로 발 디딜 틈이 없다. 9시 정각, 출발 총성과 함께 거대한 대열이 천천히 움직이기 시작한다. 연도에 늘어선 많은 선수 가족과 시민들은 선수들의 장도에 힘찬 박수를 보낸다. 순식간에 청계천로로 접어든다. 모

발과 마음과 혼으로 달린다

전교(毛廛橋)가 첫 인사를 건넨다. 조선시대에 다리모퉁이에서 여러 가지 과일 등을 팔았던 데서 유래된 이름이라 한다. 이 얼마나 아름다운 우리 고유의 문화유산인가. 이러한 것이 이제까지 개발이라는 미명으로 지하 어두운 곳에서 오늘처럼 빛 볼 날 만을 기다렸던 것이다.

모전교

청계천은 조선시대에만 하더라도 그냥 개천(開川)으로 불렸다 한다. 그러던 것이 일제시대인 1914년경 부터 지금의 이름이 붙여진 것이다. 14세기 조선의 수도가 된 한양은 동으로 낙산(駱山), 서로 인왕산, 남으로 목멱산(남산), 북으로 북악산 등 사방이 산으로 둘러싸여 비만 오면 빗물이 중앙으로 모였다가 지대가 낮은 동쪽으로 흘러갔다. 그런데 걸핏하면 빗물이 시가지를 덮치곤 했다. 그러자 조선왕조는 빗물이 제 길을 잘 가도록 개천을 파고 정비해 기본 하수도를 만들었다. 이렇게 청계천은 태어났다.

나는 이 청계천과 연관된 어렸을 적의 한 추억을 또렷이 기억하고 있다. 당시 우리는 종로구 사간동(司諫洞)에 살았다. 옛 화동 경기고등학교와 육군통합병원 사이로 경복궁 정문 건너편 쪽에 위치한 자그마한 한옥이었다. 지금은 복개되어 그 흔적을 찾을 수 없지만 당시 경복궁 앞에는 개천이 흐르고 있었다. 물을 좋아하던 어린 시절에 그 개천은 우리들의 둘도 없는 놀이터였다. 동네친구들과 노느라 끼니도

제3장 즐겼노라

거른 적이 있었다. 그런 나를 찾느라 우리 어머니는 그곳까지 오셔서 집으로 데려가곤 했다. 그 개천을 따라 조금만 내려가면 지금은 일제의 잔재(殘在)라 하여 철거해버린 중앙청이 있었다. 그 중앙청의 담은 돌기둥으로 되어 있었는데 우리 개구쟁이 꼬마들은 경비원들의 눈을 피해가며 그 돌기둥 사이로 들어가 놀곤 하다가 그들에게 잡혀 혼나곤 했다. 바로 그 개천이 지금의 미국대사관 뒤편을 통해 교보빌딩, 동아일보사와 이어져 복원된 청계천이 시작되는 지류인 것이다.

잊을 수 없는 어린 시절의 추억들

청계천로로 접어든 마라톤 군단(群團)은 잘 정비된 청계천에 탄성을 자아낸다. 일부 여유롭고 호기심 많은 선수들은 보도로 올라가 어떻게 생겼나 자기 눈으로 확인한다. 내 옆에 달리고 있던 이 선배도 대오(隊伍)를 벗어나 구경하고 돌아온다. 대단한 여유다. 도성(都城) 최대의 다리로 어가(御街)와 사신(使臣) 행렬이 지나가는 주요 통로이자 다리밟기, 연날리기 등 민속놀이를 하던 광통교(廣通橋), 지금의 관철동과 장교동의 옛 이름인 장통방(長通坊)에 있었던 장통교, 청계천 수위(水位)를 측정하기 위해 수표석을 세운 데서 유래된 수표교, 청계천 개발의 상징인 세운상가와 연결되는 세운교, 천막을 친 재래시장의 분위기를 멋들어지게 살린 새벽다리와 조선시대 다리 옆 광장에서 말을 매매한 데서 유래된 마전교(馬廛橋)를 통과해

광통교

발과 마음과 혼으로 달린다

평화시장에 이르렀다.

이곳 청계5가부터 7가까지 이어지는 평화시장 1층 상가에는 나의 중고교생 시절 단골집들이 많았다. 그곳은 대한민국 중고서점과 운동용품의 '메카'였다. 어렸을 적 무척이나 야구를 좋아했던 나는 거기서 야구와 관련된 모든 용품을 구입했다. 동대문야구장이 인근에 있었던 터라 좋은 물건이 많았고 가격도 저렴했다. 또 지금처럼 대형 고급서점이 없었던 시절 그곳 중고서점에 들러 이 책 저 책 구경도 하며 필요한 책을 사던 일은 나의 어린 시절 잊을 수 없는 추억이다.

이런 저런 옛 생각들을 하면서 달리다 보니 어느덧 조선 초기 흥인지문(속칭 동대문)과 광희문 사이 성곽 아래 설치된 다섯 칸의 아치형 수문이 있었던 오간수문(五間水門)을 지나 조선 단종이 삼촌 세조에게 왕위를 뺏기고 영월로 귀양 갈 때 그의 아내인 정순왕후 송씨가 단종을 떠나 보내며 슬피 운 곳으로 알려진 영도교까지 왔다. 5km 지점이다. 26분 목표로 왔는데 25분 40초에 통과한다. 여기는 서울에서 각종 진귀한 옛 물건들이 많은 황학동 벼룩시장으로 더 잘 알려진 곳이다. 그곳은 단순한 골동품이 아니라 추억을 파는 곳이다. 청계천 복원하느라 동대문 축구장으로 이사 간 그곳에는 없는 것 빼고 다 있는 '도깨비 시장'의 명성을 아직도 그대로 유지하고 있다.

황학교, 비우당교, 무학교, 두물다리와 청계천의 마지막 다리인 고산자교도 금방 지나왔다. 한강다리와 달리 다리 사이의 거리가 평균 200m 정도로 짧아 하나하나 구경하면서 재미있게 달리니 마라톤을 하는 것인지 산책을 하는 것인지 구분이 안 될 정도다. 그중 눈에 확 들어오는 것이 있다. 비우당교와 무학교 사이에 있는 청계고가 교각

비우당교와 무학교 사이에 있는 청계고가 교각 세 개

세 개다. 과거를 잊지 않기 위해 철거하지 않은 채 각각 약간씩 다른 모양으로 건재하고 있다. 어찌 보면 억세게도 운 좋은 놈들이다. 후세들에게 보여주기 위한 좋은 교육자재가 될 것 같다. 그 앞에는 터널분수를 설치해 교각만 있을 때의 삭막함을 멋지게 가려주고 있다.

중랑천 고수부지 주로를 달리고 있다. 평소 한번 달려보고 싶었던 곳이다. 상태가 양호하다. 여느 때 같으면 휴일을 맞아 운동하는 사람들의 왕래가 많을 텐데 오늘은 일반인의 출입을 통제하는 듯 우리 선수들 이외에는 별로 안 보인다. 다만 주변 야구장과 축구장에서 운동하는 사람들이 텅 빈 공간을 채우고 있어 덜 쓸쓸해 보인다. 오른쪽으로는 한양대학교가 커다란 캠퍼스의 위용을 자랑하고 있다. 군 복무중인 아들이 다니는 학교다. 잠시 준일이를 생각하면서 달린다. 군에 입대한 지 엊그제 같은데 이제 몇 개월 후면 제대다. 물론 본인은 갇혀있는 군 생활이 쉽지 않겠지만 많은 것을 배우고 있으리라 생각한다. 얼마 있으면 내무반 생활도 침대에서 할 것이라 하니 옛날과는 격세지감이 있다.

군 복무 중인 아들을 그리며…

건너편으로 뚝섬 '서울 숲'이 보인다. 이것도 서울시가 녹지공간을 확보하기 위해 공원으로 만든 것이다. 한때 이곳에 돔 야구장을 건립

발과 마음과 혼으로 달린다

하느니 아파트를 짓느니 말이 많았지만 결국 시민의 품으로 돌아온 것이다. 아주 잘했다고 생각한다. 그곳 테니스장 신세를 많이 져서 빠른 시일 내에 꼭 한번 가고픈 곳을 그냥 먼발치에서 보고 지나친다. 10km 지점이다. 52분 목표인데 51분 9초에 지나간다. 예정 페이스대로 잘 가고 있다.

한강이다. 가까이 동호대교와 멀리 한남대교가 보인다. 이곳 한강 북단 주로는 초행이다. 러너스 하이(runner's high) 상태인 듯 발걸음이 가볍고 신이 난다. 주로 상태가 남단과 별 차이가 없으나 시각차 때문인지 신선한 감이 든다. 12.5km 지점 스펀지 공급대에서 두 개를 집어 든다. 하나는 얼굴을 또 다른 하나는 몸을 두루 닦는다. 기분이 상쾌하다. 우리가 건너 갈 잠수교가 눈앞이다. 처음 잠수교를 달리는 기분은 어떨까. 마음이 설렌다. 잠수교 보도로 달린다. 낙타고개를 오르는데 뒤에서 누가 구령을 붙이면서 달려온다. 페이스메이컨가 싶었는데 다름 아닌 '달리는 의사들의 모임'의 이동윤 회장이다. 건강하게 달리는 법에 대해 좋은 글을 많이 남기는 의사다. 다리근육이 잘 발달되어 있어 그런지 발걸음이 가볍다. 지나가는 뒷모습이지만 이름을 불러 인사를 나눈다. 현재까지는 힘이 있지만 나중을 위해 가지고 있던 카보샷을 먹어둔다.

잠수교 끝나갈 무렵 15km지점을 만난다. 1시간 17분 46초다. 아직도 목표보다는 14초 빠른 속도다. 오늘 나는 초반 20km까지는 매 5km마다 26분, 30km까지는 27분, 35km 28분, 40km 29분이라는 포지티브(positive) 페이스로 달려 3시간 48분을 목표로 하고 있다. 내 최고기록인 3시간 49분을 경신하기 위함이다. 2004년 5월 경향마라톤에서 세운 것인데 쉽게 깨지지 않는다. 연습방법과 연습량 부족이 그 원인이라 짐작되지만 특단의 결심 없이는 어려울 것 같다.

한강 남단주로로 건너왔다. 평소 잠수교를 지나가기 위해 넘어가던 오버브리지 시작 지점에 우회하는 체크포인트가 있다. 16km 지점이다. 이제부터는 아주 익숙한 길이다. 그간 안 보이던 이 선배와 100여 m 차이로 서로 "힘~!"을 외치며 마주보며 지나간다. 약간 힘들어 보이지만 특유의 의지력으로 앞으로도 잘 달리실 것 같다. 동작대교를 지난다. 여의도까지 5km 남았다. 올림픽대로 밑 그늘진 주로를 지난다. 시원하기 그지없다. 한강대교 바로 못미처 20km 지점이다. 1시간 45분 48초다. 드디어 목표보다 처지기 시작한다. 곧이어 하프지점을 1시간 52분 17초에 지나간다.

거리로는 이제까지 온 만큼만 더 달리면 되지만 시간상으로는 얼마나 더 걸릴지 몰라 두려움이 앞선다. 여하튼 이제 꺾어졌다 생각하니 다시 마음이 편해진다. 63빌딩이 전면에 다가선다. 외벽의 반사열이 온몸에 뿌려진다. 순간적으로 체온이 확 올라가는 느낌이다. 마포대교 밑 24km 중간골인 지점이다. 여기서 오른쪽으로 돌면 편히 쉴 수 있고, 왼쪽으로 틀면 18km를 더 달려야 하는 고생길이다. 많은 주자들이 전자를 택한다. 나도 순간적으로 그 달콤한 유혹에 마음이 흔들린다. 그러다가 이내 정신을 차린다. 아니지, 완주해야지 하며 어려운 길을 택했지만 발은 점점 무거워져 간다. 더 힘들기 전에 몸에 지니고 있는 두 번째 파워젤을 먹는다. 2시간 16분 55초로 25km 지점을 통과한다. 벌써 5분여 지체되고 있다.

발과 마음과 혼으로 달린다

순간적인 유혹의 손길을 뿌리치며

2시간 30분쯤 지나고 있는데 선두가 달려온다. 낯이 많이 익은 외국선수다. 그로 볼 때 약 37~38km 지점이다. 힘든 고비는 다 넘긴 그가 너무나 부럽다. 2위는 보이지도 않는다. 지금까지 풀코스 120여 회를 완주한 올 73세의 석병환 님이 나를 추월한다. 오늘은 여느 때보다 컨디션이 좋은 것 같다. 매일 아침저녁으로 20km 씩 하루 40km를 연습한다고 한다. 대단한 체력의 소유자다. 30km 안양천 입구를 2시간 50분 48초에 지난다. 이곳은 늘 세찬 바람이 분다. 오늘도 예외는 아니다. 반가운 간식대다. 허기진 김에 바나나를 두 개나 먹는다.

반대편에서는 3시간 초반대 선수들이 끊임없이 지나간다. 가양대교 지나 32.5km 반환점을 약 500m 남겨두고 오늘 풀코스에 처음 도전하는 우리 진달회의 김장식 회원을 만난다. 아직 컨디션이 좋아 보인다. 현재 기록으로 보건데 4시간 내 완주가 가능할 것 같다. 그와 하이파이브를 나눈다. 반환점을 돌고 나오는 선수들이 부럽기만 하다. 이내 나도 그 대열에 낀다. '삐익~' 하는 전자음과 함께 U-턴을 한다. 3시간 13분 8초를 가리킨다.

이제 여의도 마포대교까지 10km도 채 안 남았다. 레이스 중 가장 힘들 때다. 이럴 때 나의 셈법은 이렇다. 10km 남았다고 생각하지 않고 이 중 4km를 빼고 6km 정도만 남았다고 가정한다. 왜냐하면 38km 이후는 왠지 모르게 다시 힘이 솟기 때문이다. 그러다가 38km 지점쯤 해서는 2km만 남았다고 자위한다. 사실 40km 지점에 이르면 다 달린 거나 마찬가지지 않은가. 이렇게 짧게 끊어서 달리면 30km 이후 힘들고 지루한 길을 좀 쉽게 달릴 수 있다.

이제 나도 내 뒤에 오는 주자들과 마주보며 달린다. 후미 주자들의 행렬이 한도 끝도 없이 이어진다. 달리는 자세도 천태만상이다. 그렇지만 완주하겠다는 의지만은 모두들 결연하다. 아까부터 이 선배님을 찾고 있는데 시야에 안 들어온다. 여의도 중간 골인지점에서 포기한 것일까? 절대 그럴 리 없다. 72세의 연세로 이제까지 풀코스 10여 회를 완주하는 동안 한 번도 중도 포기한 적이 없는 그다. 그렇시 않으면 만날 시간이 지났는데 안 보인다. 불안해진다. 반환점을 돈 뒤 한 1km쯤 지났을까. 아주 지친 모습의 이 선배님이 달려오고 있다. 2km 정도 차이가 나고 있다. 무슨 사정이 있음에 틀림없다. 힘내시라는 말과 함께 서로 손을 부딪치며 또 헤어진다. 그러다 보니 어느덧 35km 지점에 왔다. 3시간 28분 14초다. 계획보다 무려 18분이나 늦고 있다. 허기진 김에 바나나 두 개를 또 순식간에 먹어버린다.

72세 노익장(老益壯), 이창덕 선배님

날이 점점 더워진다. 12시 반경 됐을 테니 그럴 만도 하다. 아직 7km나 남았다. 하지만 속으로는 한 4km 남았다고 생각한다. 이미 4시간 안에 골인하기는 어렵게 됐다. 기록을 의식하지 않으니 마음이 그렇게 편할 수 없다. 탁 트인 한강의 풍광을 감상하고 있는데 멀리 김종석 회원이 아주 지친 모습으로 달려오고 있다. 그때까지 나는 그가 여의도 중간 골인지점까지만 달렸을 것이라고 생각하고 있었다. 너무 반가웠다. 그로서는 31km지점쯤이니 가장 힘들 때인 것이다. 그의 완주 의지가 대견하다. 포기하지 않고 꼭 완주하기를 기원한다.

그를 보내고 나서 막 지나온 급수대에서 내 배번까지 부르며 파이팅을 외치던 한 자원봉사자의 아름다운 미소를 반추(反芻)해 본다. 직접 달리는 것도 즐겁지만 자원봉사는 더 낙이 있다고 한다. 이제까지 많은 달리기대회에 참가했지만 한 번도 봉사활동을 하지 않은 내 자신이 갑자기 부끄러워진다. 봉사는 남을 위해 하는 것이 아니라 결국 자기를 위해 하는 것이라는 것이 경험자들의 얘기다. 가급적 빨리 나도 한번 해봐야 되겠다는 결심을 한다.

고영우, 이경두 원장 등 풀코스 120회 이상을 완주한 60대 고수(高手)들이 잇달아 앞서 나간다. 대단한 저력이다. 그들을 보면 나이는 단순한 숫자 이상의 아무것도 아님을 쉽게 알 수 있다. 아무나 마라톤 100회를 완주하는 것은 아니겠지만 나도 그러한 꿈을 꿔본다. 꾼 꿈이 모두 이뤄지는 것은 아니지만 안 꾼 꿈이 이뤄질 수는 없는 것 아닌가. 오늘이 19회째니 이제 81회 남은 셈이다. 1년에 8회 정도씩 앞으로 10년, 내 나이 64세에는 이룰 수 있는 꿈이다. 문제는 그때까지 부상 없이 달리기를 계속하는 것이다. 그러려면 기록보다도 즐겁게 달려야 하는 것이 중요하다고 본다.

진달회, 두 명의 마라토너 배출

40km(4:05:46)지점을 통과한 지 얼마 안 됐는데 맞은편에서 눈에 많이 익은 여성이 반가운 낯으로 가까이 온다. 오늘 10km에 출전한 박영숙 여사다. 마중 나오리라고는 생각도 하지 않고 있었다. 손에 들고 왔던 물병을 권한다. 얼음물이다. 더위 식히기에 그만이다. 응원에 힘입어 막판 스피드를 내본다. 서강대교가 눈앞에 보이고 오늘 결승선인 마포대교도 한눈에 들어온다. 마지막 직선주로다. 많은 선수들을 따돌린다. 결승아치(4:20:36)가 그대로 시야에서 사라져버린다. 먼저 들어와 있던 김장식 회원이 반갑게 맞는다. 그의 생애 마라톤 첫 완주를 진심으로 축하해 준다.

우리 진달회에서 김종석, 김장식 회원 등 새로이 두 명의 마라토너가 탄생한 데 큰 의의가 있는 대회였다. 개인적으로는 기록보다는 즐겁게 달려 기분이 좋았다. 청계천이라는 새로운 코스를 달린 것도 의미가 있었다. 쥐도 안 났고 물집도 안 생겼다. 다만 전반은 거의 계획대로 달렸는데 후반 들어 영 발이 안 떨어졌다. 훈련부족일 게다. 마라톤은 정말 정직한 운동이다. 그래서 나는 마라톤을 좋아한다.

(2005. 10. 2)

직원들과 함께 즐겁게 달리다

개천절이다. 대한민국의 생일인 만큼 우리 국민들의 최대 경축일이다. 하지만 최근 들어 대부분의 시민들에게는 직장을 하루 쉬는 공휴일로만 점차 자리매김 되고 있는 안타까운 실정이다.

벌써 몇 달 전 얘기다. 청계천 복원 기념 풀코스마라톤에 이어 연달아 이틀 동안 달리기 대회에 나가기로 하고 관련 정보를 수집했다. 강남구가 주최하는 평화마라톤이 눈에 띄었다. 올 들어 이념 대립 논쟁의 한복판에 있는 한국전쟁의 영웅 맥아더장군 동상을 장군의 미국 고향에 건립하기 위한 기금과 불우아동돕기 기금을 마련하기 위해 열리는 대회다. 주한 미 8군과 함께 해서인지 어느 대회보다 외국사람들이 눈에 많이 들어온다.

작년 이 대회에서는 하프코스를 달렸다. 주최 측의 거리측정 오류로 내가 이제까지 유일하게 1시간 30분대 기록을 세운 대회다. 달림이들에게 거리가 잘못 측정된 대회처럼 맥 빠지는 것이 없다. 당초 이번에도 풀코스를 달리게 될 다음날이라 몸을 풀기 위해 하프코스를 신청했다. 그러다가 직원들과 함께하는 것이 더 의미가 있을 것 같아 10km로 변경했고 직원들에게도 단체신청을 하도록 했다. 강남구 주최이니만큼 강남구가 설립한 기관에 근무하고 있어 명분도 있기 때문이었다.

처음 참가한 10km 대회

오늘 대회는 나에게 적어도 두 가지 면에서 특별했다. 하나는 내가 달리기를 한 이래 처음 참가한 10km 대회였고 다른 하나는 직장 직원들과 함께했다는 것이다. 둘 다 의미가 있지만 그중 나에게는 후자에 무게 중심을 더 두고 싶다. 직원들의 체력 증진과 단합을 위해 이보다 더 좋은 것이 없다고 생각했다.

10월 초의 잠실 올림픽경기장은 높은 하늘만큼이나 더 넓어 보였다. 경기장은 선수와 대회 관계자로 꽉 차 있었다. 운동장을 돌면서 강남구 대회관계자들과 인사를 나눴다. 직원들과 만나기로 약속한 시간에 임박해 약속장소인 출발지점 아치에 도착하니 아직 아무도 안 보인다. 몇 안 되는 직원 중에서 대회가 가까이 오자 피치 못할 개인 사정들이 생겨 두 명이나 불참하게 되었다. 잠시 기다리니 민경 씨가 왔고 얼마 안 있어 주희 씨가 단짝 보영 씨와 함께 나타났다. 우리들은 각자 짐을 맡기고 '증명사진'을 찍은 후 스트레칭으로 준비운동을 했다.

달리기대회에 처음 참가한 우리 직원들은 활기찬 대회장 분위기에 매료되어 있다. 10시 출발시각이다. 풀코스부터 출발한다. 두 번째로 우리 10km 부대다. 우리 뒤로 하프, 5km 건강달리기가 이어진다. 우리는 팀 제일 후미에 위치했다. 느긋하게 뒤에서 즐겁게 달리기 위함이다. 대부대가 천천히 움직이기 시작한다. 직원들은 마치 아빠 손잡고 놀러가는 아이들 마냥 희색이 만면이다. 이제까지 그들에게 달리기에 대해 가르쳐준 것이 없기에 운동장을 빠져나가면서 각자 간단하게 자세를 고쳐준다.

운동장을 출발한 지 얼마 안 되었는데 민경 씨가 안 보인다. 평소 많이 걷더니 역시 달리기도 잘한다. 나는 보영, 주희 씨와 보조를 맞춰 천천히 달린다. 한강으로 들어서는 토끼굴을 지나니 벌써 1km 지점이다. 주희 씨가 제일 힘들어한다. 몇 발자국 못 가 지친 듯 걷겠다고 한다. 그러고 보니 주변에 우리 말고도 '거북이'들이 많이 있다. 그동안 내가 달렸던 분위기와는 전혀 딴판이다. 이 얼마나 가치 있는 일인가. 비록 달리기는 잘 못하지만 그러한 것에 도전하는 정신 말이다. 보영 씨도 힘든지 걷기 대열에 합류했다.

풀코스 완주 후 회복주로 제격

3km쯤 지났을까. 벌써 선두가 돌아온다. 우리보다 4km나 더 달린 것이다. 어떻게 저렇게 빨리 달릴 수 있느냐고 모두 놀란다. 우리 셋은 달리다 걷다를 반복한다. 마치 워크 브레이크를 하는 것 같다. 어제 풀코스를 달렸기에 출발할 때 제법 뻐근하던 다리근육이 이제는 많이 풀렸다. 그렇지 않았으면 오늘 아침 운동장에서 잠시 걸은 것으로 때웠을 텐데 제대로 회복주를 하는 것이다. 점점 5km 반환점이 가까워 온다. 아까부터 반대편에서 달려 올 민경 씨를 찾는 데 이제야 시야에 잡힌다. 우리보다 약 사오백 m 앞서 있다. 생각보다 별로 차이가 안 난다. 얼굴이 약간 상기되어 있는걸 보니 좀 힘이 드는 모양이다.

발과 마음과 혼으로 달린다

우리도 멋있게 반환점을 돈다. '삐, 삐~' 하고 스피드칩이 체크되는 소리가 연속해서 들린다. 주희 씨는 돌자마자 음료수대 앞에 선다. 천천히 물과 게토레이를 마시고 또 걷기 시작한다. 이 얼마나 여유 있는 달리기인가. 그래서인지 그 어느 때보다 한강 변의 공기가 상큼하게 느껴진다. 고수부지에서는 국제 연날리기대회와 유치원 꼬마들의 운동회도 열리고 있다.

우리 뒤를 따라오는 선수들도 부지기수다. 첫째도 힘들지만 꼴찌하기는 더 힘든 것 같다. 우리 주변의 선수들과는 아까부터 만났다 헤어졌다 한다. 그들과 서로 격려의 인사를 나눈다. 우리와 앞서거니 뒤서거니 하던 초등학교 6학년 정도 돼 보이는 소년 둘이 지금 이 속도로 가면 1시간 30분 안에 골인하겠느냐고 묻는다. 제한시간을 넘기지 않으려는 장한 마음이다.

어느덧 8km도 넘었다. 우리도 이 정도로 가면 제한시간 내에는 충분히 들어갈 것 같다. 주희 씨가 좀 걷다가 9km부터 달리겠다고 한다. 보영 씨는 이미 시야에 없다. 몸은 가느스름해도 체력은 강한 것 같다. 이제 1km도 안 남았다. 속으로 계산해보니 하프 선두가 들어올 시간이다. 스타디움 경내를 지나는데 선도 오토바이를 앞에 두고 선두가 힘차게 달려온다. 그에게 온 마음으로 박수를 보낸다.

스타디움으로 들어가기 위해 오른쪽으로 도는데 누군가가 우리를 반갑게 맞는다. 이창덕 선배 부부인 것이다. 이제나 저제나 들어올까 눈이 빠지게 기다리셨다 한다. 우리는 함께 스타디움으로 들어선다. 이제 100m 남았다. 주희 씨와 나는 직선주로를 힘 있게 달린다. 주희 씨가 멋진 포즈를 취하며 골인한다. 1시간 20분 정도 걸렸다. 결승선에서 보영 씨와 민경 씨가 우리를 반긴다. 모두들 태어나 처음으로 10km를 완주한 것이다. 오늘 그들에게는 좀 힘들었겠지만 영원히 기억에 남을 젊은 날의 한 추억거리가 되었을 것이다. (2005. 10. 3)

의지의 박영숙 여사, 마라토너로 거듭나다

40km 지점이다. 성한 사람이 별로 없다. 얼마나 힘든지 모든 선수들의 얼굴이 심하게 일그러져있다. 인간 본연의 모습이 적나라하게 드러난다. 벌써 이곳에 서서 응원한 지도 꽤 오랜 시간이 흘렀다. 지나는 선수 선수마다 박수와 함께 이제 다 왔다고 격려한다. 대부분의 사람들이 고마움을 표한다. 우리 진달회의 박영숙 선수를 기다리고 있는 것이다. 온갖 상념이 머리를 맴돈다. 허리 통증이 도진 것일까. 어디 새로운 부상을 입은 것일까. 오늘 그와 함께 달리지 않은 것을 크게 후회한다. 출발한 지 5시간 30분이 지났다. 서울마라톤클럽의 박영석 회장님 부부도 막 지나갔다. 거의 팔십을 바라보는 연세에 정말 대단하신 분이다. 그것도 부부가 함께 하고 있으니 얼마나 다복(多福)한 것인가.

눈이 빠진다는 말이 실감난다. 집중력도 떨어진다. 회송차량에 탑승했는지 결승선에서 기다리고 계시는 이창덕 선배님 부부께 연락해 본다. 아직 안 들어왔다 한다. 바로 그때 낯익은 선수가 내리막길을 내려오고 있다. 박 여사다. 2003년 4월 나의 권유로 달리기 세상에 입문했다. 그간 10km와 하프를 수차례 완주했으나 풀코스 도전은 오늘이 두 번째다. 지난 3월 동아마라톤에 도전했으나 제한시간 규정에 걸려 30km에서 멈춰서야 했다. 그만큼 그에게는 오늘의 춘천마라톤이 갖는 의미가 각별하다. 자세도 아주 바르다. 부상도 없는 듯하다. 다행이다. 한숨이 놓인다. 반갑게 맞이한다. 골인지점에 계시는 이 선배께 박 여사를 만났다고 중계한다.

자세나 표정이 처음 풀코스 완주를 눈앞에 둔 선수 같지 않다. 아주 침착하다. 6시간 완주를 목표로 이제까지 그 페이스대로 달렸다 한다. 그야말로 '또박또박' 달린 것이다. 힘들어지기 시작한다는 30km 이후 오히려 컨디션이 더 좋아졌다고 한다. 두세 발자국 앞에서 하나 둘 구령을 부르며 그를 리드하면서 달린다. 교통통제도 해제돼 인도로 달릴 수밖에 없다. 평평치 않은 보도로 가다 보니 그만큼 더 힘들다. 막바지임에도 불구하고 아직 힘이 남아있어 많은 주자들을 앞선다.

딸로부터 귀한 선물도 받고

출발했던 종합운동장 앞이다. 운동장 입구에서 기다리고 있던 이 선배님과 합류해 함께 달린다. 최선을 다해 달리는 모습에 사람들이 "아줌마 파이팅!"을 외친다. 운동장 트랙을 돌 때는 더 힘껏 달린다. 두 팔을 높게 들고 결승아치를 통과한다. 58세 '아줌마'가 대단한 일을 해낸 것이다. 할 의지와 집념만 있으면 무엇이든지 이룰 수 있다는 것을 보여준 것이다. 내가 처음으로 완주했을 때의 기분 이상이다. 이번 완주로 미국에서 공부하고 있는 딸이 더 열심히 공부하겠다고 약속했다 한다. 어머니가 결코 녹록지 않은 마라톤완주를 한 것을 보고 크게 자극 받은 모양이다. 딸로부터 귀한 선물을 받은 것이다.

세 번째 참가하는 춘천마라톤이다. 대부분의 마라토너들이 달리고 싶어 하는 대회다. 우리나라에서 열리는 대회 중 가장 규모가 크고 코스 주변 풍치가 너무나 아름답기 때문이다. 거기에 자폐청년 배형진 군의 마라톤을 통한 인간승리를 그린 영화 '말아톤'의 배경이 된 것도 한몫 했으리라. 역사와 전통 면에서 볼 때도 매년 3월 열리는 동아마라톤과 함께 우리나라 마라톤의 쌍벽을 이루고 있다. 오늘도 2만여 명의 마라토너들이 춘천 종합운동장을 가득 메우고 있다.

진달회의 이창덕 선배님과 나는 'E'지역에서 출발을 기다리고 있다. 작년과 같다. 자신의 최고기록을 기준으로 약 1,500명 씩 배정해 'O'지역까지 15개의 그룹으로 나뉘어 있다. 이들이 순차적으로 출발하는 데에만 무려 30여 분이 걸릴 것이다. 10월 말 춘천 날씨는 제법 쌀쌀하다. 서울과 사뭇 다르다. 출발대기를 하는 몇 분 동안도 추워서 가만히 있을 수 없다. 근육이 굳어질 것 같아 계속 몸을 움직여 워밍업을 한다. 드디어 우리 그룹이 출발할 차례다. 장내 진행자가 우리 모두의 장도를 축복해준다. 선수 가족들과 춘천시민들의 성원을 받으며 운동장을 빠져나온다.

춘천마라톤은 출발하자마자 오르막길이 있는 것이 특징이다. 그래도 초반이기에 별 어려움이 없다. 편도 4차선 도로를 가득 메우고 올라가는 형형색색의 마라토너들의 모습은 장관 그 자체다. 아직도 가야할 길이 많이 남아 있기에 컨디션 조절을 하면서 달리고 있다. 군의관인 듯한 방공포병사령부 소속의 선수가 앞서 가기에 접근해 나도 그 부대 출신이라고 하니 반가워한다. 잘 달리라고 격려하며 앞서 간다. 옆에 달리고 있는 이 선배님의 컨디션이 괜찮아 보인다. 지난달부터 오른팔에 오십견인 듯한 통증이 있어 요즘에는 그 좋아하시는 테니스도 못 치고 있다. 나 역시 지난여름부터 왼팔에 오십견이 와 특정 동작을 할 때 불편하지만 달리기에는 이상이 없다. 5km 지점을 27분

발과 마음과 혼으로 달린다

춘천마라톤에서 역주하고 있는 필자 (6409)

31초에 통과한다.

7km 지점을 지나면서 춘천의 명소 의암호가 보이기 시작한다. 호반을 끼고 도는 마라톤 행렬은 시작과 끝이 없어 보인다. 의암호라는 이름은 의암댐 아래 작은 강변마을인 의암리에서 빌려온 것이라 한다. 의암(衣岩)의 뜻은 문자 그대로 '옷바위'다. 옛날 한 노인이 이곳 강가 바위 위에 옷을 벗어놓고 멱을 감고 있는데 지나가던 신선이 이 옷을 입고 하늘로 올라갔다는 데서 유래되었다. 마치 어렸을 때 많이 들었던 '선녀와 나무꾼' 이야기를 연상시킨다. 의암댐에서 심호흡을 해본다. 호수 특유의 맑은 공기가 폐부 깊숙이 파고든다. 바로 이 맛에 마라톤을 하는 것이리라.

10km(0:52:32) 붕어섬 초입 급수대에서 가볍게 목을 축인다. 이제까지 워밍업이 되었기에 발이 가벼워져야 할 때인데 그 반대다. 배가 살살 아파온다. 새벽부터 부산을 떨며 춘천으로 오면서 버스 안에서 먹었던 두 줄의 김밥과 춘천에 내려 포장마차에서 먹었던 가락국수가 탈을 일으키는 것 같다. 과유불급(過猶不及)은 달리기에도 그대로 적용되는 것 같다. 함께 달리던 이 선배님은 제 컨디션을 찾은 듯 앞서 나가는데 나는 점점 처지기 시작한다. 한동안 그의 뒷모습을 보면서 갔는데 얼마 지나지 않아 놓쳐버렸다. 화장실에 가고 싶은데 마땅한 곳이 보이지 않는다.

갈 길 먼데 화장실 신세도 지고

15km(1:20:24) 급수대다. 더 이상 참을 수 없어 화장실부터 들어갔다. 마라톤 시작 4년 만에 처음 있는 일이다. 언젠가 주유소 화장실에서 소변 한 번 본 것이 다다. 볼 일을 보고 나니 그렇게 시원할 수가

없다. 족히 2분은 걸린 것 같다. 그동안 얼마나 많은 선수들이 지나갔을까를 생각하니 분발하지 않을 수 없다. 조금 지나니 오른편에 빨간색을 입힌 현대식 건물이 보인다. 춘천 에니메이션박물관이다. 춘천 시내를 벗어나 어떻게 이렇게 외곽에 박물관을 지었는지 언뜻 이해가 안 된다.

의암호 한복판에 있는 중도(中島)가 한눈에 들어온다. 우리 아이들이 어렸을 때 대학친구들 가족과 함께 놀러갔던 추억이 떠오른다. 세월의 흐름은 어찌할 수 없는 듯 친구들의 얼굴에는 주름살이 늘어났고 아이들은 그만큼 더 젊어졌다. 중도는 우리나라에서 신석기 청동기 초기철기시대의 문화를 완벽하게 간직하고 있는 유일한 유적지라 한다.

19km에서 파워젤 하나를 먹는다. 14km에서 먹으려 했는데 그때는 워낙 정신이 없었다. 20km(1:50:20) 신매마을 급수대다. 춘천댐 오르막길에서 페이스를 유지하기 위해서는 이쯤에서 잘 먹어두어야만 한다는 생각에 찹쌀 초코파이 세 개를 순식간에 먹는다. 좀 기운이 난다. 옆에 가던 선수가 시간을 묻는다. 하프를 1시간 58분에 통과했다고 하니 자기는 이제까지 천천히 왔기에 4시간 이내는 골인할 것 같다고 한다. 속으로 굉장히 부러웠다. 화장실 가느라고 지체된 2분을 빼고도 평소보다 5분이나 늦은 속도다. 이제 절반 왔는데 앞으로 남은 절반을 어떻게 갈지 막막하다.

춘천마라톤에서 가장 난코스라는 춘천댐 오르막 구간이다. 마음의 준비가 단단히 되어있어선지 차분하게 올라간다. 건너편을 보니 벌써 춘천댐을 지나 내리막길을 달리는 선수들의 행렬이 끝이 없다. 2년 전 바로 이 구간에서 보건복지부 근무 당시 동료였던 이영휘 선배를 만나 결승까지 함께 달린 기억이 눈에 선하다. 그 날은 오르던 도중 기진맥진해 허리도 구부러지는 등 무척 힘들었는데 이제는 그렇지 않은 것을 보니 그만큼 주력이 쌓였는가보다. 내가 힘들면 정도의 차이는 있겠지만 남들도 힘 드는 법. 옆에 달리는 주자들도 그저 그만그만한 속도로 전진하고 있다. 25km 지점을 2시간 20분 38초로 통과한다.

장애인들의 집념과 열정을 배우자

춘천댐이다. 바람이 시원하게 불어 주자들의 피로를 씻어주고 있다. 여기서 좀 더 오르막을 올라가야 한다. 한 시각장애인이 앞서 간다. 도우미 두 명이 동반하고 있다. 마라톤을 하면서 많은 장애인들을 보아왔다. 그들로부터 배우는 것은 무엇을 이루겠다는 그들의 집념과 열정이다. 몸이 불편한 사람들도 다 완주하는 마라톤을 소위 비장애인들이 왜 도전조차도 하지 않는지 잘 이해가 안 간다. 한 생을 살면서 여건이 허락한다면 비도덕적·비윤리적이지 아니한 것이라면 무엇이든지 도전해 볼 만한 가치가 있는 것이 아닐까.

102보충대 앞이다. 군악대가 멋진 행진곡을 연주하고 있다. 춘천마라톤 달림이들을 위한 응원은 그들의 연례행사다. 박수로 그들에게 감사를 표한다. 군인들을 보니 군 복무 중인 아들 준일이가 생각난다. 입대한 지 1년이 훨씬 지나 점점 고참이 돼가면서 군 생활도 그만큼 익숙해져 있으리라 생각된다. 내년 7월 무사히 제대하기를 기원한다. 29km 지점에서 하나 남은 파워젤을 먹는다. 앞으로 남은 10여 km를 책임져 줄 나의 소중한 에너지원이다. 30km(2:56:58) 신동삼거리다. 바나나를 먹고 싶은데 거의 날것이라 먹다말고 뱉는다. 바나나는 역시 약간 익은 것이 맛도 있고 먹기에도 편하다.

발과 마음과 혼으로 달린다

이제부터는 4차선 대로의 곧게 뻗은 평지가 계속된다. 그렇지만 오늘 레이스는 지금부터라고 마음을 다잡으니 이제까지보다 페이스가 살아난다. 허리를 곧게 펴고 한발 한발 힘차게 차고 나간다. 많은 선수들을 앞지른다. 더욱 힘이 난다. 35km를 3시간 31분 48초에 지나간다. 36km 아치형 철강구조를 지닌 소양2교를 지난다. 이곳 이후에는 그야말로 비행장 활주로로도 사용될 만한 대로가 나타난다. 마지막 힘들고 지루한 구간이다. 걷는 주자들이 많다. 이쯤이면 늘 생기는 현상이다. 초반 오버페이스를 한 선수들이다. 그 결과가 지금 나타나는 것이다. 한 사람 두 사람 계속 추월하다보니 40km(4:06:37) 옛 시외버스터미널 급수대다. 30km 이후 10km를 70분에 달린 셈이다. 초반에 비해 많이 느린 속도지만 내 페이스를 유지하면서 힘 있게 달려 기분이 좋다.

마라톤의 매력은 마지막 2km에

2km 남았다. 마라톤의 매력은 이 마지막 남은 2km에 있다고 해도 과언이 아니다. 만약에 마라톤이 42.195km가 아니고 40km 달리기였다면 그 재미는 지금보다 반감되었을 것 같다. 그만큼 마지막 남은 2km의 의미가 크다. 그런데 이게 웬일일까. 이제까지보다 다리 움직임에 훨씬 탄력이 있다. 많은 선수들을 추월한다. 이제까지 나를 앞서 갔던 사람들이다. 이 선배님이 안 보이는 것을 보니 오늘 잘 달리신 것 같다. 오늘처럼 이 선배님이 앞에서 달리면 그렇지 않을 때보다 마음이 편하다. 결국 오늘 이 선배님은 나보다 3~4분 일찍 들어오셨다. 나름대로 역주를 하신 것이다.

운동장 입구다. 출발할 때처럼 많은 가족과 시민들이 백오 리 대장정을 마무리하는 선수들에게 박수를 보내고 있다. 마라톤을 하면서 가장 기분이 좋을 때다. 마라톤이 힘들지만 바로 이러한 맛이 있기에 하는 것 같다. 운동장 트랙을 돌 때는 항상 재미있는 영화나 소설이 끝나갈 때의 그런 아쉬움이 진하게 남는다. 결승선 통과와 더불어 또 한 편의 각본 없는 드라마의 막이 내려졌다.

스무 번째 완주다. 20전 20승이다. 이제까지 한 번도 포기한 적이 없다. 하나하나 쌓다보니 이렇듯 나의 역사가 되었다. 4시간 18분 39초의 기록이다. 오늘 3시간 54분이 목표였으니 다소 실망스럽지만 이제 거기에 일희일비(一喜一悲)는 하지 않으려 한다. 물론 앞으로 달릴 모든 마라톤에 최선을 다할 것이다.

오늘 레이스를 정리해본다. 무엇보다도 훈련부족이 기록부진의 가장 큰 원인이라고 생각된다. 거기에 어제 고등학교 친구들과의 북한산 등산이 근육을 피로하게 한 것 같고 감기기마저 한몫을 거들었다고 본다. 그렇지만 무엇보다도 기분이 좋은 것은 박영숙 마라토너의 탄생이다. 대한민국 국민 1천 명 당 한 명꼴인 자랑스러운 마라토너가 된 것이다. 그녀로 인해 이제까지 나의 적극적인 권유로 달리기를 시작해 마라톤을 완주한 선수가 네 명으로 늘어났다. 이창덕 김장식 김종석 박영숙 님이 바로 그들이다. 그들과 앞으로도 계속 함께 달리면서 건강한 삶을 살고 싶다. (2005. 10. 23)

즐겁게 달린 마지막 7km

벌써 세 번째 참가하는 중앙일보 서울마라톤이다. 그러기에 자칫 지루할 뻔했는데 코스가 약간 변경됐다. 판교 거의 끝까지 가던 것이 분당 하탑에서 돌아오는 코스로 바뀌었다. 대신 잠실에서 천호 사거리—길동 사거리—탄천교로 이어지는 서울시내 구간이 늘어났다. 전체적으로 볼 때 지난해보다 코스가 쉬워졌다는 평이다. 마치 새로운 코스를 달리는 듯한 기분으로 출발을 기다리고 있다. 잠실 종합운동장 앞 큰길은 1만 3천여 달림이들로 발 디딜 틈이 없다. 사람들이 차를 밀어내고 그 넓은 길을 차지하고 있다. 달림이들만의 특권이다. 바로 이런 게 대도시를 달리는 마라톤이 인기 있는 이유 중의 하나가 아닌가 싶다.

대한민국 3대 메이저 대회답게 규모가 클뿐만 아니라 진행 역시 매끄럽다. 달림이들이 지루해하지 않도록 사회자가 적당하게 분위기를 띄우는 한편 의례적인 행사는 간단하게 끝낸다. 출발 총성과 함께 선수들이 썰물 빠지듯 빠져나가고 있다. 나의 스물한 번째 백오 리 대장정이 시작된 것이다. 옆에는 나의 마라톤 짝꿍인 이창덕 선배께서 어깨를 나란히 하고 있다. 서로 완주할 것을 다짐하고 출발선을 통과한다.

아쉬운 마라톤 응원문화

연도에 늘어선 선수들의 가족, 친지와 일반 시민들이 우리들의 장도를 축복하고 있다. 그들이 있기에 이 외로운 마라톤도 결코 힘들지 않게 느껴진다. 항상 그들에게 감사하는 마음을 가지고 있다. 소득수준이 높은 선진국으로 갈수록 마라톤 응원문화가 발달되어 있다. 보스턴마라톤의 경우 전 구간을 지역별로 나누어 42km 내내 자원봉사자들이 열렬히 응원해 그에 대한 보답으로 더 열심히 달릴 수 있게 된다고 한다. 우리나라도 수년 전보다는 많이 개선되어지고 있다는 느낌이다. 그러나 가끔 도로통제를 한다는 이유로 교통경찰과 시비를 할 때에는 안타까운 생각이 들기도 한다. 서로가 한 치만큼만 양보하면 기분 좋게 풀 수 있을 것을 말이다.

오늘의 목표는 개인 최고기록 경신이다. 여러 번 달렸기에 코스를 잘 알고 있는 데다 초가을 날씨라 기록내기는 최적의 여선이다. 초반부터 약간 속도를 내본다. 1km쯤 왔을까. 이 선배님께서 점점 처지기 시작한다. 컨디션이 안 좋으신 모양이다. 할 수 없이 내 페이스대로 달려나간다. 잠실 롯데호텔 사거리에서 직진한다. 여기부터 10km 지점까지는 동아마라톤 코스와 같다. 단지 다른 점은 동아마라톤의 경우 여기는 벌써 하프를 지나 힘들기 시작하는 지점이라는 것이다. 지난 3월 꽤 추웠던 날 동아마라톤에서 이곳을 달리던 기억이 새롭다.

아직 초반이라 힘이 있어 제 페이스를 유지하고 있다. 10km(0:51:15) 지점쯤 가는데 강남마라톤클럽 소속 선수 세 명이 앞서 나간다. 그들에게 '힘~!' 하고 응원을 보낸다. 이제까지 워밍업을 했고 지금부터 본격적으로 달릴 모양이다. 달리는 자세가 곧고 힘이 있다. 아까 출발할 때 잠시 흩뿌리던 비는 어디론가 종적을 감추었다. 레이스 여건이 아주 좋다. 함께 출발했던 엘리트 선수들이 좋은 기록을 내기에 아주 적합한 날씨다.

수서역 근처 15km(1:17:58) 지점에서 카보샷을 하나 먹는다. 오늘 아침 배웅 나왔던 진달회 김장식 회원이 찔러준 것이다. 올해 달리기에 입문해 벌써 하프는 물론 풀코스까지 좋은 기록으로 완주한 그다. 앞으로 꾸준히 연습한다면 어디까지 성장할지 짐작이 안 간다. 달리기를 한 이래 그는 체중이 많이 줄었고 모든 잔병이 없어져 달리기 효험을 톡톡히 보고 있다고 한다.

출발한 지 1시간 35분이 지났다. 18km 지점이다. 선두 세 선수가 나란히 달려오고 있다. 모두 흑인 선수다. 그들로 볼 때는 32km 지점이다. 우리와 동시에 출발해 벌써 14km나 차이가 나는 것이다. 말의 심장과 근육에 인간의 모습을 한 것 같은 그들이다. 우리처럼 범인(凡人)으로서는 가히 상상이 안 간다. 한 가지 아쉬운 것은 그 대열에 우리나라 선수가 없다는 것이다. 우리나라 마라톤은 아마추어 선수층은 그런대로 두터운데 엘리트 선수층은 엷기 그지없다. 우수 인재들을 야구나 축구 같은 인기 스포츠에 모두 뺏기기 때문인 것이다. 국가가 나서 마라톤 인재 양성 정책을 펴 나가는 일이 시급하다고 생각한다.

말의 심장과 근육에 인간의 모습을 한 선두주자들

19km를 지나는데 옆에서 누군가가 아는 체 한다. 김기정 선배다. 오늘도 여전히 워크 브레이크를 하고 있다. 처음부터 끝까지 일정한 페이스로 적당히 쉬어가면서 달리는 주법이다. 따라서 초반에는 속도가 느리지만 중반에 따라 붙고 후반에는 앞서가게 되어 있다. 소위 족보에 있는 주법이지만 웬만큼 훈련이 되어 있지 않으면 안 된다. 지난 6월 양평대회에서 제대로 훈련도 해보지 않고 따라 했다가 완전히 레이스를 망친 악몽이 떠오른다. 지치기 시작한 나를 뒤로 한 채 유유히 앞서 나간다. 굉장한 체력이다.

시흥 사거리에서 좌회전한다. 분당 시내로 들어서는 길이다. 예전에는 여기에서 판교를 향해 직진하던 곳이다. 반대편에서는 서브-3 주자들이 계속 달려온다. 오늘 코스의 반환점은 25km 지점이다. 아직도 3km는 족히 더 남았다. 갈 길은 먼데 초반에 약간 욕심을 낸 탓인지 점점 힘이 든다. 여수대교 사거리에서 우회전한다. 길이 좁아지니 달리는데 훨씬 수월하다. 달리다보면 제일 힘 드는 데가 직선대로다. 이를테면 춘천마라톤 37km 이후 춘천역 앞길 같은 데다. 초반에는 그런대로 괜찮은데 춘마처럼 종반에 그런 길이 나오면 정말 대책이 없다.

25km(2:16:15) 반환점이다. 동네사람들이 많이 나와 응원을 한다. 절로 힘이 난다. 그런데다 이제 갈 길이 온 길보다 짧다고 생각하니 더 그렇다. 엄청나게 많은 선수들이 뒤따라오고 있다. 아까부터 이 선배님을 찾는데 안 보인다. 많이 떨어진 것 같다. 걱정이 앞선다. 그러다가 결국 큰 길로 다시 나와 만날 수 없게 되었다.

체내 모든 에너지가 고갈된다는 30km(2:48:15) 지점이다. 아직도 12km나 더 달려야한다. 이제까지 다리로 달렸다면 앞으로는 팔로 달려야 한다는 달리기 고수들의 말도 있다. 체력은 떨어졌고, 갈 길은 멀고, 마음의 갈등이 심할 때다. 시계를 보니 벌써 2시간 48분을 지나고 있다. 개인기록 경신은 물 건너간 지 오래다. 서브-4도 힘들게 생겼다. 그래서일까 오늘은 왠지 평상심이다. 그렇다. 부상 없이 완주만 하자. 오늘의 목표를 수정한다.

30km 이후는 팔로 달려라

지루한 서울공항 앞 대로도 지나고 세곡동 사거리 지나 400m 남짓의 오르막을 간신히 올랐다. 이제부터 잠실까지는 거의 내리막길 내지는 평지다. 35km(3:22:47) 수서역이다. 응원하는 사람들이 항상 많은 곳이다. 그들의 힘내라는 응원과 박수소리를 들으니 갑자기 힘이 난다. 역주에 역주를 거듭한다. 많은 선수들을 추월한다. 이상하다.

어디서 이런 힘이 났을까. 달리기를 한 지 만 3년이 지났으니 오래 달리는데 필요한 근육이 생긴 것일까. 작년 중앙마라톤에서는 바로 이 구간에서 너무나 힘들었던 기억이 아직도 머리에 생생하다. 종반에 이렇게 달릴 수 있다니 믿어지지 않는다.

40km(3:56:49) 급수대도 그냥 통과한다. 물 마실 시간도 아깝다. 몸이 새털처럼 가볍다. 이제는 땀도 안 난다. 체내에 땀 날 수분조차도 없는 것이다. 온몸이 소금기로 버석버석하다. 종합운동장 입구다. 오늘도 해냈다는 생각에 제일 기분이 좋을 때다. 가까이에서 양쪽으로 늘어선 많은 사람들의 박수를 받는다. 그리고는 이내 운동장으로 빨려 들어간다. 언제 밟아도 기분 좋은 푹신한 감촉이 양발에 와 닿는다. 드디어 다 온 것이다. 장내는 완전한 축제 분위기다. 특히 종반에 즐겁게 달렸던 오늘 레이스를 복기(復棋)하면서 환한 얼굴로 마무리 (4:10:44) 짓는다. 제일 행복한 순간이다.　　　　　　　　　(2005. 11. 6)

진달회, 단체상 타다

불과 3년여 전 일이다. 진선여고 운동장에서 달리는 사람들의 모임이라하여 '진달회'를 만들었다. 모임이라 하지만 체제가 제대로 갖춰진 것도 아니다. 다만 매일 아침 운동장에서 달리기와 걷기 등으로 자신들의 건강을 다지고 달리기대회가 있으면 원하는 회원들끼리 참가하는 게 다였다. 그리고 가끔 운동 후 식사 정도 함께 하는 것이 고작이었다. 그러는 사이 어느덧 서로 정이 들었고 만나면 화기애애한 분위기와 재미있는 대화가 이어졌다. 모임은 더욱 활기를 띠게 되었

2008년 6월 22일
경축 진달회(조기운동) 단합대회
활기 넘치는 건강한 삶을 위하여... 아자, 아자, 화이팅!

진달회 단합대회

고 급기야 오늘 송년 달리기대회라는 이벤트에 많은 회원들이 참가하게 되었다.

12월 11일, 이날이 오기만을 학수고대했다. 약 한 달 전, 그래도 명색이 달리기한다는 사람들의 모임인데 그냥 먹고 마시는 송년회보다는 달리기를 한 후 하자는 중론이 있었다. 그래 12월 중에 열리는 대회 중 오늘 전마협이 여의도와 한강주로 일원에서 개최하는 동계 하프마라톤대회에 단체로 참가하기로 했다. 회원들의 절대적인 호응으로 모두 21명이 등록하여 3등이라는 단체상 트로피도 탔다. 이 중 오늘 개인적인 사정으로 7명이 불참하여 모두 14명이 완주했다. 진달회 사상 초유의 일이다. 동네 달리기 동호회가 대단한 일을 해 낸 것이다.

발과 마음과 혼으로 달린다

12월 초중순이라 하지만 예년에 비해 날이 무척 춥다. 당초 대회가 열리는 여의도까지 지하철로 이동하기로 되어 있던 계획을 부랴부랴 승용차로 움직이는 것으로 바꾼다. 결과적으로 옳은 판단이었다. 그렇지 않았다면 한강 추위에 모두 얼어버렸을 것이다. 하도 추워 대회 참가선수 대부분이 각자 타고 온 차 안에서 밖으로 나올 생각을 안 한다. 우리도 마찬가지다. 출발 20분 전에야 몸을 풀려고 움직이기 시작한다. 아무래도 12월 달리기대회 참가는 무리라는 생각을 해본다.

12월 대회 참가는 무리

출발 대기선에서 참가자들이 대회 관계자의 구령에 맞춰 열심히 위밍업 한다. 아래위 모두 긴 운동복과 털모자까지 뒤집어썼는데도 잠시도 가만히 있을 수가 없다. 한시라도 빨리 출발했으면 하는 바람이다. 실제로 출발시각인 10시보다 몇 초 일찍 총성이 울린다. 선수들이 기다렸다는 듯이 모두 총알처럼 튀어나간다. 달리기 시작하니까 얼었던 몸이 풀리기 시작한다. 15분쯤 달렸을까 드디어 땀이 나기 시작한다. 모자도 거추장스럽다. 이런 날에 짧은 운동복을 입고 달리는 사람도 있다. 몸이 얼어가는 듯 퍼렇다. 대단한 사람들이다.

5km(0:24:07) 급수대에서 목을 축인다. 얼음물이다. 자원봉사 학생들이 추위에 고생을 한다. 늘 그들에게 고맙다는 생각을 한다. 음지에 들어가면 마치 얼음 창고 안에 있는 것 같다. 주로가 군데군데 얼어 있어 여간 조심스럽지 않다. 행여 미끄러질까 두렵다. 날씨와 주로 사정으로 봐 오늘은 무사안전하게 1시간 50분 정도로 완주하는 것을 목표로 삼는다. 추워서 그런지 우리 말고는 주로에 달림이들이 별로 없다. 선두를 달리는 선수와 9km 지점에서 마주친다. 큰 대회가 아니라 그런지 선두 속도가 별로 빠르지 않다. 동호대교 지나 10km 지점

을 49분 18초에 통과한다.

반환점(0:52:07)이다. 벌써 절반이나 왔고 이제까지 온 만큼만 더 가면 된다. 풀코스대회와 많은 차이가 난다. 오래간만에 하프대회에 참가하다보니 대회감각이 좀 무뎌진 것 같다. 이창덕 선배님과 마주친다. 이삼백 m 차이다. 지난 11월 20일 공주에서 있었던 동아마라톤에서 또다시 여유 있게 서브-4를 이뤄 주위를 깜짝 놀라게 했다. 나의 꿈은 이 선배님처럼 72세에도 건강하게 잘 달릴 수 있는 것이다. 결코 쉽지 않은 일을 해내고 있는 이 선배님의 불굴의 의지에 경의를 표한다.

동작대교를 약 1km 정도 남겨 둔 곳에서 15km(1:15:14) 지점을 통과한다. 이제 6km 남았다. 제 컨디션이라면 지금부터 속도를 내야할 때인데 발걸음이 점점 무거워진다. 요즘 이리저리 바쁘다는 핑계로 아침운동을 게을리 한 결과다. 그렇다고 나를 앞지르는 선수도 별로 없다. 맞바람이 불어온다. 땀 날 겨를이 없다. 모자를 안 쓰고 왔다면 귀가 떨어져나갔을 것 같다.

마중 나온 신현찬 회원에게 감사

63빌딩을 지척에 두고 20km(1:44:01)를 지난다. 맞은편에서 오늘 10km를 완주한 신현찬 회원이 달려오는 것이 보인다. 지난봄 큰 교통사고를 당해 지금 회복 중에 있음에도 불구하고 오늘 대회에 참가한 것이다. 11월 6일 중앙일보 주최 마라톤대회에서는 25km지점까지 갔다가 그만 허리 통증으로 포기하기도 했다. 그와 마지막 남은 1km를 달린다. 그의 덕으로 잘 하면 1시간 50분 안에 들어갈 것 같다. 결승선을 100여 m 앞두고 10km 대회에 참가한 이영자 여사와 마중 나와 함께 달리고 있는 박영숙 여사를 지나친다. 60 중반의 나이에도 불구하고 각종 10km 대회에 참가하여 최선을 다하는 모습이 아름답다. 결승선 통과를 알리는 전자음이 울린다. 1시간 50분 25초의 기록이다.

(2005. 12. 11)

마라톤은 정직하고, 요행은 없다

아직도 어둠이 채 가시지 않은 이른 시각, 아파트를 나선다. 3월 초 답지 않은 찬바람이 온몸을 때린다. 불현듯 작년 동아마라톤 때 추위에 떨었던 기억이 뇌리를 스친다. 그렇지 않아도 연습 부족으로 오늘 제대로 완주할 수 있을지 걱정이 많이 되는데 엎친 데 덮친 격으로 한파까지 거든다. 마치 시험 준비를 하지 않은 채 고사장에 들어서는 불안한 심정이다. 지난겨울 이 핑계 저 핑계로 연습을 게을리 했더니 그만 몸무게가 4kg나 늘어났다. 그 이전보다 연탄 한 장을 더 짊어지고 달리는 셈이다. 교과서에는 체중 1kg 증가할 때마다 풀코스 기록이 3~5분 더 걸린다고 되어있다. 컨디션 좋을 때 기록인 4시간을 기준으로 할 때 잘해야 4시간 20분대 완주라는 계산서가 쉽게 뽑힌다. 기록에 대한 욕심을 내지 않고 즐겁게 달리기 위해 그간 늘 소지하던 페이스 차트도 준비하지 않았다.

즐겁게 달리는 것을 목표로

지하철 3호선 경복궁역 역사(驛舍)는 전국에서 몰려온 달림이들로 발 디딜 틈이 없다. 건강에 관한 한 둘째가라면 서러워할 사람들이 체감온도 영하 10도 맹추위에는 겁을 먹었는지 모두 역 안에 몰려 있다.

그들과 함께 어울려 준비운동을 한다. 처음 해보는 스트레칭 동작도 있다. 새로운 사람들과 어울릴 때 무언가 배울 수 있음을 실감한다.

광화문. 명실 공히 대한민국의 심장부다. 조만간 원래 위치로 새롭게 복원할 계획이라 한다. 평소 같으면 차로 뒤덮여 있을 세종로가 달림이들로 인산인해를 이루고 있다. 차들을 밀쳐내고 그 자리를 사람들이 차지하니 얼마나 보기 좋은지 모른다. 어떻게 입고 달릴까 고민하다 그냥 짧게 입기로 한다. 이 추위에 옷마저 벗고 나니 옛 군 복무 시절 한겨울에 웃통 벗긴 채 기합 받던 생각이 난다. 배낭을 뒤져 준비해 온 비옷을 걸쳐 입으니 한결 낫다.

오늘은 나와 늘 함께 달리던 이창덕 선배도 안 계신다. 19일 열리게 될 LA마라톤에 참가하기 위해 미국에 가셨다. 그곳에서 여행하면서도 틈틈이 달리기 연습을 하신다고 연락 주셨다. 좋은 기록으로 완주하시기를 기원한다. 대신 오늘 내 파트너는 이영휘 선배다. 지난 2003년 10월 춘천 조선일보마라톤에서 중반 이후 나와 함께 끝까지 달린 것이 인연이 되어 요즘도 종종 만나는 옛 직장 동료다. 환갑이 넘은 나이에도 불구하고 젊은이 못지않은 체력으로 등산과 달리기로 건강관리를 하고 있다. 오늘 레이스를 위해 지난 주말 4시간짜리 장거리 달리기를 했다 한다. 체중이 전보다 3kg 정도 빠졌다는 걸 보니 나와 달리 연습을 많이 한 티가 난다.

대한민국에서 가장 역사가 오래된 동아마라톤대회다. 올해로 77회 째를 맞는다. 이 땅에 사는 대부분의 달림이들은 이 대회에 참가하기 위해 겨우내 그 힘든 훈련을 마다하지 않고 땀 흘렸다. 오늘 그 열매를 거두는 날이다. 겉으로 드러내지는 않지만 2만 여 건각들 각자 그 각오들이 대단해 보인다. 이영휘 선배와 같이 달리기 위해 C그룹에서 D그룹으로 자리를 옮겨 잡는다. 배정 받은 그룹보다 먼저 출발하면 부정행위가 되지만 그 뒤일 경우에는 용인한다고 한다. 작년 바로 이 동아마라톤대회에서 처음으로 엄격하게 이 규칙을 적용한 기억이 있다. 아주 잘한 처사다. 역시 전통 있는 대회는 뭔가 다르다.

8시 정각. 엘리트 선수들의 출발 총성이 광화문 일대에 우렁차게 울려 퍼진다. 공중파 TV로도 생중계되고 있다 한다. 달리기에 입문하기 전에도 나는 마라톤대회 중계만큼은 거의 빼놓지 않고 시청했다. 그때는 대체 어떤 사람들이기에 이 꼭두새벽부터 저렇게 달릴 수 있을까 늘 궁금해 하곤 했다. 그러던 것이 이제는 내가 그 주인공이 되어 이 광화문 한복판에서 출발을 기다리고 있는 것이다. 정말 도전은 아름다운 것이라 생각한다. 마라톤을 왜 하는가? 건강을 다지기 위함인가, 좋은 기록을 세우기 위함인가, 인간 한계를 맛보기 위함인가. 다 맞는 얘기다. 하지만 소위 보통사람들이 성취하기 어렵다는 것에 도전해 그렇지 않은 사람들이 느끼지 못하는 그 무엇을 거기서 맛 볼 수 있는 것이라 생각한다.

도전은 아름다운 것

시간 간격을 두고 A조, B조, C조가 출발했다. 어느덧 엘리트 선수들이 출발한 지 25분 정도가 지났다. 온몸이 얼어붙는 것 같다. 쉼 없이 제자리에서 몸을 움직인다. 사회자가 앞뒤 사람들끼리 안마를 하게 한다. 이 추위에 벌써 한 시간 반 가까이를 떨고 있는 것이다. 대회 진행자가 어제 타계한 인기 개그맨 김형곤 씨를 거명하면서 오늘 레이스에서 절대 무리하지 말 것을 당부한다. 아직도 우리들의 삶에 활력을 주어야 할 한 젊은 연예인의 돌연한 죽음에 심심한 애도를 표한다. 드디어 출발할 때가 된 모양이다. 카운트다운이 시작된다. 다섯, 넷, 셋, 둘, 하나, 출발! 이영휘 선배와 완주를 기원하는 악수를 하며 출발 매트를 밟는다.

오늘로 세 번째 동아마라톤 참가다. 서울 시내를 관통하는 유일한 대회로 달림이들에게 인기가 높다. 올해도 전국에서 무려 2만 5천 명 정도가 참가신청을 했다 한다. 대단한 마라톤 열기다. 특히, 작년 10월 청계천이 복원되는 바람에 코스가 대폭 변경되었다. 광화문─남대문─을지로 왕복─청계천 왕복─종로─신설동─동대문구청─군자역─어린이대공원역─성동교 사거리─서울숲─자양동─잠실대교─석촌호수─아시아선수촌아파트─종합운동장으로 이어지는 코스다. 새로운 코스에 대한 기대가 자못 크다.

동아일보사─서울시청─남대문으로 이어지는 세종로가 오직 달림이들로만 가득하다. 연출로는 불가능한 장관이다. 무척 추운 날씨지만 달리니 몸이 좀 풀리기 시작한다. 이영휘 선배와 어깨를 나란히 하고 달린다. 이 선배의 컨디션이 좋아 보인다. 남대문을 오른쪽에 두고 왼쪽으로 돈다. 작년까지는 남대문을 끼고 돌았는데 남대문 접근로를 새로 만들면서 코스가 변경되었다. 참가인원이 많아선지 남대문로도 양방향 모두 차량을 통제하고 있다. 한국은행─을지로 입구까지 단숨에 왔다. 추위로 아직까지 방한용 비닐을 몸에 걸치고 달리는 사람도 많이 있다. 반대편에는 일찍 출발한 A그룹 주자들이 벌써 을지로를 빠져나가고 있다.

이 추위에 음지를 달리고 있다. 달릴 때에는 일반적으로 그늘이 좋지만 오늘 같이 추운 날에는 정말 고통스럽다. 아직 발이 안 풀린 상

발과 마음과 혼으로 달린다

태고, 흰 면장갑을 낀 손도 시리기 그지없다. 을지로5가 사거리 첫 반환점을 돈다. 작년에는 동대문야구장 근처에서 U-턴했는데 올해는 많이 짧아졌다. 을지로3가역 5km 급수대다. 이 선배에게 물 마실 의향을 물으니 그냥 가잔다. 우리 반대편에는 E, F그룹 주자들이 무리를 지어 달리고 있다. 그룹별로 적당한 시차를 두고 출발시켜선지 많은 선수들이 달리고 있지만 달리는 데 별 지장이 없다. 출발 대기할 때는 많이 기다려 짜증이 났지만 그럴만한 이유가 다 있었던 것이다.

드디어 을지로를 빠져나왔다. 소공동 롯데호텔 앞을 지나 다시 시청앞 광장이다. 여기부터 청계천9가 고산자교까지는 작년 하이서울 청계천 복원기념 마라톤에서 달려본 구간이다. 청계천으로 나오니 연도에 구경 나온 사람들이 제법 많다. 우리는 7km 지점을 달리고 있다. 청계천 건너편 16km 지점에는 A그룹 중에서도 서브-3 주자들로 보이는 선수들이 띄엄띄엄 지나가고 있다. 벌써 고산자교 반환점까지 다녀오고 이제 종로통으로 들어서는 주자들이다. 아마추어치고는 최고의 고수들이다. 옛날 학창시절에 달리기에서는 한 가닥 했던 사람들일 게다. 그들의 힘차게 달리는 모습을 보면 나 또한 절로 힘을 얻을 때가 많다.

아직까지 전후좌우로 얼마나 많은 선수들이 달리고 있는지 잘 복원된 청계천을 감상할 여유도 없다. 각종 매체를 통해 익히 보아온 청계천이건만 다리 하나하나에 얽혀있는 유래가 많다보니 많은 시간을 들여 공부하지 않고서는 제대로 알 수 없겠다. 더군다나 달리면서 무엇을 하랴. '주자간천(走者看川)' 격이라 할 수 있을까. 청계천은 안 보이고 다만 선수들의 고른 숨소리와 리드미컬한 발자국 소리만이 들릴 뿐이다. 그야말로 반(半) 무아지경에 이른 것 같다. 청계천을 가로

고산자교

지르는 스무 개의 다리들을 지나 드디어 청계천 마지막 다리인 고산자교까지 왔다. 조선시대 대동여지도를 만든 김정호의 호를 따서 지은 이름이다. 다른 다리들에 비해 꽤 넓다. 여기서 다시 원점으로 돌아가야 된다.

맞바람이 분다. 이제까지 바람을 등지고 달렸는데 그 고마움을 못 느꼈던 것이다. 이렇게 역풍(逆風)이 불 때야 비로소 그간 덕 본 것을 깨닫게 되는 것이다. 우리 인생사도 마찬가지가 아닐까 싶다. 평소에는 주변 사람들에게 고마움을 못 느끼다가 역경(逆境)에 닥치면 도움을 청하지만 이미 늦었을 경우가 많다. 땀은커녕 시간이 흐를수록 추워지는 것 같다. 물 마시면서 젖었던 장갑이 어는 것 같다. 12km 지나면서 이 선배의 발이 빨라진다. 내 생각하지 말고 앞서 나가라고 주문한다. 한동안 이 선배를 뒤쫓아 가다가 그만 시야에서 사라져버렸다. 그러는 사이 어느덧 청계천을 다 빠져나왔다.

평소 주변사람에게 고마워해야

17km지점 종각 앞이다. 그간 안 보였던 이 선배가 갑자기 나타났다. 도저히 영문을 모르겠다. 나중에 알고 보니 잠시 소피(所避)를 봤다 한다. 여기부터 흥인지문－동대문구청－군자역－어린이대공원 역까지는 이미 두 번이나 달려본 코스다. 종로 한복판으로 달린다. 지금처럼 평소 달릴 수 없는 길을 달릴 때 주자들은 마라톤 하는 보람을 느낀다. 앞뒤로 형형색색의 옷을 입은 마라토너들이 수도 없이 달리고 있다. 잠시 같이 달리던 이 선배는 또 앞서가기 시작한다. 오늘 처

발과 마음과 혼으로 달린다

음으로 서브-4를 하려고 단단히 벼른 것 같다.

군자역을 지나 어린이대공원역을 향해 가는데 옆에 달리던 젊은이가 내게 파워젤 한 개를 건넨다. 마침 오늘 영양보충제를 하나도 챙겨오지 않았는데 이 무슨 고마운 일인가. 아마도 내가 많이 지쳐보였던 모양이다. 27.5km 어린이대공원역에서 우회전한다. 작년과는 반대 방향으로 튼다. 성동교 사거리까지 곧게 뻗은 길이다. 이런 데가 가장 지루하다. 더군다나 30km가 임박하니 많이 힘들 때 아닌가. 서울숲 앞을 지난다. 옛 뚝섬이다. 한때 오랫동안 테니스를 쳤던 곳이다. 지금은 서울을 대표하는 공원이 됐지만 아직 가보지 못했다. 30km 급수대에서 음료수, 초코파이, 바나나를 먹으니 좀 허기가 가셨다. 이제부터다 생각하고 자세를 바로 잡고 달린다.

석수정이 코앞이다. 지금은 성수동 이마트가 들어섰지만 그 이전 이곳에는 보건복지부 산하 사회복지연수원이 있었다. 그 곳에서 직장 동료들과 한창 테니스를 칠 때 주인아줌마의 마음 씀씀이와 음식 솜씨가 일품이라 자주 들리던 음식점이다. 혹시나 해서 들렀더니 마침 마라톤 행렬을 구경하다가 깜짝 놀란다. 아직 점심 먹기에는 이른 시간이라 손님은 아무도 없다. 상 위에서 부글부글 끓고 있는 두부전골을 먹고 가란다. 지난 1994년 삼풍백화점 붕괴 사건 때에는 구조대를 위해 엄청난 양의 김치를 갖다 준 천사같은 사람이다. 오늘도 고생하는 의경들을 위해 커피 200잔을 끓여 주었다 한다. 잘 달리라는 말에 힘이 솟는다.

석수정 아줌마 응원에 힘입어

잠실대교다. 35km도 지났다. 바람이 엄청나게 분다. 빈 물컵들이

정신없이 날아다닌다. 우리는 그렇다 해도 자원봉사 학생들의 고생이
이만저만 아니다. 온몸이 꽁꽁 얼어붙는 것 같다. 짧게 입고 달린 것
을 크게 후회한다. 불과 1km 남짓 되는 다리가 왜 이리 긴지 모르겠
다. 아무 생각도 하기 싫다. 머리가 텅 비어가는 느낌이다. 잠실역으
로 내려오니 좀 한기가 가신다. 이제 5km밖에 안 남았다. 그야말로
기어가도 갈 수 있는 거리라고 생각하니 한결 발이 가볍다.

　오늘 이렇게 추위에 떨었어도 다행히 쥐가 안 났다. 그런걸 보니
나름대로 달리기용 근육은 단련된 모양이다. 종합운동장역을 향한
다. 마지막 1km다. 마라톤 중 가장 보람을 만끽하면서도 좀 더 잘 달
리지 못한 데 대해 항상 아쉬움이 남는 구간이다. 이제까지의 고통은
언제 그랬냐는 듯 사라지기 시작한다. 종합운동장 트랙으로 빨려 들
어간다. 오늘도 걷지 않고 무사히 완주한 것에 대해 자긍심을 느낀다.
4시간 24분 동안의 백오 리 긴 여정은 이렇게 막이 내렸다. 동계훈련
부족으로 인한 체중 증가는 기록부진과 직결되었다. 마라톤은 정직하
고 요행은 없다.
(2006. 3. 12)

"바로 이 맛에 서울마라톤에 나온다니까요"

　2007년도 시즌오픈 대회이자 풀코스 30회째 도전이다. 2003년 3
월 첫 주 일요일, 내 생애 첫 마라톤완주도 바로 이 대회에서 했다. 제
법 쌀쌀했던 그날, 27km 지점에서 다리에 쥐가 나 크게 고생한 기억
이 새롭다. 이래저래 서울마라톤에 얽힌 추억과 인연이 많다.

이른 새벽 평소처럼 집 근처 학교운동장에 나가 가볍게 몸을 풀었다. 집으로 돌아와 샤워하면서 체중을 재니 60kg이다. 왠지 감이 좋다. 지난해 평균 65kg에 비하면 몸이 많이 가벼워졌다. 지난겨울, 뭐 특별하게 운동을 많이 한 것도 아니다. 다만 매일 꾸준하게 10km 정도 달린 것이 체중감량에 효험을 본 모양이다.

오늘은 나의 달리기 파트너 이창덕 선배도 안 계신다. 지난 달 미국에 사는 피붙이들을 만나러 LA로 가셨다. 지금부터 바로 몇 시간 후 열리는 LA마라톤에 참가할 예정이다. 칠순을 훌쩍 넘긴 연세로 20회째 풀코스에 도전하는 것이다.

마라토너들의 축복 속에 이색결혼식 거행

대회장인 63빌딩 건너편 수변광장. 여느 대회처럼 많은 선수와 가족, 대회관계자들로 발 디딜 틈이 없다. 특히 일본선수들과 미군들이 눈에 많이 띈다. 대회장을 이리저리 기웃거리는데 무대에서 이색결혼식이 진행된다. 서울마라톤클럽 박영석 고문님 주례로 두 달림이의 혼례가 열리고 있는 것이다. 두 사람 앞날에 행복이 항상 그득하기를 빌며 멀리서 힘차게 박수를 보낸다.

10시 풀코스 출발시각에 맞춰 행사가 착착 진행되고 있다. 나는 D그룹에 배정되었다. 그룹 중간쯤에 자리 잡고 출발을 기다리고 있다. 4시간을 목표로 하고 페이스메이커를 찾았으나 보이지 않는다. 전반을 1시간 52분, 후반을 2시간 5분 정도로 달리기로 한다.

드디어 출발이다. 약간 쌀쌀한 날씨지만 아래위 짧은 러닝복을 입었다. 오후 두세 시경에 비가 온다니 잘하면 비를 피할 수 있을 것 같았다. 겨우내 긴 옷만 입고 달리다가 가벼운 복장을 하니 날아갈 것 같다. 출발하자마자 주로가 좁아져 주자들 끼리 많이 엉킨다. 조금만 더 가면 절로 정리될 것이기에 인내심을 갖고 내 자리를 잡고 달린다. 초반에 요리조리 피해 앞서 가봐야 체력 낭비만 심하다는 걸 경험으로 잘 알기 때문이다. 아니 게 아니라 3km도 안 돼 주로 질서가 잡혔다.

오늘따라 한강변 맞바람이 유난히 세차게 분다. 오후부터 내릴 거라는 비가 벌써 한두 방울 뿌리기 시작한다. 요즘 기상청 체면이 말도 아니다. 기상이변으로 일기예보의 절반도 채 못 맞추고 있다. 동작대교 지나 5km(0:26:19) 급수대에서 가볍게 목을 축인다. 발걸음이 가벼운 걸 보니 몸이 슬슬 풀려간다는 징조다. 기분이 아주 상쾌하다. 지난해 11월 중앙마라톤 이후 처음이니 얼마 만에 달리는 풀코스인가.

100회마라톤클럽 김영수 교수

한강과 탄천이 만나는 14km지점에서 100회마라톤클럽의 중앙대 김영수 교수를 만났다. 초면이지만 달리는 중에 인사를 건넸다. 동생과 고교 동기동창이고 조카 미국유학에 많은 도움을 주고 있는 걸 잘 알고 있었다. 간암을 극복하고 불과 6년 만에 풀코스 100회를 완주한 의지의 철인이다. 내가 아무개 형이라고 인사를 하니 "참 좋은 취미를 붙이셨군요" 라고 답한다. 달리는 자세에 군더더기가 하나도 없다. 속도를 별로 안 내는 걸 보니 2주 후 있을 동아마라톤을 위해 연습 삼아 달리는 것 같았다. 여러모로 조카를 도와줘서 고맙다는 인사를 하고 김교수 일행과 헤어졌다.

비바람은 점점 거세지고 있다. 여기서부터 반환점인 광진교까지는 평소 일요일이면 달리는 코스다. 그래선지 다리 하나하나가 금방금방

지나간다. 17km 정도 가고 있
는데 선두가 벌써 돌아오고 있
다. 2등과 많은 차가 난다.

어느덧 광진교가 나타났
다. 광진교 조금 지나니 반환
점을 알리는 아치가 보인다.
광진교 광장에서 도는 줄 알았
더니 예상 밖이다. 반환점 매

광진교

트에서 '삐익~' 하는 전자음이 울림과 동시에 거짓말같이 바람이 사라
졌다. 이제는 바람을 등에 업고 가는 일만 남았다. 갑자기 허기를 심
하게 느낀다. 하기야 평소 점심시간인 12시가 된 것이다.

잘 먹이는 서울마라톤클럽 대회

급수대에 무언가 먹는 선수들이 장사진을 치고 있다. 시계는 계속
돌아가고 있다는 걸 잘 알 텐데 아랑곳없다. 따뜻한 주먹김밥이 수북
하게 쌓여있다. 정신없이 몇 개를 허겁지겁 집어 먹는다. 거기에 구수
한 된장국, 계란 프라이까지 모두 맛있다. 잘 먹이는 서울마라톤의 진
면목을 보여준다. 내가 자원봉사자한테 한마디 거든다. "바로 이 맛에
서울마라톤에 나온다니까요" 그녀도 기분이 좋은지 예쁜 미소로 화답
한다.

시장기는 가셨는데 너무 먹었는지 속이 거북하다. 하기야 요즘 몸
이 가벼워지면서 절로 식사량도 줄었는데 과식한 것 같다. 속을 살살
달래가며 종점을 향해 묵묵히 달린다. 아까와 달리 내 뒤를 밀어주는
바람이 여간 고마운 게 아니다.

30km 지점을 2시간 43분에 통과한다. 앞으로 12km를 어림셈으로 km 당 6분으로 달려도 오늘의 4시간 목표는 이룬다. 작년 일곱 번 완주를 했지만 모두 4시간대 기록이다. 재작년보다 3~4kg 늘어난 체중 때문이라고 스스로 분석했다. 오늘 4시간 안에 골인하면 실로 1년 여 만에 서브-4를 맛보는 게 된다.

근력운동은 마라톤의 필수

목표를 이룰 수 있다는 희망이 있으니 더욱 힘이 난다. 지난겨울 동네 공원에서 근력운동을 한 효과를 보는 것 같다. 매일 역기, 팔굽혀펴기, 복근운동, 거꾸로 매달리기, 철봉 등을 조금씩 해왔던 것이다. 작년보다 팔치기가 훨씬 수월하다.

오늘 급수대에는 여느 대회에 없는 콜라가 있다. 한 잔 마셔보니 물이나 게토레이보다 쉽게 잘 넘어간다. 마시고 먹는데 주최 측에서 신경을 많이 썼다는 흔적이 여러 군데에서 보인다.

한남대교 오버브리지를 넘어가는데 선수들이 반대방향으로 달리고 있다. 갈 때와 달리 코스를 한강 변 쪽으로 달리한 것이다. 이 역시 달림이들이 지루함을 덜 느끼도록 배려한 것이라고 생각한다. 불과 100여 m 맞바람을 맞고 달리는데 도대체 앞으로 나아가질 못하겠다. 이제까지 그만큼 바람 덕을 보고 온 것이다.

그간 수도 없이 한강 변을 달렸건만 지금 이 길은 초행이다. 집중력이 떨어질 시간대에 그만큼 재미를 느끼며 달리고 있다. 반포대교 36km 지점을 지나는데 많은 선수들이 걷고 있다. 그들을 하나둘 제치면서 내 페이스대로 달린다.

발과 마음과 혼으로 달린다

비는 계속 흩뿌리고 있다. 골인 1km 앞둔 지점이다. 번호표도 없는 모르는 사람이 나와 동행하고 있다. 마지막 오르막 오를 때 많은 도움을 받았다. 결승아치를 통과하는 선수선수마다 대회 진행자가 이름을 부르고 있다. 이 또한 여느 대회에서 쉽게 볼 수 있는 장면이 아니다. 드디어 골인! 3시간 56분 15초를 가리키고 있다. 출발할 때 예상했던 시간 그대로 달린 셈이다.

자원봉사자가 완주메달과 추위를 가시게 하는 대형수건을 덮어준다. 여성주자들에게는 일일이 장미 한 송이를 안긴다. 왜 모두가 서울마라톤이 풀뿌리마라톤대회의 원조이며, 대회운영을 매끄럽게 하는 대회라고 평하는 데 공감을 하는지 잘 알 수 있는 대목이다.   (2007. 3. 4)

두 마리 토끼를 한번에 잡다

잠실종합운동장 주경기장 트랙으로 들어선다. 마치 우주의 블랙홀로 빨려 들어가는 것 같은 기분이다. 길고 길었던 백오 리의 끝이 보인다. 힐끗 스톱워치를 본다. 3시간 42분대를 가리키고 있다. 절로 안도의 숨이 나온다. 오늘 목표인 3시간 45분을 이룰 수 있게 된 것이다. 마지막 직선주로를 달린다. 결승아치가 바로 눈앞이다. 끝까지 최선을 다한다. 3시간 44분대로 피니시 라인을 밟는다. 순간적으로 무얼 하나 해냈다는 성취감이 희열과 함께 온몸을 타고 흐른다.

개인 최고기록 달성, 보스턴마라톤 출전권 획득

3년 만의 기록경신이다. 그것도 무려 5분이나 앞당긴 믿어지지 않

는 기록이다. 작년에는 일곱 번 완주해 신기록은커녕 서브-4를 한 번도 못해 내심 실망도 많이 했다. 내 마라톤 최고기록은 영원히 3시간 49분으로 굳어지는 줄 알았다. 그러던 것이 드디어 오늘 일을 낸 것이다. 개인 최고기록과 함께 불가능할 것 같던 보스턴마라톤 출전자격을 동시에 취득한 것이다. 그야말로 두 마리 토끼를 한번에 다 잡은 것이다.

동아마라톤 (2008. 3. 18)

그간 최고기록을 달성하기 위해 수없이 노력했지만 허사였다. 매번 목표기록을 배번에 달고 달렸지만 언제부터인가는 슬그머니 떼어버렸다. '기록에 연연하지 말고 즐겁게 달리자'가 그 명분이었다. 그러니 기록이 좋아질 리 없었던 것이다.

벌써 네 번째 출전하는 동아마라톤이다. 작년에는 워낙 추워서 기록이 저조했지만 나머지 두 번은 서브-4를 했다. 그만큼 나와는 여러모로 궁합이 맞는 대회다. 오늘이야말로 올 마라톤 농사에서 대박을 터뜨릴 호기라 생각했다.

전략 수립, 목표 설정, 실행의 결과

오늘의 승리는 전략과 이를 제대로 실행한 결과다. 먼저 나의 달리기에 대한 관점, 목적과 비전에 대해 많은 생각을 했다. 남과 구별되는 것이 무엇이며 왜 달리며 그 궁극적인 비전은 무엇인가 하는 것이

발과 마음과 혼으로 달린다

다. 달리기에 대한 철학과 관념을 머릿속으로 다시 정리해 보았다. 그리고 이를 실천하기 위해 지난겨울 부단한 노력을 했다. 매일 학교운동장에서, 주말이면 양재천과 한강에서 열심히 달렸다. 눈, 비바람이 휘몰아치는 날에도 실전처럼 연습했다. 2주 전에는 대회 실전감각을 얻기 위해 풀코스대회에 나가 서브-4를 했다. 그 결과 체중도 작년에 비해 5kg이나 빠졌다.

오늘 대회에 임하면서 목표를 정했다. 3시간 45분짜리 5km 구간별 랩타임을 배번에 적었다. 일정한 속도로 달리는 것을 원칙으로 했다. 그간의 경험으로 그게 에너지를 최대한으로 활용하는 주법이라는 걸 알게 되었다. 오늘은 고등학교 동문들 다섯 명과 함께 달리기로 했다. 가슴에 '신일'이라는 모교명이 새겨진 멋진 유니폼이다. 경복궁역 역사 안에서 가볍게 스트레칭으로 몸을 풀고 짐을 맡기기 위해 대회장으로 갔다. 어둠이 막 가신 오전 7시, 광화문 앞 세종로는 온통 축제 분위기다. 예년과 다른 게 있다면 광화문 개축을 위해 전면에 가림막이 쳐져있는 것이다. 기온은 영상 3~4도로 작년 영하 6도에 비하면 비교가 안 된다. 지난주 일요일만 해도 꽤 추웠는데 예년보다 1주일 늦춘 덕을 크게 봤다. 날씨 핑계도 댈 수 없게 되었다. 잘 달릴 일만 남은 것이다.

자기 최고기록에 의한 그룹별 출발이다. B부터 E그룹까지 포진되어 있는 우리는 최소율의 법칙에 따라 E그룹 전열에 섰다. 자기가 속한 그룹보다 앞에서 출발하면 부정출발로 실격되기 때문이다. 8시 정각 엘리트 선수들이 출발한데 이어 우리 차례는 17분 후에 돌아왔다. 예년보다 진행이 많이 빨라졌다. 동문들끼리 파이팅을 외치고 연도 관중들의 응원 속에 세종문화회관을 출발한다. 형형색색 유니폼의 2만여 마라토너 행렬은 장관 그 자체다. 그 넓은 세종로가 비좁을 지경이다. 앞으로 치고 나갈 여지가 전혀 없다. 그냥 무리가 흐르는 속도대로 가는 게 상책이다.

달리기 중독에 걸린 사람들

새로 단장한 숭례문을 뒤로 하고 을지로 입구로 향한다. 벌써 5가에서 반환해 돌아오는 선두그룹이 청계천으로 힘차게 달려가고 있다. 달리는 동작이 역동적으로 그렇게 멋있을 수가 없다. 저들은 과연 누구인가. 달리기 능력을 타고 났거나 노력을 많이 한 사람들이다. 우리들의 영웅인 바로 서브-3 주자들이다.

그러면 우리들은 누구인가. 그들보다는 못하지만 달리기라는 건전한 중독에 걸린 사람들이다. 달리기를 통해 무엇을 얻었는지 자문해 본다. 이루 꼽을 수 없지만 그중 건강과 친구가 다른 어느 것보다 앞설 것이다. 실로 건강해졌고, 또 많은 친구를 사귀게 되었다. 나는 누구에게 달리기를 권할 때 실내보다는 바깥에서 하라고 한다. 달리는 데 덜 지루하고 또 많은 새로운 사람들을 만나 사귈 수 있기 때문이다. 그렇게 알게 된 사람은 마치 전생에 무슨 인연이나 있었던 것처럼 친한 사이가 된다. 단지 달리기라는 공통분모 하나로 이웃사촌이 되어 우리의 삶을 더욱 풍요롭게 하는 것이다.

워밍업이 됐는지 몸이 가볍고 제법 잘 나간다. 이제까지 함께 달렸던 친구들이 처지기 시작한다. 30km까지 동반주하기로 약속한 것과 목표달성 사이에 갈등이 생긴다. 이 둘 중 하나를 선택해야 할 때다. 작년 11월 중앙마라톤 때에는 이들 중 두 명과 30km까지 함께 달려 완주했다. 이 많은 선수들 틈에 끼어 여섯 명이 함께 달리는 게 가능하지 않다는 판단을 했다. 나보다 15년 후배인 동권이와 짝이 되어 앞서거니 뒤서거니 하며 달려 나간다.

을지로를 빠져나와 청계로로 들어선다. 길이 좁아져 운신의 폭이 더 작아졌다. 게다가 어떤 구간은 바닥이 울퉁불퉁해 달리기에 불편하다. 맞은편 청계로로 엘리트 선수들이 발이 안 보일 정도로 달리고 있다. 비록 먼저 출발은 했지만 우리가 7km 갈 때 그들은 벌써 16km를 지난 것이다.

11km U-턴지점인 고산자교를 지나니 주로가 좀 정리되어 간다. 달리기가 한결 쉬워진다. 워낙 뒤 그룹에서 출발해선지 이제까지 많은 선수들을 추월해 왔다. 그만큼 오늘 컨디션이 좋다는 증표다. 그렇지만 아직 시작이다. 마라톤을 할 때에는 끝까지 긴장을 늦추지 말아야 한다는 것을 잘 안다. 그렇지 않으면 언제 어디서 어떠한 불상사가 생겨날 지 모르기 때문이다.

종로로 들어서니 연도에 제법 많은 사람들이 구경하고 있다. 그들이 있으니 힘이 더 난다. 엘리트 선수들은 바로 이 맛에 그 힘든 훈련을 마다 않고 운동을 하는 것이리라. 맞은편 차로에는 차량 행렬이 끊이지 않고 있다. 휴일 아침 도심에서 벌어지고 있는 시민축제를 참을성 있게 봐주고 있다. 가끔 아이들이 차창을 열고 우리들을 향해 파이팅을 외칠 뿐 어른들은 무덤덤하다. 언제쯤 우리도 서로를 인정하고 배려하는 따뜻한 사회가 될 수 있을까.

홍인지문을 지나 신설동으로 향한다. 종로통 들어온 이래 완만한 내리막이 계속된다. 오늘의 동아마라톤 코스는 높낮이가 거의 없어 달리기에 편하다. 그만큼 기록경신을 위해 더없이 좋은 대회인 것이다. 신설동 오거리 직전 20km(1:43:23)지점을 지난다. 내 배번에 적혀 있는 목표기록 1시간 46분보다 약 3분가량 빠르다. 바나나 한 조각을 집어 든다. 아까 15km에서는 파워젤 한 개를 섭취했다. 시장기가 오기 전에 에너지원을 보충하는 게 무엇보다 중요하다.

이봉주 선수의 우승 소식

신답지하차도를 지나 군자교로 향하는데 자원봉사자들이 이봉주 선수의 역전우승 소식을 전한다. 오늘은 세계적으로 뛰어난 선수들이 많이 출전해 아예 기대를 안 했는데 의외다. 나도 갑자기 더 힘이 난다. 서른일곱 나이에 세계적인 선수들과 겨뤄 우승을 했다는 게 믿어지지 않는다. 그의 그칠 줄 모르는 마라톤에 대한 열정과 집념에 속으로 끝없는 찬사를 보낸다.

군자역에서 우회전한다. 드넓던 천호대로가 끝나고 어린이대공원을 향한다. 길이 바뀌니 기분 또한 새롭다. 주로가 좁아져 시민들의 응원을 가까이에서 들으니 발이 더 가벼워진다. 완만한 오르막이지만 리듬에 맞춰 힘차게 내딛는다.

어린이대공원역에서 다시 오른쪽으로 방향을 바꾼다. 내리막길에서 나머지 파워젤 한 개를 먹는다. 아침 식사한 지 5시간이 지나도록 먹은 거라고는 파워젤과 바나나 한 조각뿐이다. 그런 걸 보면 나름대로 파워젤이 에너지보충에 큰 역할을 하고 있는 것 같다.

30km(2:35:43) 성동교 사거리까지 지루한 직선주로를 용케 참고 잘 왔다. 예상시간보다 4분 정도 빠른 속도지만 목표 달성을 위해서

는 아직도 안심이 안 된다. 지금부터 12km가 바로 마라톤이기 때문이다. 나는 이 마라톤의 맛을 알고 난 후 주로 풀코스대회만 출전하고 있다. 하프대회는 달리다 만 것 같고 마라톤 이상은 또 다른 세계라고 생각한다. 실제로 울트라마라톤 후유증으로 인해 달리기를 포기한 경우를 주변에서 여럿 봤다. 가급적 오랫동안 달리기를 즐기자는 게 내 지론이다.

동아마라톤 (2008)

체력의 한계를 시험하는 듯 자꾸 집중력이 떨어진다. 나는 오늘 잘 달려 개인 최고기록을 세울 수 있다고 속으로 마음을 다잡는다. 잠실대교 오르막길에 있는 35km를 3분 빠른 3시간 3분에 지난다. 속셈을 해본다. 남은 거리 7km를 42분에 달리면 된다. km 당 6분, 100m를 36초 내로 달려야한다. 언뜻 3시간 45분의 꿈을 이룰 수 있다는 자신감이 들었다.

작년 몸이 얼어붙을 뻔 했던 잠실대교를 지난다. 강바람이 불지만 1년 전 물컵이 날아다닐 때와는 차원이 다르다. 앞서 가는 선수들이 많이 지쳐 보인다. 하나둘 추월한다. 체중감량의 효과가 나타나고 있는 것이다. 아직도 팔치기가 잘 되고 있고 다리도 그리 무겁지 않다. 잠실대교 남단 내리막길을 미끄러지듯 내달린다. 롯데월드 취주악대가 활기찬 행진곡을 연주한다. 연도에 많은 시민들이 백 리 가까이 달려온 선수들에게 힘찬 박수를 보낸다. 석촌호수를 끼고 오른쪽으로 선회한다. 이제 종점이 지척이라는 것을 아는 듯 선수들의 발걸음이

제3장 즐겼노라

활기차다. 나도 그 보속에 맞춰 전진한다.

잠실종합시장 앞 40km(3:31:32) 급수대다. 자원봉사학생들이 마지막이라고 목청 높여 외친다. 배번에 적혀 있는 3시간 33분보다 불과 1분여 차이밖에 안 난다. 물 마실 시간조차 아까워 급수대를 그냥 지나친다. 종합운동장 입구 오르막이다. 마지막 고비다. 양옆에 있는 수많은 인파의 환호성에 엷은 미소로 답례한다. 주경기장 남직문으로 들어가는 발걸음이 어느 때보다 가볍다. 바로 이 순간을 위해 오늘도 힘차게 달렸고 내일도 즐겁게 달릴 것이다.   (2007. 3. 18)

"마라톤은 진실된 삶의 성스러운 행위이다"

작년에 이어 두 번째 참가하는 대회다. 지난해에는 불어난 체중으로 인해 엄청나게 고생한 기억이 새롭다. 오늘 고교 후배 양형국과 함께 작년과 똑같은 코스를 달리기로 했다. 하프를 달린 적도 없이 오늘 풀코스에 처음으로 도전하는 그다. 기꺼이 그의 페이스메이커가 되어 완주하는 데 도움을 주기로 했다. 개인 최고기록을 세운 동아마라톤을 완주한 지 일주일밖에 안 됐지만 몸 컨디션은 좋다. 이제 그만큼 오래달리기를 위한 근력이 갖춰져 있다는 얘기다. 교과서에는 달리기 시작 후 10년 동안은 달리기 능력이 향상된다고 쓰여져 있다. 달리기 경력이 만 5년이 돼가는 올해 그 어느 때보다 느낌이 좋다.

집에서 한 시간 반이나 걸린 여행 끝에 문학경기장에 도착했다. 인천에 사는 후배 한동표가 약속장소에 나와 기다리고 있다. 지난주 동아마라톤에 출전해 초반 다리부상에도 불구하고 투혼을 발휘해 완주했던 그다. 그는 오늘 부인과 함께 10km 코스를 달리기로 돼 있다. 곧이어 형국이도 합류했다. 오늘 대회 걱정에 지난밤 속도 안 좋았고 잠도 제대로 못 잤다 한다. 대회를 앞두고 흔히 있는 스트레스성 증세다.

여느 대회와 달리 하프코스부터 출발한다. 국내외 엘리트 선수들이 출전하기 때문이다. 풀코스가 제대로 대접을 받지 못하는 것 같아 기분이 좀 그렇다. 오늘 풀코스 출전선수는 대략 500명이다. 지난주 2만여 명이 참가한 동아마라톤과는 비견이 안 되는 아담한 규모다. 형국이와 끝까지 완주할 것을 다짐하며 천천히 출발한다. 5km 29분 페이스로 달려 4시간 5분 정도에 완주할 것을 목표로 했다. 첫 도전에 약간 과도한 목표지만 그의 주력으로 봐 가능할 것도 같았다. 그와는 18km 정도 연습주를 여러 번 함께 한 적이 있어 전반은 걱정이 안 됐다. 달리다보니 5km를 27분 페이스로 가고 있다.

우리 신체는 과거의 기억을 잘해

그렇게 20km까지 가는 데 아무 문제가 없었다. 바다 한 가운데에 막막하게 축조되어있는 해안 방조제를 지나고 있다. 정확히 20km를 지나자마자 형국이의 페이스가 급격하게 떨어진다. 이제까지 이 거리 이상을 달려본 적이 없는 그다. 그만큼 우리 신체는 과거의 기억을 잘 하는 것이다. 물론 앞으로 남은 거리에 대한 두려움으로 인한 정신적인 면도 작용했을 것이다.

지루하기 이를 데 없는 방조제를 간신히 빠져나왔다. 30km 지점까지 5km 당 34분 페이스로 늦췄다. 스트레칭으로 굳어진 근육을 풀게 하고 바나나와 간식을 먹는다. 앞으로 남은 12km, 몸을 살살 달래가면서 가야한다. 많이 힘들어 하지만 자세만은 아직 괜찮다. 충분히 완주할 수 있다고 정신을 재무장 시킨다. 과거의 좋았던 추억들을 생각하면서 달리라고 권한다. 속도는 나지 않지만 걷지는 않는다. 페이스는 더 늦이져 5km 낭 41분대로 떨어졌다.

마라톤이 무엇인가? 결국 한 병사를 죽음에 이르게 하지 않았는가. 그만큼 신체적 한계를 시험하는 스포츠인 것이다. 여기에 만용이란 끼어들 틈이 없다. "마라톤은 진실 된 삶의 성숙한 성스러운 행위이다" 뉴욕마라톤 우승자인 케냐 출신의 더글라스 와키후리가 남긴 말이다. 그렇다. 여기에는 거짓이 있을 수 없다. 마라톤은 종교만큼 성스러운 것이라는 생각이 든다.

마라톤은 종교만큼 성스러운 것

40km 지점을 지난다. 이제 남은 거리는 불과 2km 여. 막말로 기어서도 갈 거리다. 달리기에 편하게 하나, 둘 구령을 붙여준다. 도움이 좀 되는 모양이다. 출발했던 문학경기장이 보인다. 마지막까지 오르막이다. 구령에 맞춰 트랙을 밟는다. 결승선에서 친구 명윤이와 동표가 환성을 지른다. 우리가 들어올 때까지 오랫동안 기다려준 그들이 너무 고맙다. 형국이와 손잡고 골인한다. 드디어 4시간 34분간의 긴 여행이 끝난 것이다. 그와 마라톤 첫 완주를 축하하는 긴 포옹을 한다. 이제까지 달린 어느 대회보다도 보람 있고 즐거운 레이스였다. 이런 달리기가 주는 기쁨을 위해서 달리기를 즐기는 것이 아닐까?

(2007. 3. 25)

"마라톤은 연극이다"

"마라톤은 연극이다. 무수히 연습하고 작전을 짜다가 막상 무대 위에 올라서면 상황을 보면서 흐름을 풀어나가는 모습이 닮았다." '국민 마라토너' 이봉주의 말이다. 오늘 내 레이스가 그랬다.

강변북로 왕복으로 코스가 변경된 후 두 번째 참가하는 대회다. 작년에는 불어난 체중으로 인해 최악의 컨디션으로 달렸던 기억이 새롭다. 기록을 확인해 보니 4시간 37분 46초 만에 들어왔다. 얼마나 고생했는가를 쉽게 짐작할 수 있다.

더 이상 과거의 악몽을 되살리고 싶지 않았다. 오늘 나의 레이스 파트너는 고교 후배 윤호영이다. 작년 중앙마라톤, 올 동아마라톤에서 함께 달렸다. 마라톤 경력은 짧지만 오래 전부터 달리기를 해왔다. 학창시절엔 단거리 경주에서 준족(駿足)을 자랑했었다 한다. 아직 서브-4가 아닌 그에게 오늘은 꼭 목표를 달성하자고 다짐한다. 한데 요즘 연습을 제대로 못했다고 자신 없어 한다. 그런 그에게 얼마든지 할 수 있다고 자신감을 심어준다.

신록으로 치장하기 시작한 월드컵공원 공기는 싱그러움 그 자체다. 어제 모처럼 옛 직장동료들과 함께 야구경기를 해선지 몸이 약간 뻐근하다. 그나마 오늘 대회 때문에 조심스레 게임을 했고 뒤풀이 도중에 나왔다. 초반 발이 제법 가볍다. 확실히 올해는 작년보다 체중이 많이 줄어 그 덕을 상당히 보는 것 같다. 옆에서 달리고 있는 호영이의 숨소리도 고른 편이다. 지난 3월 초 서울마라톤에서 만났던 중앙대 김영수 교수와 또 조우했다. 요즘 컨디션이 안 좋은지 속도를 안

내는 것 같다. 좋은 레이스를 펼치라는 말을 남기고 앞서 나간다.

교통이 전면 통제된 강변북로를 형형색색의 마라토너들이 멋진 수를 놓고 있다. 일반 시민들의 접근이 원천적으로 불가능해 우리들만의 축제를 즐기고 있다. 강변 아파트들이 즐비하지만 그들로부터 박수를 받는다는 것은 한낱 꿈일 뿐이다. 자원봉사자들만이 우리들과 동고동락하고 있다.

10km(0:51:09) 급수대에서 조금씩 처지기 시작하는 호영이와 헤어졌다. 오늘 컨디션이 그리 좋지 않은 것 같다. 이봉주 선수의 말대로 당초 각본대로 안 되는 것이 달리기다. 한강다리 하나씩 지날 때마다 조금씩 진도가 나가고 있음을 실감한다. 유유히 흐르는 한강의 아름다움과 넉넉함에 취해 달리고 있다.

마스터, 러너 그리고 조거

누군가 우리들이 흔히 사용하는 마스터, 러너, 조거를 구분해 놓았다. 발과 마음과 영혼이 하나 되어 힘들지 않게 달릴 때를 마스터(master), 러너(runner)는 발과 마음으로, 조거(jogger)는 발로만 달리는 사람들이라고 한다. 달리기 시작한 지 6년 차 되는 이제 비로소 이런 구분이 이해가 되기 시작한다.

청담대교 지나 반환점을 돈다. 풀코스의 절반이 채 안 돼 보이지만 예정보다 5분 정도 빠른 속도다. 이제 온 만큼만 가면된다. 요즘 마라톤을 하면서 새삼 깨달은 게 하나 있다. 마라톤의 하프를 21.0975km가 아닌 30km로 생각하는 것이다. 실제로 달려보면 그렇다. 30km까지와 그 이후 12km에 드는 체력이 엇비슷하다는 것을 달려본 사람은 다 안다. 그만큼 30km까지는 체력을 비축해야 한다는 얘기다.

동작대교 조금 못미처 30km(2:33:47)지점도 3시간 45분 페이스보다 6분여 빨리 통과한다. 잘하면 오늘 또 개인기록을 세울 것 같은 기분이 든다. 문제는 이제부터다. 일요일 오전 교통통제를 더 이상 할 수 없어선지 한강시민공원 고수부지로 달리게 한다. 주로가 좁아지고 공원에 산책 나온 사람들도 있어 달리는 데 덜 지루하다. 체력이 급격하게 떨어지고 있다. 하지만 최근 상체 근력운동을 한 덕분인지 팔치기는 여느 때보다 가볍다. 마라톤에서 근력운동의 중요성은 아무리 강조해도 지나치지 않을 것 같다.

근력운동이 중요

새삼 나의 달리기 여건이 훌륭하다는 생각을 갖지 않을 수 없다. 집 가까이에 널따란 학교운동장과 근처에 여러 운동기구가 갖춰진 공원이 있고, 무엇보다도 함께 운동하는 좋은 이웃이 있다는 것, 이건 대단히 좋은 환경이다.

35km(3:06:19) 마포대교를 지나면서 그간 벌어 놓았던 시간을 다 써버렸다. 다음 나의 목표는 3시간 50분 내에 골인하는 것이다. 7.195km를 43분 정도에 달려야 한다. km당 6분 꼴이니 전혀 불가능한 건 아니다. 오전 11

상암 월드컵경기장

시가 넘어선지 날씨는 꽤 더워졌다. 이제 다 와가니 힘내라고 연도 몇
몇 시민들이 열심히 응원한다. 그 덕분에 속도를 내본다. 그러다 보니
결국 끝이 보이기 시작한다.

월드컵경기장 평화의 공원 내리막길을 힘차게 내려간다. 결승아치
가 바로 눈앞이다. 마라톤을 하면서 가장 흥분되는 구간이다. 100여
m 직선주로를 있는 힘껏 달려 결승선 매트를 밟는다. 3시간 52분 18초
의 기록이다. 서른세 번째 마라톤 도전에 성공하는 순간이다.

(2007. 4. 15)

마라톤에 한번 도전해보십시오

달리기가 내 건강관리의 주 종목이 된 지 어언 만 5년이 되었다. 월
드컵 개최로 온 나라가 축구 열기로 뜨거웠을 때인 2002년 5월, 귓병
으로 거의 10년간 매일 하던 수영을 잠시 중단하고 달리기로 외도(?)
한 것이 이렇게 되었다. 처음에는 집 근처 학교운동장에서만 30분 정
도 달렸을 뿐 대회에 출전한다는 것은 생각조차 하지 않았다. 다만 평
소 달리기를 잘 했으면 하는 바람은 많아 주요 마라톤대회 TV중계는
빼놓지 않고 시청하곤 했다. 그러다보니 가끔은 달리기대회에 나가 1
등하는 꿈을 꾸기도 했다. 그런 내가 서른다섯 번이나 마라톤 풀코스
를 완주했고, 하프마라톤도 그 정도 뛴 달리기 광(狂)이 되었다.

그간 달리기를 하면서 얻은 부수입도 꽤 많다. 무엇보다 건강해졌
다는 걸 몸으로 느낀다. 1주일에 네다섯 번 하루 한 시간 정도 달린 후

30분간 근력운동으로 마무리한다. 달리기를 하지 않는 날에는 속보로 운동량을 채운다. 주말을 이용해 1년에 15회 정도 각종 대회에 참가해 평소 연마한 실력을 평가 받는다. 달리기는 정직한 운동이기에 옳은 방법으로 하기만 하면 연습량과 기록은 정비례한다. 지난 3월 동아마라톤대회에서는 대망의 보스턴마라톤 출전권 - 성별 연령대별로 기준기록을 정해 그 기록 내에 완주해야 하며 보통 상위 10% 내에 들어야한다 - 도 땄다. 체중도 많이 줄어 젊었을 때와 거의 비슷하게 되었다.

달리기 덕에 글을 많이 쓰게 되었다. 1970년대 초 대학산악회 활동을 열심히 하면서 수없이 많은 산행을 했다. 매 주말이면 인수봉과 선인봉은 우리들의 놀이터가 되었다. 설악산에 새로운 코스를 개척하다가 우리 팀 대원 한 명이 한국전쟁 때 매설해 놓았던 발목지뢰를 밟아 중상을 입었던 대형사고도 치렀다. 그렇게 위험한 고비를 많이 넘기고 한 산행이건만 이렇다 할 기록이 없어 무척 안타깝다. 기록은 기억보다 강하기에 산행만큼 고강도의 체력과 정신력을 요하는 마라톤을 시작하면서는 이 전철을 밟고 싶지 않았다. 그리하여 이제까지 달렸던 대부분의 마라톤대회 완주기를 썼다. 그 결과 2007년 3월 이봉주 선수가 우승했던 동아일보사 주최 마라톤대회 참가수기 공모에 당선되는 영광도 얻었다.

우리 동네 이웃들과 좋은 관계를 맺어 지역사회 발전을 위해 나름대로 기여하고 있다는 자긍심을 갖는다. 매일 함께 운동하면서 많은 대화와 정보도 나누는 등 서로 돕고 있다. 운동은 혼자 해도 좋지만 함께 하면 더 좋다고 생각한다. 그래야 오랫동안 꾸준하게 할 수 있다. 마라톤에 관한 책을 보고 나름대로 공부해서 이를 가르치면서 이

진달회 달리기·걷기대회 (2007. 6)

들로부터 '허 감독'이라는 자랑스러운 별명도 얻었다. 며칠 전에는 우리들끼리 양재천에 나가 달리기와 걷기대회를 열었다. 끝난 후에는 동네 공원에서 가든파티를 하면서 이웃과의 정을 돈독히 하면서 왜 이웃사촌이라는 옛말이 있는지 그 의미를 잘 알게 되었다.

4전 5기의 기적적인 승리로 세계 챔피언을 탈환했던 복싱계의 살아 있는 전설 홍수환 선수는 남자로 태어나 복싱을 해보지 않고서 운동을 했다는 말을 하지 말라고 한다. 위대한 복싱선수로서 할 수 있는 말이다. 나는 남녀를 불문하고 평생에 한번 마라톤에 도전해 볼 것을 권한다. 42.195km 완주에 성공했을 때의 성취감은 이 세상 무엇과도 바꿀 수 없을 정도다. 몸과 마음과 영혼까지 건강하게 하는 달리기를 인생

발과 마음과 혼으로 달린다

의 반려(伴侶)로 삼아 행복한 삶을 살아보지 않겠는가.　　　　(2007. 6)

되살아난 서브-4의 꿈

3:58:58. 내 스톱워치에 찍힌 기록이다. 이 얼마 만에 이룬 서브-4
란 말인가. 작년 모두 여덟 번 완주했지만 한 번도 하지 못했다. 이제
서브-4는 내 마라톤 기록에서 영원히 사라지는 듯했다. 이번 대회도
그런 빈 마음으로 출전했다. 고등학교 동문들로 구성된 마라톤모임의
정기대회다. 모두 아홉 명이 모였다. 이 중 풀코스에는 네 명이 달린
다. 간단한 스트레칭으로 워밍업을 한 후 각자 출발선으로 향한다.

4월 말 미사리 조정경기장은 제법 찬 기운이 돈다. 조정경기장을
한 바퀴 돈 뒤 퇴촌 입구까지 왕복하는 코스다. 평소 가끔가다 바람
쐬러 다닌 적이 있어 길을 알고 있다는 것이 큰 위안이다. 출발한 지
얼마 안 됐는데도 벌써 한기는 온데간데 없다. 각자 실력 따라 레이스
행렬이 어느 정도 정리됐다.

중간에 4시간 페이스메이커를 만나 따라간다. 초반이라 그런지 약
간 페이스가 늦은 듯 하지만 나중을 위해 참는다. 10km에 이르니 왠
지 몸이 가볍게 느껴진다. 무리에서 벗어나 혼자 달리기 시작한다.
5km를 26분대 속도로 달리고 있다. 며칠 전 비가 와선지 팔당댐에 물
이 많이 차있다. 그만큼 호수 경관은 더 아름답고 여유가 있어 보인
다. 이런 아름다움을 가까이에서 느끼고 산다는 게 달림이들의 특권
이 아닐까. 퇴촌 입구 도마삼거리를 앞두고 있는 언덕길이 제법 길다.

하지만 작년처럼 몸이 무겁지 않고 발걸음이 가볍다.

하기야 작년에 비해 3kg 정도 체중을 줄여 지금 60kg을 유지한다. 작년 11월부터 해오고 있는 한 달에 세 끼 금식이 효과가 있는 것 같다. 비록 하루 금식이지만 이후에는 체중 감량과 함께 혈압도 떨어진다. 의사의 조언도 없이 하는 '내 멋대로 방식'이지만 아직까지는 할 만하다. 체중 1kg 증감 시 마라톤 풀코스 기록은 5분 정도 차이가 난다고 한다.

멋쟁이 친구, 조근호

퇴촌 초입에 반환점이 있다. 하프도 지나 약 24km 지점이다. 여전히 몸 컨디션이 괜찮다. 왕복코스에서 반환점을 돌면 이상하게 더 힘이 난다. 고등학교 동기 중 유일한 현역 마라토너인 조근호와 마주치면서 파이팅을 외친다. 그는 정말 마라톤을 즐기는 친구다. 시계도 차지 않고 달린다. 달리는 동안에는 시간의 구애도 받지 않고 싶어서다. 달리다가도 멋진 율동을 하는 자원봉사 여학생들과 춤을 추기도 한다.

컨디션을 유지하기 위해 급수대마다 물을 조금씩 마신다. 또 찰떡 초코파이와 바나나도 빼놓지 않고 먹는다. 배고프기 전에 먹어야 효과가 있지 시장기를 느끼면 이미 컨디션 조절에 실패한 거다.

33km쯤에서 4시간 페이스메이커가 따라 왔다. 그만큼 내가 전반보다 속도가 떨어졌다는 얘기다. 5km 당 30분의 속도로 가고 있다. 이들과 합류해 같이 가야만이 서브-4를 할 수 있는 것이다. 힘에 부치기는 하지만 용을 써본다. 한 5km를 함께 달리다가 급기야 그들이 앞장선다. 그들을 50m 전방에 두고 열심히 따라간다. 수시로 스톱워치를 체크하며 속으로 열심히 계산하면서 달린다. 지금 이 페이스를 유지

발과 마음과 혼으로 달린다

하면 서브-4는 가능하겠다는 계산서가 나온다. 희망이 있으니 더욱 힘이 난다. 이제 눈앞에 결승선이 보인다. 서브-4를 하기에 충분한 시간이다. 만면에 남모르는 미소가 흐른다. 순간 4시간 동안의 고생이 눈 녹듯 사라진다. 마흔아홉 번째 마라톤 완주의 막이 내린다.

(2009. 4. 26)

개인 통산 50회 '행복 마라톤'

개인 통산 50회째 마라톤을 완주했다. 2003년 3월 첫 풀코스 완주 이래 6년여 만의 일이다. 쉰한 번 도전해 한 번 포기하고 쉰 번을 끝까지 달렸다. 이제 마라톤 100회 완주 목표의 절반을 이룬 것이다. 마라톤으로 치면 반환점을 돈 셈이다.

매 마라톤 출전 전 당일 대회의 컨셉을 설정한다. 기록에 대한 도전이나 무엇에 대한 기원이나 달리기 자체에 대한 즐기기 등이다. 오늘은 마라톤 출전 50회째를 맞아 '즐기는 마라톤'을 하기로 마음 먹었다. 한국 도자기의 산실 이천에서 축제의 일환으로 열리는 도자기마라톤대회에서다.

오전 중 비가 올 거라는 기상예보와 달리 구름만 잔뜩 끼어 있어 달리기에 최적의 날이다. 여느 때와 같이 대회장인 이천시 종합운동장은 달림이들의 에너지로 활기가 넘친다. 마라톤 전문사회자 배동성 씨가 물 흐르듯 대회를 진행한다. 정각 9시 축포와 함께 백오 리 긴 여정의 막이 오른다.

출발선에서 고등학교 동기 중 유일한 마라토너인 조근호와 파이팅을 외친다. 오늘 스물세 번째 완주하게 되는 대회라 한다. 기록에 연연하지 않고 마라톤을 즐기는 게 목표인 그다. 그와 함께 달리기를 한 지도 벌써 2년이 넘는다.

대한민국 최고 양질미를 생산하는 이천평야는 이미 모내기가 끝나 더없이 고즈넉하다. 하늘에 떠있는 구름은 더위를 가려주고 들판에 부는 바람은 이마에 난 땀을 식혀준다. 근호와 함께 매 km 당 6분, 시속 10km로 서로 얘기를 주고 받으며 달린다. 농촌의 아름다운 풍경을 감상하면서 잠시나마 평상에서 벗어난 '특별한 행복'을 맛본다.

양정고 출신 치과의사와 함께

이때 누가 우리에게 다가와 말을 건넨다. "참 멋있어 보입니다. 신일고등학교에 마라톤 OB모임이 있군요? 저는 손기정 선수가 나온 양정고등학교 출신인데 아직 마라톤모임이 없습니다."

"우리도 시작한 지 얼마 안 됐습니다. 고등학교 선후배 간에 마라톤모임을 통해 달리기를 하는 게 참 좋습니다. 아직 마라톤의 명문 양정고등학교에 마라톤 동호회가 없으면 몇몇 가까운 친구들이 핵이 되어 동호회를 결성하면 되지 않겠습니까?"

이렇게 시작된 대화가 오늘 '행복 마라톤'의 씨앗이 되었다. 함께 달리면서 달리기를 주제로 한 그와의 대화는 계속되었다. 50대 중반으로 충주에서 치과를 개업하고 있다고 한다. 1999년 조선일보 춘천마라톤으로 마라톤에 입문하였으니 경력 10년이 넘은 베테랑이다. 워낙 슬로우 스타터인 근호가 우리보고 앞서 가란다. 자기 페이스대로 레이스를 하겠다는 생각인 모양이다. 점차 그와 거리가 벌어진다. 우리는 다시 둘이 되었다.

오늘 100회 완주를 하는 회원을 축하하는 일행 10여 명이 풍선을 매달고 지나간다. 그도 1999년부터 마라톤을 시작해 오늘 100회를 완주하는 것이라 한다. 그의 100회 마라톤완주를 박수로 축하해준다. 동시에 그런 그와 함께 백오 리 달리기를 하는 동료들이 멋있어 보인다.

입양아 출신 영어 원어민 교사와 함께

오늘 유난히 여성 선수들이 눈에 안 띈다. 몇 명 참가하지 않은 모양이다. 우리보다 100여 m 앞에 체구가 아주 작은 한 선수가 힘겹게 달리고 있다. 점차 그녀와 간격이 좁혀지더니 결국 따라 붙었다.

"안녕하세요? 참 잘 달리십니다. 힘내세요!"
"고맙습니다. 근데 저 한국말 못해요. 미국 사람이에요."
"네? 한국 사람처럼 생겼는데요?"
"네. 전 미국으로 입양된 한국계 미국사람이에요."

이렇게 우리들의 대화는 시작됐다. 호기심이 발동한 우리 둘은 그녀와 함께 달리기로 했다. 그녀의 이름은 Candace Thompson이고 Candy라는 애칭으로 불린다 한다. 올해 26세로 현재 경기도 연천에 있는 초등학교 원어민 영어교사로 재직 중이다. 서울에서 태어났고, 19개월 되던 때 미국인 가정으로 입양됐다. 그의 양부모는 그녀를 위해 또 다른 한국 여아를 입양했다고 한다.

우리사회는 해외입양을 '고아 수출'이라고 표현하는 등 해외입양에 부정적이다. 그렇다고 국내입양이 활성화되어 있는 것도 아니다. 하지만 해외로 입양되어 성장한 대다수는 현재 행복한 삶을 사는 것으로 조사되었다. 이제 해외 입양제도에 대한 우리들의 편향된 시각도 바꿀 때가 되었다고 생각한다.

10km 지점에서 만난 우리들은 그 후 30km까지 쉼 없이 대화를 이어갔다. 대학에서 화학을 전공한 그녀의 가족은 현재 시애틀에 거주하고 있다고 한다. 한국 음식 중에서는 비빔밥을 가장 좋아하고 피자도 맛있게 먹는다고 한다. 오늘 두 번째 마라톤 출전이고, 세계 모든 대륙에서 마라톤을 완주 하는 게 꿈이란다.

그녀는 영락없는 한국사람이었다. 한국말만 하지 못할 뿐 그녀의 몸에는 분명 한국인의 피가 흐르고 있었다. 그래서 더 정감이 갔고, 그 오랜 시간 함께 달리면서 많은 얘기를 나눌 수 있었다. 마라톤을 하면서 오늘처럼 많은 대화를 한 적은 없었다.

대부분의 달림이들이 혼자 고행의 달리기를 하고 있다. 여자선수와 함께 달리고 있는 우리들을 모두 부러운 시선으로 쳐다본다. 길가에서 응원하고 있는 동네 아낙들도 특별히 Candy에게 많은 박수를 보낸다. 그녀가 한국계 미국사람이라고 하니 모두들 놀라운 표정을 짓는다.

오늘 이천에는 연천에서 영어 원어민교사로 있는 여자 친구 두 명과 함께 왔다고 한다. 한 명은 호주 출신이고, 또 하나는 남아공 출신이다. 이들은 오늘 때마침 열리고 있는 이천도자기축제 행사장에 갔다고 한다. 이들 셋은 오늘 아침 서울에서 이천까지 택시로 왔다고 한다.

발과 마음과 혼으로 달린다

　말을 많이 해선지 시장기가 몰려온다. 몇 개 가지고 간 치즈도 동이 났다. 30km 지점에서 바나나와 초코파이를 먹게 될 희망으로 참고 달린다. 아까 15km 지점에서 바나나 한 개밖에 안 먹은 게 후회된다. 막상 30km 지점에 오니 먹을 게 하나도 남지 않았다. 앞서 간 선수들이 모두 먹은 것이다. 35km에는 남아 있다고 한다. 잘못 하나 없는 자원봉사 학생들이 우리들의 배고픔을 이해하는 듯 미안해 한다.

　시장기로 인해 갑자기 페이스가 떨어진다. 먹을 기대가 컸던만큼 실망도 컸다. 할 수 없이 35km 지점을 향해 발길을 옮긴다. 그러는 사이 Candy와 예의 치과의사와는 헤어지게 됐다. 웬 5km가 이렇게 먼가. 염치 불구하고 옆으로 지나가는 차를 세워 뭐 먹을 게 있냐고 물어본다. 아무것도 줄 게 없다고 한다. 달리기 시작한 지 네 시간 가까워온다. 가만히 있어도 네 시간 후면 배고픈 법인데 달리면서 얘기까지 많이 했으니 오죽하랴.

　드디어 35km 급수대가 시야에 들어온다. 무슨 구세주를 만난 느낌이다. 근데 또 먹을 게 없으면 어떻게 하나하는 걱정이 앞선다. 다행히도 우리들 몫의 먹을 것은 많이 남아 있었다. 한 5분 동안을 지체하면서 먹고 있으니 우리 친구 근호가 왔다. 그도 많이 힘든 모양이다. 16km 이후 계속 걸었다 달렸다를 반복했다 한다. 그래도 여기까지 포기하지 않고 온 그가 장하다.

　시장기가 가시니 힘이 좀 난다. 이제 남은 거리는 불과 7km, 마라톤 42km의 1/6만 남았다. 그와 함께 오르막은 걷고, 내리막과 평지는 천천히 달린다. 어느덧 종합운동장 나이터 타워가 가까이에 보인다.

있는 힘을 다해 종합운동장 입구 언덕을 오른다. 연도에서 다 왔으니 힘내라고 박수쳐주는 사람들이 한없이 고맙다. 오늘 아침 이곳을 나선지 근 다섯 시간 만에 드디어 종합운동장 출입문에 들어선다. 피니시 라인(4:57:06) 앞에서 근호와 손잡고 서로 완주를 축하한다.

(2009, 5, 23)

외롭고 힘들었지만 포기는 하지 않았다

10월 3일 개천절 이른 새벽, 공주행 고속버스를 타기 위해 집을 나섰다. 서두르는 통에 집에 태극기도 달지 못하고 나왔다. 공기가 제법 쌀쌀하다. 비 맞고 달릴 각오가 되어 있었는데 일기예보와 달리 구름만 잔뜩 끼어 있을 뿐 비는 안 온다. 다행이다. 6시도 채 안 된 이른 시간이건만 고속버스터미널에는 많은 사람들로 부산하다. 시간이 없어 아침도 제대로 챙겨 먹지 못한 터라 김밥 두 줄을 사서 버스에 오른다. 며칠 전 인터넷으로 예약을 해 뒀기 때문에 아침부터 버스표 걱정은 안 해 좋았다. 우리를 태운 버스는 미끄러지듯 고속도로를 질주해 1시간 50분 정도 걸릴 거리를 20분 정도 앞당겨 도착했다.

조용한 고도(古都) 공주는 1,400년 전 대백제(大百濟)의 부활을 염원하기 위한 축제로 분위기가 한껏 고조되어 있었다. 대형 애드벌룬이 떠있고 각종 현수막과 야간에 빛의 아름다움을 만끽하기 위한 '루미나레'가 금강교에 멋있게 설치되어 있다. 오늘 열리는 마라톤대회도 이 대백제축제의 일환인 것이다. 오늘은 2004년, 2005년, 2008년에 이어 마라톤을 하기 위해 네 번째 공주를 찾아온 것이다. 가끔가다 이런 중소도시를 가게 되는 것도 마라톤을 하면서 덤으로 얻는 부수 입이다. 터미널 바로 건너편에 우리를 대회장까지 태우고 갈 셔틀버 스가 대기하고 있다. 참가선수들을 위해 주최 측인 동아일보사가 여 러모로 세심하게 배려한 흔적이 묻어난다. 불과 5분 정도 만에 출발 지인 종합운동장에 도착했다.

마라톤의 부수입

운동장은 많은 사람들로 북적였다. 혼자 왔기에 딱히 할 것도 없어 스트레칭으로 슬슬 몸을 푼다. 그것도 혼자 하니 제대로 안 된다. 전 에도 이렇게 혼자 와 재미없었던 기억이 있어 다음부터 혼자는 안 다 니겠다고 맘먹었는데 오늘 또 이렇게 됐다. 마라톤 전문사회자 배동 성 씨의 박력에 넘치는 미성(美聲)이 운동장을 가득 메운다. 출발시 간인 9시에 맞춰 행사를 진행하느라 진땀을 흘린다. 달림이들한테 죽 자 사자 뛰지 말고 자기 몸 컨디션에 맞춰 안전하게 달릴 것을 당부한 다. 출발 대기선에서 오늘의 목표를 5시간으로 잡았다. 3주 전 철원대 회 기록을 30~40분 단축해야 하는 것이다.

많은 사람들의 박수를 받으며 운동장을 출발했다. 구름이 끼어 있 고 간혹 바람까지 불어 달리는 데 이보다 더 좋을 순 없다. 철원에서 달릴 때보다 다리가 훨씬 가볍다. 속도를 내고 싶은 유혹이 있었지만 후반을 위해 전반 하프는 km 당 6분 페이스로 천천히 달리기로 맘먹 는다. 금강을 건너니 금방 시골풍경이 시야에 들어온다. 가을의 꽃 코 스모스가 우리를 쳐다보며 경쟁하듯 얼굴을 내밀고 있다. 아직 초반 인지라 달림이들의 발걸음에 힘이 있다. 그간 여러 번 달려 코스도 낯 익어 출발지인 종합운동장까지의 21km는 2시간 10분에 별로 힘들이 지 않고 달렸다.

하프를 지나니 체력이 급격하게 떨어진다. 훈련부족의 결과가 그대로 나오는 거다. 게다가 약간의 경사까지 있는 오르막이다. 날은 더워지고 체력은 고갈돼가고 거기에 속까지 약간 불편하다. 아마도 공주행 고속버스에서 먹은 김밥이 별로 좋지 않았던 것 같다. 평소 아침을 거르는데 그나마 먹어 위에 부담을 줬나보다. 할 수 없이 잠시 주로 변에 있는 간이화장실에서 속을 비우니 한결 편해졌다.

대체 내가 달리는 건지 걷는 건지 모를 정도다. 하기야 올 하반기 신청한 5개 대회 중 철원, 공주, 하이서울대회 등 3개는 10월 말 조선일보 춘천대회와 11월 초 중앙일보 서울대회의 전초전이자 부족한 연습을 보충하기 위한 것 아니었던가. 늦게 기어간 거북이가 빨리 뛰었던 토끼를 이겼던 '토끼와 거북이' 우화에서 배우듯 빠른 게 반드시 좋은 것인가. 내 입맛대로 해석을 붙이면서 자위해본다. 실제로 빨리 달렸던 많은 달림이들이 부상으로 인해 지금은 이 좋은 달리기를 하지 못하고 있는 안타까운 경우를 주변에서 많이 본다.

고마운 개인택시 운전기사

오르막이 한없이 이어진다. 저 산 모퉁이만 돌면 내리막이겠지 생각하고 가보면 또 오르막이다. 그게 약 31km 지점인 반환점까지 지속된다. 반환점을 돌아오는데 지난주 풀코스를 달렸다는 한 달림이가 내게 이제 10여 km밖에 안 남았으니 5시간 안에는 충분히 들어갈 거라고 위안의 말을 건넨다. 반환점을 돌아서서는 내리막길이 계속될 거라고 생각했는데 웬걸 내려가는 척하다가 또 약간의 오르막이 나타나고 그런 게 지속되고 있다. 이게 무슨 일인가. 아마도 내가 하도 힘들어 평지를 오르막처럼 힘들게 달렸던 게다. '아! 힘들면 이럴 수도 있겠구나' 라는 것을 깨달았을 때 38km 지점에 아주 심한 오르

막이 나타났다. 거기서는 아예 걸어버렸다. 고맙게도 지나가던 개인
택시 운전기사가 생수병 큰 것을 여러 명이 나눠 마시라고 하면서 주
고 간다.

　아까 35km부터 만났다 헤어졌다 하면서 달리던 친구가 나를 보더
니 '대단하다'고 한다. 아마도 내가 달리는 모습이 하도 힘들어 보여
금방 포기할 줄 알았는데 자기와 엇비슷하게 가고 있다는 데서 나온
말이었을 게다. 하여간 그와 계속 앞서거니 뒤서거니 하면서 결승선
이 있는 운동장까지 함께 들어왔다. 내 시계는 5시간 5분을 가리키고
있었다. 비록 목표였던 5시간보다는 5분 초과했지만 철원대회 때보
다는 무려 30분 이상을 당긴 기록이다. 힘은 들었지만 쥐도 안 났고
교통통제도 거의 완벽했고 자원봉사 학생들이 너무나도 열심히 해준
것에 대해 감사하게 생각한다. 홀로 외롭고 힘들었지만 포기하지 않
고 완주한 내 자신이 자랑스럽다.　　　　　　　　　　　(2010. 10. 3)

페이스메이커와 리더십

　간만에, 아니 처음으로 마라톤의 진수(眞髓)를 맛보았다. 페이스메
이커를 따라 풀코스를 일정한 속도로, 잠시도 걷지 않고 완주했기 때
문이다. 당초 오늘의 목표는 5시간이었다. 이를 위해서는 최소 30km
까지는 4시간 40분 페이스를 유지하고, 그 후 체력 소진으로 20분을
지체하더라도 5시간 내에 들어 올 수 있으리라 계산한 것이다. 올해
들어 8회에 걸친 대회에서 서브-4는커녕 5시간을 넘긴 대회도 여러 차
례 있었던 터라 5시간 목표도 어떻게 보면 과도한 것이었다. 하지만

해냈다. 그것도 4시간 38분의 기록으로.

이제까지 60여 회 마라톤을 완주했지만 오늘처럼 기쁜 적은 없었다. 기억에 남는 대회로는 2003년 3월 처음으로 마라톤을 완주 했을 때, 2007년 3월 동아마라톤에서 개인 최고기록을 세우고 보스턴미리톤 출전 자격을 취득했을 때, 그리고 전반보다 후반기록이 좋았던 2007년 11월 중앙일보마라톤 정도이다.

비록 호기록은 아니지만 오늘 대회가 의미 있었던 것은 이제까지 여러 번 시도했지만 한 번도 이뤄보지 못했던 것을 해냈기 때문이다. 그간 출전했던 매 대회마다 최선을 다했고 그렇게 하기 위해서 나름대로 여러 가지 작전을 구사해보았지만 맘대로 되지 않았다. 하지만 오늘에서야 비로소 그 원인을 깨닫게 되었다. 당일 대회를 위해 얼마나 훈련했으며, 현재의 몸 상태를 제대로 파악하는 등 자기 자신을 냉정하게 평가하고 욕심을 버려야 된다는 것이다.

오화식, 정영숙 페이스메이커와 함께

두 명씩 짝을 이룬 4시간 40분 페이스메이커 3개 조 중 나와 제일 가까이 위치하고 있던 오화식, 정영숙 조를 택했다. 우선 그들의 첫인상이 너무 좋았다. 레이스 도중 알게 된 사실이지만 엊저녁 부산에서 KTX로 서울에 온 부산사람들이었다. 오화식 페메의 최고기록은 3시간 17분으로 그간 제주 200km 울트라 완주 등을 한 베테랑이고, 정영숙 페메는 나이보다 훨씬 젊어 보였지만 이미 지난 2003년 중앙일보 주최 대회에서 3위 입상을 한 화려한 경력의 소유자이다.

나는 그들의 옆 또는 뒤에 자리 잡았다. 최근 재건축이 끝난 대규

발과 마음과 혼으로 달린다

모 잠실아파트단지를 지나는데 오화식 페메가 내 나이가 어떻게 되며, 이제까지 몇 번이나 완주했느냐고 말을 건넨다. 어떻다고 하니까 나보고 대단하다고 치켜세운다. 괜히 우쭐해지고 기분이 좋아졌다. 매 1km 통과할 때마다 지금 계획보다 몇 초 앞서가고 있다고 생중계를 한다. 내리막과 오르막에서의 주법, 물 마시는 방법, 간식 섭취나 소변 등으로 인해 페메와 격차가 생겼을 때 대처방법 등 팀원으로서 갖춰야 할 지식에 대해 시간 날 때마다 교육시킨다.

나는 체력을 아끼기 위해 그가 하는 말을 듣고만 있을 뿐 묵묵히 레이스를 펼쳐나갔다. 4시간 40분에 완주하기 위해서는 매 km를 6분 38초, 매 5km를 33분 11초에 끊어야 한다. 이제까지 내가 초반에 달리던 속도와는 매 km마다 무려 1분 정도 차이가 나는 저속이다. 천천히 달리니 너무 좋다. "4시간 40분 속도가 건강달리기에는 아주 좋습니다. 이보다 빠르면 힘들고 5시간은 너무 저속입니다. 이렇게 하프까지 달리게 되면 벌써 왔냐는 생각이 들게 됩니다." 오화식 페메의 조언이 계속된다.

그의 말대로 벌써 하프를 지나고 있다. 그에게 이렇게 30km까지만 데리고 가 달라고 했다. 지금처럼만 자기를 따라서 페이스를 맞춰서 가면 충분히 할 수 있다고 나에게 자신감을 불어넣는다. 지난 9월 철원대회, 10월 공주대회 때 하프 정도 지나면서 벌써 체력이 고갈돼 기진맥진하던 때가 생각난다. 그때에 비하면 지금은 믿겨지지 않을 정도로 힘이 남아돈다. 이 모든 게 오늘의 페메 덕분이다. 25km (2:44:26) 반환점을 돌면서 간식을 먹고 소피(所避)를 보느라 페메그룹에서 한 100m 처졌다. 이럴 때 아까 페메는 무리하지 말고 조금씩 따라 붙으라 했는데 왠지 일행과 떨어져 가는 게 불안해 일시에 합류

풍선을 매단 오화식, 정영숙 페메와 함께,
중앙 서울 마라톤 (2010. 11. 7)

하지 않을 수 없었다.

30km(3:17:15) 급수대까지 왔다. 페메가 우리가 계획보다 좀 앞서 가고 있으니 여기서 잠시 스트레칭하고 가자고 한다. 우리 일행 약 10여 명은 둥그렇게 체조대형으로 섰다. 페메 구령에 따라 약 1분여에 걸쳐 몸을 푼다. 그러고 나니 한결 몸이 가볍다. 페메가 나더러 힘이 있어 보이니 혼자 앞서 가라고 한다. 천부당만부당이다. 내가 지금 힘 좀 남아있다고 여기서 혼자 가면 일행에 처진다는 것을 그동안의 경험을 통해 잘 안다. 그렇게 얘기해주는 페메 말에 더 힘이 난다. 서서히 집중력이 떨어짐을 느낀다. '정신일도 하사불성(精神一到 何事不成)'을 속으로 혼자 되뇌면서 레이스를 펼쳐 나간다.

페이스메이커의 리더십

이제까지 마라톤을 하면서 나는 수없이 많은 소위 '나홀로 페메'와 '무늬만 페메'를 보아 왔다. 그렇지만 오늘의 오화식, 정영숙 페메는 그들과 달랐다. 그에게 오늘 이렇게 이끌어 주어 너무 고맙다고 레이스 도중 몇 번이나 얘기했다. 그때마다 그는 오히려 자기가 고맙다고 답한다. 자기 역시 힘들다고 한다. 서로에 대한 고마움, 이 얼마나 아름다운 것인가. 여기서 페메의 리더십에 대해 잠시 생각해 보았다. 42.195km를 이끄는 페메는 인생의 리더와 같은 것이다. 최근 리더십의 특징은 '소프트 리더십'이다. 과거처럼 '파워 리더십'이 아니다. 그의 요체(要諦)는 사랑, 나눔, 헌신, 배려, 봉사, 독려, 희생 등과 같이 얼핏 보면 리더십과 상반되는 부드러운 것들이다. 리더십의 형태도 시대에 따라 변하는 모양이다.

40km(4:23:29) 마지막 급수대도 지나 이제 1km밖에 안 남았다. 페

메가 나보고 앞서 가라고 한다. 마치 부모가 다 키운 자식을 이제 혼
자 살 수 있으니 독립해라 하는 것 같았다. 잠실운동장 주출입구 양옆
은 선수들을 응원하기 위해 나온 사람들로 빼곡하다. 마라톤 마지막
구간을 달리고 있는 이때가 마라톤 레이스 중 가장 기분 좋을 때 이
다. 백오 리 짧지 않은 거리를 완주하고 있는 우리들이 얼마나 부러울
까 하는 생각이 든다. 운동장 안에 들어왔다. 이제 다 왔다는 생각과
함께 오늘의 목표를 이루게 된 데 대해 한없는 뿌듯함과 페메에 대한
감사의 마음이 온몸에 번진다. 내가 골인한 후 1분여 후 오화식, 정영
숙 페메가 나란히 들어온다. 그들과 오랫동안 포옹을 한 후 후일을 기
약하며 헤어졌다.

(2010. 11. 7)

"너희들이 마라톤의 참맛을 알아!"

약간 쌀쌀한 기운이 돌지만 3주 전 비 맞고 추위에 떨었던 동아마
라톤 때에 비하면 너무 좋은 날씨다. 오늘은 우리 신일고 OB마라톤
모임에서 조근호 김해만 임재선이 풀코스를, 양형국과 이중재가 하프
코스에 도전한다. 올해 들어서는 기록은커녕 내가 과연 완주해 낼 수
있을까 하는 걱정부터 앞선다. 불어난 체중과 연습 부족 탓으로 돌리
지만 그보다도 지난 3월 초 중앙일보가 주최했던 고양마라톤 32km
지점에서 포기했던 아픈 기억 때문이 아닐까 생각한다.

대회장인 미사리 조정경기장은 개나리 진달래 등이 피기 시작해
봄의 향연이 시작됐다. 그 길고 추웠던 겨울을 이겨내고 체내에 있던
에너지를 꽃으로 발산하고 있는 것이다. 봄이 와서 꽃이 핀 게 아니

고, 꽃이 핀 것을 보니 봄이 온 것이 실감 난다. 상큼한 바람을 맞으며 경정장 한 바퀴를 돌고 나오니 5km 지점이다. 오늘 코스는 벌써 달린 지 몇 번째나 되어 훤하지만 언덕이 많아 그리 만만하지 않다는 것을 익히 알고 있다. 물론 북한강 변을 끼고 달리는 주변 풍광은 말할 나위도 없이 멋있다. 그래선지 참가자도 항상 많은 편이다.

15km(1:29:58) 1차 반환점을 지나면서 앞서 가던 조근호와 마주쳤다. 한 200m 정도 차이 나는 것 같다. 그는 요즘 들어 4시간 20분대로 꾸준하게 완주하고 있다. 시종일관 일정한 페이스로 레이스를 펼친다. 시계를 보니 나도 여기까지는 정확하게 시속 10km대로 잘 왔다. 그런데 갑자기 페이스가 떨어지기 시작한다. 연습을 게을리 한 결과가 벌써 나타나는 것이다. 어느덧 저 앞에 보이던 조근호도 사라져버렸다. 언덕은 계속되는데 다리가 안 올라간다. 걱정이다. 앞으로 갈 길이 이제까지 온 것보다 훨씬 먼데 …

선수 아버지와 자원봉사 딸의 조우

17.5km지점 스펀지대에서 달리던 선수 아버지와 자원봉사를 하던 딸이 조우한다. 자봉을 한다는 것은 알았는데 여기 있는 줄은 몰랐다 한다. 서로를 껴안으면서 기쁨을 나눈다. 이제까지 달리면서 이런 광경은 처음 목격한다. 그 딸에게는 풀코스를 달리고 있는 아빠가 얼마나 자랑스러워 보일까? 그 아버지 되는 선수와 이런저런 얘기를 하며 한동안 같이 달렸다. 20km(2:05:37) 지점에서 바나나 한 개를 먹었는데 좀 더 먹어 둘 걸 하고 후회한다.

25km를 향해 가는데 2차 반환점을 돌아 맞은편에서 오던 해만 재선 근호를 차례대로 만났다. 컨디션들이 좋아 보였다. 해만이는 마라

톤에 입문한 지 얼마 되지 않지만 4시간 10분 안쪽에서 매번 자기 기록을 경신하고 있는 꿈나무(?)다. 머지않아 서브-4를 하게 될 것이다. 재선이는 달린지 오래된 친구로 기록 욕심보다는 즐기면서 달리는 형이다. 문제는 나다. 어디 쥐가 나거나 특별하게 아픈 데도 없는데 다리가 땅에서 안 떨어진다. 배가 고파 25km 지점에서 바나나 두 개와 초코파이를 먹는다.

회송버스의 유혹을 이겨내고

27km(2:46:25) 지점 오르막을 힘들게 걷고 있는데 낙오선수를 태워가는 회송버스가 천천히 지나가면서 타라는 유혹을 진하게 한다. 올라타기만 하면 '고생 끝'이라는 걸 안다. 하지만 애써 외면한다. 당장은 편하겠지만 두고두고 후회하게 된다. 고통이 없으면 얻는 것도 없는 법이다. 가까스로 올라서니 길가에 앰뷸런스가 대기하고 있다. 아까부터 겨드랑이가 쓸려 아팠기에 바셀린을 바르고, 양쪽 다리에 골고루 맨소래담 스프레이를 뿌리니 컨디션이 한결 좋아졌다.

오늘 코스는 주말 근교 나들이로 인기가 있어 교통량이 많은 길인데도 불구하고 통제가 아주 잘되고 있다. 주최 측이 소위 힘 있는 대회에 달림이들이 즐겨 참가하는 것도 바로 자원봉사, 교통통제, 간식 보급 등 대회 운영이 매끄럽기 때문이다. 30km(3:30:46) 지점에서 주최 측이 준비한 영양보충식 하나를 먹고 하나는 몸에 지니고 간다. 발이 제법 가벼워짐을 느낀다. 오늘 처음 도전한다는 친구한테는 기어서라도 완주해야 다음에 또 달릴 수 있다고 조언한다. 포기하려던 참이었는데 고맙다고 답한다. 첫 아이 낳고 오래간만에 나왔다는 친구한테도 꼭 완주하라는 격려의 말을 남기고 앞서 간다. 선수들을 하나둘 추월하니 기분도 더욱 좋아진다.

갈 때도 맞바람을 맞았는데 올 때도 세차게 분다. 달림이들한테는 최악의 경우다. 힘든 것을 잊기 위해 화두 하나를 끄집어낸다. "너희들이 마라톤의 참맛을 알아?" 여기서 '너희들'은 바로 5시간 안에 완주하는 잘 달리는 선수들을 일컫는다. 마라톤 초창기 시절, 나에게 마라톤 입문을 권했던 선배가 늘 하던 말이다. 5시간 안에 들어오는 사람은 마라톤의 참맛을 모른다는 것이다. 5시간대 달림이들의 이루 말로 형용하기 힘든 상황을 몸소 체험해보지 않고서는 마라톤에서 참된 자기의 모습을 만나 볼 수 없다는 것이다. 그 당시에는 항상 4시간 언저리에서 완주했기에 이 말이 이해가 안 갔는데 요즘처럼 5시간대에 달려보니 정말 실감나는 말이다.

결승선에 다가갈수록 힘이 난다. 이해가 안 간다. 어디서 이런 힘이 나오는 것일까? 아마도 요즘 매일 아침마다 휘트니스클럽에서 하고 있는 운동 때문이 아닐까 생각한다. 유산소운동 30분, 근력운동 30분 정도밖에 못하고 있지만 하여튼 많이 도움이 되고 있는 것 같다. 맞바람은 갈수록 세어지지만 결승선도 얼마 남지 않았다. 조금만 더 열심히 달렸더라면 5시간 안에 들어갈 수 있었을 것 같은 시간대다. 오늘 아침 작년 기록을 보니 4시간 48분에 완주했었기에 오늘 5시간 안에 들어왔으면 했는데 조금 모자랐다. 하지만 오늘 마라톤에서 또 한번 나를 만났으니 이보다 더 가치 있는 게 어디 있을까. 올 상반기 대회는 오늘 66회째 풀코스(5:03:59) 완주로 마감하려 한다. 몸을 더 잘 만들어 하반기 각종 대회에 도전하련다. (2011. 4. 10)

7부 능선에 오르다

    지난 주 내내 꽃샘추위로 3월 중순답지 않은 쌀쌀한 날씨였는데 오늘 믿어지지 않을 정도로 포근하다. 아침 기온이 영상 5도라니 작년 영하에 비까지 오던 것과는 비교도 안 되고 역대 어느 대회 때보다 좋은 날씨이다. 광화문에 운집한 2만여 달림이들, 겨우내 얼마나 오늘을 기다리며 준비 했겠는가.

    문제는 나다. 10년 전 달리기 초기의 열정도 많이 식었고, 그만큼 연습도 게을리 한다. 이번 동아마라톤을 위해 한 것이라고는 주중 2~3회 헬스장에서 빨리 걷기와 약간의 스트레칭, 4주 전부터 주말에 양재천과 한강에서 총 60여 km를 달린 게 고작이다. 하나 잘 한 게 있다면 올 초부터 금주(禁酒)를 실천하고 있다는 것이다. 이런 정도로 어설프게 준비하고 동아마라톤을 완주하겠다고 나섰다. 오늘 대회를 앞두고 여느 때보다 더 많이 긴장하게 된 이유이다.

즐겁게 제한시간 내 완주가 목표

    오늘 경기의 목표는 '즐겁게 4시간 30분에서 제한시간인 5시간 내로 완주'하는 것이다. 시원찮은 준비로는 만만치 않은 줄 잘 안다. 오늘 우리 신일고 OB마라톤 회원 9명과 함께 달린다. 나는 15년 후배인 중재와 D그룹에 자리 잡았다. 그는 오늘 네 번째 풀코스 도전이고 동아마라톤은 첫 출전이란다. 둘이 파이팅을 외치면서 출발 매트를 밟는다. 그 넓은 태평로가 2만여 달림이들로 꽉 차 장관을 이룬다. 한창 신축공사가 진행 중인 서울시청과 4년 전 방화로 인한 소실로 올 연말 복원을 앞 둔 숭례문을 지나 을지로 입구까지 왔다. A그룹 선수들은 벌써 을지로 6가까지 갔다가 돌아오고 있다. 멋진 달림이들이다.

곧장 뻗은 청계천로 왕복 10km는 달리기에 참 지루하다. 건너편에는 벌써 9가까지 갔다 돌아오는 선수들이 띄엄띄엄 무리를 지어 달리고 있다. 잘 달리는 그들이 부럽지만 내 뒤에도 많은 선수들이 오고 있다는 생각으로 위안을 한다. 함께 출발했던 중재는 컨디션이 좋은지 앞서 나갔다. 나는 km당 6분 속도로 차분하게 달리고 있다. 열심히 달리고 있는지 12km지점에서 4시간 20분 페이스메이커 그룹에 합류했다. 한동안 그들과 함께하다가 컨디션이 좋을 때 조금이라도 앞서가는 게 좋을 것 같아 그들을 뒤로 하고 앞으로 나간다.

종로는 또 다른 분위기를 연출하고 있다. 연도에는 많은 시민들이 우리들이 달리는 것을 지켜보고 있다. 광화문 방향으로 움직이는 차량들이 길게 늘어서 있다. 차 안에서 꼬마들이 선수들에게 박수를 보내고 있다. 아마도 그들 뇌리에 영원히 기억될 장면이리라. 나도 아주 어렸을 때 외할머니와 함께 종로에서 사월 초파일 연등행렬을 하던 기억이 아직도 생생하다. 20km 가까이 달리고 있으니 몸은 제대로 풀려 있다. 이제부터 치고 나가야 하는데 벌써 다리가 무거워짐을 느낀다. 훈련부족의 조짐이 나타나고 있는 것이다. 살살 달래가면서 가는 수밖에 없다. 20km 급수대에서 예의 4시간 20분 페이스메이커가 지나간다. 이제 다시는 못 만날 그들이다. 급수 자원봉사를 하는 여학생이 '바쁘다, 바빠! 제일 잘되는 식당보다 더 바쁘다'라는 재미있는 말을 하며 즐거운 듯 컵에 물을 따라주고 있다.

외할머니와 함께한 연등행렬 추억
하프를 2시간 7분대에 통과했다. 전반같이만 달리면 4시간 20분대에 완주하겠지만 그게 가능하지 않다는 걸 그간의 경험을 통해 잘 알고 있다. 지난해 11월 초 중앙일보 마라톤 이후 20여 km 이상 달린 적이 없으니 쥐 안 나고 완주하면 다행이다. 벌써 한두 사람 걷고 있는 선수들이 보인다. 나보다도 더 준비하지 않은 사람들일 게다. 22.5km 신답지하차도 오르막을 간신히 오를 징도로 힘이 빠져있다. 집중력이 떨어진다. '정신일도 하사불성'을 되뇌인다. 앞으로 갈 일이 걱정이다. 군자역에서 우회전하니 많은 학생들이 응원하고 있다. 그중에서도 여학생들이 더 열심이다. 손을 마주치며 지나가는 것을 그렇게 좋아한다. 그들과 그런 스킨십을 하고나면 훨씬 힘이 솟는다. 아마도 젊은 기를 받아서일 게다.

어린이대공원역에서 다시 우회전해 서울숲을 향한 직선도로를 달린다. 30km가 머지않아 많이 지쳐있는 데다 길마저 넓고 연도에 사람들도 없어 동아마라톤 코스 중에서 가장 지루하고 힘든 구간이다. 다리 근육이 뭉쳐 있어 길가 가드레일을 붙잡고 앉았다 일어났다 동작을 반복하는 스트레칭을 한다. 약간 다리에 기운이 돈다. 마라톤은 이렇게 정직한 운동인 것이다. 다리근육이 운동한 거리를 얼마나 잘 기억하는지 모른다. 대회에 나와 이렇게 고생을 하지 않으려면 평소 연습을 통해 끊임없이 단련해야 한다. 그렇지 않고 대회에 참가한다는 것은 그저 사서 고생하는 꼴밖에 안 되는 것이다.

30km 급수대는 선수들로 만원이다. 시간을 묶어놓고 있는 것도 아닌데 먹고 마시고 몸을 푸느라 갈 생각들을 안 한다. 그만큼 많이 지쳐있다는 얘기다. 이런 과정을 거쳐 몸도 단련되고 건강도 지켜지리라 생각한다. 사실 달리기야말로 평범한 사람들의 건강관리를 위한 최적의 운동이다. 어느 운동이건 나름대로의 타고난 소질이라는 밑바

탕이 있어야 하는 법인데 달리기는 그저 튼튼한 다리와 적당한 심폐 기능만 소지하고 있다면 누구나 할 수 있는 운동인 것이다. 인간의 본능이기 때문이다. 이런 면에서 여타 스포츠와 달리기는 큰 차이가 있고, 역시 스포츠의 꽃은 마라톤이 아닌가 싶다. 4시간 30분 여자 페이스메이커가 지나가면서 나보고 허리를 펴고 달리라고 조언한다. 고마운 얘기지만 그렇게 안 되는 게 문제 아닌가. 그래도 허리를 펴 보려고 안간 힘을 쓴다. 호흡도 약간 좋아져가는 느낌이다.

35km 잠실대교를 지난다. 저 멀리 오른쪽으로 결승선이 있는 잠실 종합운동장이 보인다. 1km 정도밖에 안 되는 잠실대교가 왜 이렇게 멀리 느껴지는지. 롯데백화점 사거리를 향하는 내리막길에서도 속도를 못 내겠다. 응원 나온 사람들은 이제 다 왔다고 우리를 격려하지만 아직도 5km나 남았다. 석촌호수를 끼고 돌면서 하도 갈증이 심해 길 옆 아주머니로부터 물 한 컵 얻어 마신다. 그렇게 고마울 수가 없다. 아마도 누구를 응원하러 나왔는데 아직도 못 만나고 있는 것 같다. 얼굴에 보고 싶은 사람을 기다리는 마음이 가득 담겨져 있다. 아름다운 모습이다.

이창덕 회장님 부부 응원에 감사

40km 급수대도 들러 목을 축인다. 여느 때 같으면 시간이 아까워 그냥 지나치는 곳이다. 그래도 이제는 정말 다왔다는 생각에 안도가 된다. 운동장 입구에 많은 사람들이 나와 응원하고 있다. 운동장을 들어서려는데 우리 동네 이창덕 회장님 부부께서 나를 응원하러 나오셨다. 두 분 손을 꼭 잡고 감사의 인사를 드린다. 마지막 운동장 트랙을 돌면서 힘들었지만 무사하게 완주하게 되었다는 데 대해 감사하며 오늘의 레이스를 정리한다. 4시간 49분 39초로 결승선을 밟는다.

동아일보 서울 국제 마라톤 (2012. 3. 18)

동아마라톤과는 인연이 참 많은 것 같다. 2004년 대회에서 처음으로 서브-4를 했다. 2007년 대회에서는 3시간 44분대의 개인최고기록 수립과 동시에 보스턴마라톤 참가 자격을 얻은 바 있었다. 그 대회 참가후기가 대회 주최 측 공모전에서 가작으로 뽑혀 대회 안내책자에 실리는 영광도 얻었다. 오늘로 개인통산 70회를 완주했으니 100회 완주 목표의 7부 능선에 오른 셈이다. 동아마라톤은 서울 시내를 관통하는 유일한 대회로 많은 달림이들의 사랑을 받고 있다. 주최 측의 다각적인 홍보와 시민들의 협조로 대회는 깔끔하게 진행된다. 오늘 하루만은 서울시민들 모두가 '마라톤 축제일'로 생각하고 넓은 마음으로 달림이들을 응원하면서 함께 즐길 수 있게 될 날이 하루빨리 오게 되기를 기대한다.

(2012. 3. 18)

발과 마음과 혼으로 달린다

맺음말

2012년 임진년,
나에게는,
매우 의미 있는 해이다.

이 세상 빛을 본 지 60년,
달리기 세상에 발을 들여놓은 지 10년,
그리고 즐기던 술도 끊은 원년(元年)이다.

달리다보니 건강은 기본으로 얻게 되었다.
여럿 좋은 사람들을 알게 되었고,
멋진 곳을 구경하는 보너스도 챙길 수 있었다.

10년이면 강산도 변한다 하지만,
뭐든지 한 10년 하다보면 매너리즘에 빠질 만한 때이다.
달리기도 마찬가지이다.

이 책 출간이
오롯이 달리기에 매진하고 매사에 더 겸손하게 되는
나에 대한 채찍이 되어 지길 바란다.

마라톤 첫 출전을 앞두었을 때의 두려움, 설레임과
완주했을 때의 순수한 희열과 감동을 다시 느끼고 싶다.
초심(初心)으로 돌아가 처음부터 새롭게 시작하자.

앞으로 20년 후
마라톤 결승선을 향해 두 손을 높이 치켜들고 골인하는
내 모습을 그리며 인생 후반전을 시작하자.

연도별 대회참가 현황

구분	일 자	종목	대 회 명	기 록
1	2002. 09. 15	H	제5회 강남하프마라톤	1:50:53
2	2002. 10. 03	H	통일마라톤	1:50:15
3	2003. 03. 02	F	제6회 서울마라톤	4:20:21
4	2003. 04. 05	H	제6회 강남하프마라톤	1:49:21
5	2003. 05. 11	F	제3회 경향서울마라톤	4:16:25
6	2003. 06. 07	H	제4회 백제야간단축마라톤	1:58:01
7	2003. 07. 13	H	사랑의 하프마라톤	2:01:35
8	2003. 09. 07	H	제5회 전마협 하프마라톤	2:05:29
9	2003. 10. 03	H	강남구 평화마라톤	1:52:47
10	2003. 10. 19	F	조선일보 춘천마라톤	4:22:28
11	2003. 11. 02	F	중앙일보 서울국제마라톤	4:13:14
12	2003. 11. 16	H	제1회하이서울한강마라톤	1:42:07
13	2003. 11. 30	H	Adidas King of the Road	1:45:40
14	2003. 12. 14	30Km	30Km Run Festival	-
15	2004. 03. 07	H	제7회 서울마라톤	1:49:18
16	2004. 03. 14	F	제75회 동아마라톤	3:58:32
17	2004. 04. 11	F	사랑의 릴레이 마라톤	4:17:12
18	2004. 04. 18	F	제2회 경기마라톤	4:14:58
19	2004. 04. 25	H	제4회 여주마라톤	1:49:02

구분	일 자	종목	대 회 명	기 록
20	2004. 05. 09	F	제4회 경향신문 서울마라톤	3:49:13
21	2004. 05. 23	H	제3회 서울신문 하프마라톤	1:43:12
22	2004. 06. 06	H	제5회 철의날 하프마라톤	1:44:13
23	2004. 07. 04	H	국제하프마라톤	1:43:32
24	2004. 08. 14	50Km	50Km Over the Marathon	5:21:10
25	2004. 09. 05	F	제2회 원주치악마라톤	4:26:46
26	2004. 09. 19	22Km	제8회 금수산산악마라톤	4:32:18
27	2004. 10. 03	H	강남구 국제평화마라톤	1:38:01
28	2004. 10. 10	F	동아일보 백제큰길마라톤	3:55:41
29	2004. 10. 24	F	조선일보 춘천마라톤	3:57:36
30	2004. 11. 07	F	중앙일보 서울국제마라톤	4:01:30
31	2004. 11. 21	F	경인일보 남한강전국마라톤	3:58:17
32	2004. 11. 28	H	전국동호인대항 마라톤	1:41:23
33	2004. 12. 12	H	코리아마라톤 하프페스티벌	1:41:11
34	2005. 02. 13	F	아! 고구려마라톤	4:15:38
35	2005. 03. 06	H	제8회 서울마라톤	1:45:28
36	2005. 03. 13	F	제76회 동아마라톤	3:52:18
37	2005. 04. 24	F	제5회 경향신문 서울마라톤	4:03:08
38	2005. 05. 08	F	2005 Adidas King of the Road	4:09:39
39	2005. 06. 05	F	제7회 경인일보 남한강마라톤	4:33:22
40	2005. 09. 11	H	제2회 서울하프마라톤	1:46:42
41	2005. 10. 02	F	제3회 하이서울마라톤	4:20:32

발과 마음과 혼으로 달린다

구분	일 자	종목	대 회 명	기 록
42	2005. 10. 03	10Km	강남구 국제평화마라톤	-
43	2005. 10. 23	F	조선일보 춘천마라톤	4:18:39
44	2005. 11. 06	F	중앙일보 서울국제마라톤	4:10:44
45	2005. 11. 20	F	동아일보 백제마라톤	3:59:33
46	2005. 12. 11	H	전마협 동계하프마라톤	1:50:25
47	2006. 03. 05	H	제9회 서울마라톤	1:57:16
48	2006. 03. 12	F	제77회 동아마라톤	4:24:00
49	2006. 03. 26	F	제6회 인천국제마라톤	4:36:42
50	2006. 04. 16	F	제6회 경향신문 서울마라톤	4:37:46
51	2006. 05. 20	10Km	바다의 날 마라톤	-
52	2006. 07. 02	H	제3회 새벽강변마라톤	1:56:24
53	2006. 09. 10	F	제3회 DMZ 철원국제마라톤	4:16:32
54	2006. 10. 01	F	제4회 하이서울마라톤	4:23:45
55	2006. 10. 15	H	제2회 이봉창의사마라톤	1:57:08
56	2006. 10. 29	F	조선일보 춘천마라톤	4:08:02
57	2006. 11. 05	F	중앙일보 서울마라톤	4:17:29
58	2006. 11. 19	10Km	스포츠서울 마라톤	0:48:43
59	2006. 11. 26	H	대한국인 한마음마라톤	1:44:48
60	2007. 03. 04	F	제10회 서울마라톤	3:56:15
61	2007. 03. 18	F	제78회 동아마라톤	3:44:14
62	2007. 03. 25	F	제7회 인천국제마라톤	4:34:53
63	2007. 04. 15	F	제7회 경향신문서울마라톤	3:52:18

연도별 대회참가 현황

구분	일 자	종목	대 회 명	기 록
64	2007. 04. 28	F	제8회 이천도자기마라톤	4:49:47
65	2007. 05. 12	H	제2회 퀸가족마라톤	1:38:59
66	2007. 06. 03	F	제9회 경인일보남한강마라톤	4:19:37
67	2007. 09. 16	F	제4회 철원DMZ국제평화마라톤	4:22:58
68	2007. 09. 30	10Km	사랑나눔마라톤	-
69	2007. 10. 03	5Km	강남구 국제평화마라톤	0:48:40
70	2007. 10. 7	F	서울시 하이서울마라톤	4:04:57
71	2007. 10. 28	F	조선일보 춘천마라톤	3:58:33
72	2007. 11. 04	F	중앙일보 서울마라톤	3:55:46
73	2008. 02. 16	F	마스터스 첼린지	4:38:25
74	2008. 03. 16	F	제79회 동아마라톤	4:11:22
75	2008. 04. 13	F	제8회 경향신문 서울마라톤	4:41:28
76	2008. 05. 24	H	제9회 이천도자기마라톤	2:01:26
77	2008. 06. 01	F	양평마라톤	5:04:12
78	2008. 09. 07	F	제5회 철원DMZ국제마라톤	4:34:32
79	2008. 10. 05	F	동아일보 백제마라톤	4:32:49
80	2008. 10. 12	F	서울시 하이서울마라톤(기권)	23km
81	2008. 10. 26	F	조선일보 춘천마라톤	4:28:16
82	2008. 11. 02	F	중앙일보 서울마라톤	4:07:41
83	2008. 11. 15	10Km	연세랑 달리기	-
84	2009. 03. 15	F	제80회 동아마라톤	4:17:42
85	2009. 04. 26	F	Adidas MBC-ESPN 마라톤	3:58:58

발과 마음과 혼으로 달린다

구분	일 자	종목	대 회 명	기 록
86	2009. 05. 23	F	이천도자기마라톤	4:57:06
87	2009. 05. 30	F	바다마라톤	4:14:39
88	2009. 09. 13	F	제6회 철원DMZ국제평화마라톤	5:28:43
89	2009. 10. 11	F	서울시 하이서울마라톤	4:41:52
90	2009. 10. 25	F	조선일보 춘천마라톤	4:40:52
91	2009. 11. 01	F	중앙일보 서울마라톤	4:27:02
92	2010. 02. 28	F	중앙일보 고양국제마라톤	4:48:43
93	2010. 03. 21	F	제81회 동아마라톤	4:36:56
94	2010. 04. 18	F	제8회 경기마라톤	5:12:33
95	2010. 04. 25	F	아디다스 MBC 한강마라톤	4:48:50
96	2010. 05. 29	10Km	바다마라톤	-
97	2010. 09. 12	F	제7회 철원DMZ국제평화마라톤	5:38:57
98	2010. 10. 03	F	동아일보 2010 백제마라톤	5:05:48
99	2010. 10. 10	F	하이서울마라톤	4:53:40
100	2010. 10. 24	F	조선일보 춘천마라톤	5:24:36
101	2010. 11. 07	F	중앙일보 서울마라톤	4:38:00
102	2011. 03. 06	F	중앙일보 고양국제마라톤(기권)	32km
103	2011. 03. 20	F	제82회 동아마라톤	5:15:23
104	2011. 04. 10	F	아디다스 MBC 한강마라톤	5:03:59
105	2011. 10. 09	F	하이서울마라톤	4:49:58
106	2011. 10. 23	F	조선일보 춘천마라톤	4:45:51
107	2011. 11. 06	F	중앙일보 서울마라톤	4:51:10

연도별 대회참가 현황

구분	일 자	종목	대 회 명	기 록
108	2012. 03. 18	F	동아마라톤	4:49:39
109	2012. 04. 07	F	아디다스 MBC 한강마라톤	5:07:50
110	2012. 05. 13	F	화천 평화마라톤	5:18:45

발과 마음과 혼으로 달린다